国際企業倫理論

林 満 男 著

東京 森山書店 発行

序

　戦後，企業の多国籍化の進展と拡大は，先ずは米国企業を中心として世界史上未曾有のものとなり，それに伴い，企業倫理に関わる多様な問題をもたらすことにもなった。そのため，とりわけ1960年代から1970年代初頭にかけては，多国籍企業の母国，受入国を問わず，多国籍企業についての大きな批判と論争が巻き起こされることになった。その根本かつ中心であったことは，多国籍企業と，その経営戦略によって影響を受ける諸国民国家との，政治的，社会的，経済的に様々な利害対立，そしてそれにまつわる諸問題であった。

　しかしその後，そのような批判や論争は若干鎮静化に向かうことになった。それには幾つかの理由が考えられる。先ず第1に，多国籍企業という「新しい現象」への驚きと戸惑いが消え去っていったこと，そして，そのことと軌を一にして，戦後の各国の経済的な立ち直り，発展と共に，米国以外の国々の企業の多国籍化も進展し，各国間の相互進出が活発化していったことである。そのことは，一方で，多国籍企業の問題を，特に先進工業国間では言わば「御互い様」のことにし，例えば，かつての欧州諸国による米国企業への恐れや批判を消し去りながら，同時に，各国の，特に発展途上国の経済発展を推し進めその「豊かさ」を高めることとなった。またその間に旧共産圏諸国の自由化も進み，それらの結果見えてきたと思われた世界経済の「順調な発展の流れ」に一層の期待もかけられることになった。そうした展開は，一面において高く評価され，かつての多国籍企業への批判を弱めると同時に，そのような一層の国際化の進展と広がり，そして深化を形容する「グローバル化」という言葉がますます一般化し，それがもたらす問題への批判はあるものの，その批判者たちによっても，その発展自体，もはや批判しても抗し難い，「待命の状態」にすら為し得ない流れと諦観的に受け止められもするようになった。

そして国際経営論の学界においては，グローバル化による企業の国際競争の激化への対処法が関心の中心となり，「大競争」の時代に企業が勝ち残るための経営戦略，それも特に「『競争』戦略」に関心が移ることとなった。それは，上記のことと相まって，究極的に倫理に関わる社会政治的な諸問題の解決よりも，経済的な効率性を高めるための研究への一層の腐心でもあった。このことと表裏一体の関係で関心が注がれたのが企業多国籍化の「内部化理論」の研究でもあった。これにより，企業の多国籍化の主要な理由のひとつは取引コスト低減のための取引の内部化であるとされ，その競争戦略上の意義もさることながら，ミクロ，マクロの両経済面におけるコスト減少，あるいは純利得という意義も主張されることになった。そのために「内部化アプローチは，事実，多国籍企業を社会政治的な観点から問題にする大部分の攻撃を武装解除するのに効果的であった[1]」のである。

しかしながら，上記の流れの中でも，徐々に，21世紀への転換点を契機にして，再び多国籍企業の倫理的な問題に関心が向かいだしたかに思われる状況が見られるようになった。

その理由は，新世紀を迎えるという思いから生まれた新たな意識や認識も底流に作用したことに加えて，第1には，グローバル化に一体であった経済の一層の自由化，規制緩和の中で，むしろ増えこそすれ減ることの無かった企業倫理をめぐる様々な不祥事や不都合な問題の，各国の内外における続発とそれへの相次ぐ批判であった。そうした現実の状況や，中でも特に地球環境問題の進展や，それらに関わる「行過ぎた競争」についての批判や反省は，「反グローバリズム」の流れを強めつつ，特に米国を中心としては1980年頃からの企業倫理論の研究の加速度的な隆盛にもつながり，国際経営論の議論にも少なからず影響を与えることとなった。

これに加えて，またこうした流れの中で，国際経営論の学界においては，企

1　Forsgren, M., Are Multinational Firms Good or Bad, in: Havila, V. et al., *Critical Perspectives on Internationalization*, Amsterdam 2002, p. 31.

業の競争力の研究の流れに関わりながら，またさらなる企業多国籍化の中で，各国に特有で相違する諸要素や諸条件をグローバルな競争に活かすための戦略の模索が進められ，その結果，競争優位のために必要となる社会政治的な諸要素と諸条件への関心が高められることになった。それと共に，とりわけネットワーク型の組織がますます熱心に提唱されたことは倫理問題への意識を相乗的に高めることを意味した。何故なら，ネットワーク型の組織は，各国企業組織，また組織間での，――多様な利害関係者をも巻き込む「知識経営」，「参加型経営」，「民主的経営」等の属性により――，相違した社会政治的諸要因との交わりや，そのグローバルな有機的結合，調整を必要とし，各国の価値や規範といった倫理性にも関連する諸要素や諸条件への一層深い関心や関わりを不可避にしたのである。

とは言え，国際経営論の領域では，グローバル化と共にさらに激化する競争状況の中にあっては，依然として競争に関わる従来の経済合理性中心の意識も，それに基づく研究や方法論への執着も強く，そのため，企業倫理問題への関心の高まりによる何らかの対応の必要性が感じられ強まるようになったものの，企業倫理の研究を体系的に組み込むことは勿論，それとの融合には程遠い状況が支配的なままであった。

このことに象徴的であったことは，例えば，国際経営論の代表的な研究者のひとりであるDunning, J. による，グローバルな企業倫理問題への体系的な取り組みの試みの内容であった。彼の論文[2]は，その評者によって，倫理問題への「ビジネススクールの通例の反応」のようで体系的な思考が欠けており，この問題について，「我々が今なおもがき続けているのを見ることは全く意気消沈することである」と論評されることになった[3]。

そのような状況下では，次のように語られることにもなった。「『国際経営

2　Dunning, J. H., Global Capitalism: The Moral Challenge, in: Chen, J.-r., *International Institutions and Multinational Enterprises*, Cheltenham 2004.

3　Grosse, R. E., Book Review: Chen, J.-r., International Institutions and Multinational Enterprises, Cheltenham 2004 in: *Transnational Corporations*, 14/2005, p. 149.

論』の学科はまだ比較的若いので，それに結びついた社会的，そして経済倫理的な体系化は未だ『方向付けの局面』にある[4]」と。

しかしながら，多国籍企業に関わる倫理的な問題が世界的にも学界においても大きく取り上げられて以来，幾多の問題を目の当たりにしながら既に半世紀近く経つことを考えれば，同時に企業倫理論の隆盛が見られる時に，そして今やまさにグローバル化との関連で企業倫理問題への新たな対応が必要と思われる時に，未だ「方向付けの局面」にあると単に事実として受け止めるしか仕方ないのであろうか。そうであるとすれば，まさに意気消沈する思いに駆られるであろう。しかし，逆に考えれば，つまり，問題山積の中で，既に半世紀近くも経ちながら，そのような局面に留まっているということは，単に国際経営論が比較的若い学科だからということでない，それ以外の理由があるのではないだろうかという疑問も生じる。

その疑問を晴らすことが，問題の本質の究明と問題への対応を明らかにすることに通じることにもなるのではないだろうか。

世界平和の実現を目指し広範な考察を展開する平和学者の Galtung, J. は，現代のグローバル化の諸問題について批判的な検討を加え，自由市場体制の問題点を指摘しながら，その正すべき中心的な点を示唆すべく「現在，我々は商人の時代に生きている」として言う。「この過渡期を生き延びた知識人もいる。商人に仕え，彼らの努力を賛美し，その目的を手助けする者達である。つまり，主流の経済学者，経営学の専門家たちである…[5]」と。

こうした言葉や思考に対して，また現実にこうした言葉が語られ得る時代の状況に，我々は，如何に応え，そして，まさに如何に「方向付け」すればよいのであろうか。

以上のような現下の疑問や問題について多少なりともこたえようとすること

---

4 Lehmann, U., *Ethik und Struktur in Internationalen Unternehmen*, Münster 2006, S. 4
5 Galtung, J., *Die Andere Globalisierung*, Münster 1998（木戸衛一他訳『ガルトゥングの平和理論——グローバル化と平和創造』法律文化社，2006 年）原著 S. 183，訳書 180 頁以下。「商人の時代」との発想は Sarkar, P. R. に依っている。

が本著の課題である。
　——なお本著は，過去に発表した拙稿を各相当に加筆，訂正した部分（第1章～7章，補論）と今回書き下ろした部分（第8章）より成っている（後記参照）——。

　本著の上梓に際して，先ず，元甲南大学経営学部教授の岡田昌也氏に心より御礼を申し上げたい。本著の著述は氏の強いお勧めによって実現した。——勿論その内容の全責任は筆者が負うものである——。本来怠惰極まりない筆者への氏のを激励と後押しがなければ本著が日の目を見ることはなかった。氏への感謝の気持ちは，言葉には表わし尽くせないものである。
　結果的に本著をまとめる契機となった内地留学の受け入れと指導を快諾して下さった名古屋学院大学商学部教授，同大学総合研究所長の中村義寿氏にも心よりの御礼を申し上げる。また，同大学の諸先生方にも，研究発表の機会を与えて下さったこと等，お世話になったことに深く感謝の意を表明したい。
　筆者が所属する幾つかの学会の多くの先生方には，様々な機会に多くのことを学ばせて頂いた。紙幅の関係上，誠に残念ながらいちいち御名前をあげて御礼を申し上げられないが，とりわけ多国籍企業研究会の元甲南大学経営学部教授 萩野典宏氏には，かねてより研究上のヒントや資料を多く頂いた。氏の長年の教育者としての類稀なるお人柄と誠実さには深く頭の下がる思いである。
　なお，本著の出版に対しては甲南大学伊藤忠兵衛基金より助成を頂いた。また，出版を快諾してくださり，ご配慮いただいた森山書店に謝意を表したい。
　最後に，恩師の故市原季一先生に心より感謝の言葉を述べたい。先生には本当に多くの大切なことをお教えいただいた。拙い本著であるが，本著を先生の墓前に捧げる次第である。

2010年12月

林　満　男

目　次

第1章　国際経営と企業倫理 ……………………………… 1
1. 序 ……………………………………………………………… 1
2. 企業倫理と企業経営 ………………………………………… 4
3. 多国籍企業と企業倫理問題 ………………………………… 6
4. グローバルな企業倫理の必要性と可能性 ………………… 11
5. 結 ……………………………………………………………… 16

第2章　企業倫理の基礎付け ……………………………… 23
1. 序 ……………………………………………………………… 23
2. 企業倫理の位置付け ………………………………………… 24
3. 制度としての企業と企業倫理 ……………………………… 28
   1. 経済合理性・合目的性と倫理性 ………………………… 28
   2. 経済合理性の分化発展と企業倫理 ……………………… 33
   3. 企業の未来と倫理性 ……………………………………… 36
4. 経済合理性と倫理性の統合 ………………………………… 39
   1. 民主化の要請 ……………………………………………… 39
   2. 開かれた組織としての企業 ……………………………… 41
5. 結 ……………………………………………………………… 44

第3章　グローバル化と企業倫理 ………………………… 53
1. 序 ……………………………………………………………… 53
2. 多国籍企業問題の進展 ……………………………………… 54

   3. グローバル化と倫理性の認識 ……………………………………… *58*
   4. 多元的な社会的環境要因への対応 ………………………………… *61*
   5. 相対主義的な環境適応の枠組み …………………………………… *65*
   6. 結 ……………………………………………………………………… *68*

第4章　企業倫理と企業戦略 …………………………………………… *75*
   1. 序 ……………………………………………………………………… *75*
   2. 相対主義的な環境適応志向の克服 ………………………………… *76*
   3. 市場主義・競争主義の超克 ………………………………………… *84*
   4. 結 ……………………………………………………………………… *91*

第5章　企業倫理と企業文化 …………………………………………… *101*
   1. 序 ……………………………………………………………………… *101*
   2. 市場主義・競争主義の超克と道徳性の発展 ……………………… *103*
   3. 環境, 体制の変化・変革と企業文化 ……………………………… *110*
      1　企業倫理と環境, 体制の変化・変革 ………………………… *110*
      2　開かれた企業倫理と企業文化 ………………………………… *115*
   4. 結 ……………………………………………………………………… *119*

第6章　企業倫理と企業組織 …………………………………………… *127*
   1. 序 ……………………………………………………………………… *127*
   2. 企業組織と企業権力 ………………………………………………… *128*
      1　企業倫理・組織と企業権力 …………………………………… *128*
      2　国際経営の組織発展 …………………………………………… *131*
      3　企業組織の不変性 ……………………………………………… *134*
   3. 企業倫理と組織の民主性 …………………………………………… *141*

    1 倫理問題の増幅可能性……………………………………………… *141*
    2 倫理問題と組織の民主性…………………………………………… *143*
  4. 結……………………………………………………………………… *145*

第7章　企業倫理と企業体制……………………………………… *151*
  1. 序……………………………………………………………………… *151*
  2. 多国籍企業体制と企業倫理実現の可能性………………………… *154*
    1 企業倫理と相対主義的対応の限界………………………………… *154*
    2 企業倫理と多国籍企業パラダイム………………………………… *157*
  3. 多国籍企業体制と権力問題………………………………………… *158*
    1 国際経営と権力問題の認識………………………………………… *158*
    2 企業倫理・権力問題と経営学的認識……………………………… *161*
  4. 多国籍企業体制と自由市場主義…………………………………… *164*
  5. コンセンサス志向の企業倫理の限界……………………………… *167*
  6. 結……………………………………………………………………… *169*

第8章　企業倫理と体制の変革…………………………………… *179*
——新たな「予定調和」の実現に向けて——
  1. 序……………………………………………………………………… *179*
  2. 体制変革の方向……………………………………………………… *182*
    1 問題となる現況……………………………………………………… *182*
    2 企業権力関係の変革と民主化……………………………………… *186*
  3. 新たな倫理と文化の創造…………………………………………… *193*
  4. 結にかえて―企業倫理，経営戦略論と経営学―………………… *198*

補論　企業倫理の国際比較と展望……………………………………… *213*
　――米独日を例として――
1. 序……………………………………………………………………… *213*
2. 米独日の企業倫理，その特質と相違………………………………… *214*
　　1　米独日の企業倫理の成り立ちと概略………………………………… *214*
　　2　米独日の企業倫理の特質……………………………………………… *219*
　　3　米独日の企業倫理の本質的相違……………………………………… *222*
　　4　米独日の企業倫理の領域，範囲の相違……………………………… *223*
3. 結論と展望…………………………………………………………… *224*

第 1 章　国際経営と企業倫理

1. 序

　企業は，国境を超えて多国籍化するに従い，様々な国々の相違した文化の領域に入り込み，それらの文化に関与，適応しながら，また適応するために，相違した文化の諸要素を，それぞれの国において自らの組織の中に摂取していくことになる。そこで各企業は，その経営活動が各国ごとに相違した文化によって分裂する状態を避け，全体としての統一性と効率性を実現するために，様々な文化をグローバルかつ効率的に統合する何らかの働きの仕組みを保持する必要に迫られることになる。その必要に応えるものが，多様な文化を統合する企業の文化としての「多国籍企業文化」とも呼ぶべきものとして想定されることになる[1]。

　また同時に，企業は多国籍化することにより，各国の境界内の，企業に対する社会経済的に様々な統制の枠を超え，その枠から解放され自由になる面がありながらも，グローバルな経営の実践活動において，そうした統制に反したり対立しないようにするために，一定の統合的な規律性を自ら身につける必要に迫られる。そのことがまた，「多国籍企業文化」とも呼ぶべきものの醸成を一層必要なものとし推し進めることにもなる。

　その際，その「多国籍企業文化」は，各企業において具体的には如何なるものであれ，各国の相違した社会経済的な諸条件に適合し統合的なものとされる

ために，それぞれの社会や文化に共通となり得る価値や規範を基礎とすることが必須となる。つまり，中村の言葉を借りれば，「国際経営はその課題を遂行するにおいて，根底的にある種の倫理的普遍性を遵守せねばならない[2]」のである。そして，その倫理的普遍性が経営に活かされることが企業にとって重要な意味を持つことになる。安室の言うように，「多国籍企業文化」とは，「ローカルな経営文化の独自性・主体性を尊重しながら，なおかつ全体を統合することのできる『企業文化』」であり，「おのずと，『多国籍企業文化』は，多様な経営文化に共通する経営倫理をもつことになる。多国籍企業の経営者は，こうした世界共通の倫理基準に照らして自らの意思決定，企業行動を律していくのである[3]。」つまり，多国籍企業のグローバルな活動の成否にとっては，究極的に，その拠り所たる価値や規範としての倫理を意識することは勿論，それと如何に関わりあい，それを如何に理解し，如何に身につけ実践して自らの経営に活かしていくかが本質的に重要な意味を持つことになる。

　企業文化と企業倫理の関係をもう少し詳しく見てみると，先ず初めに，企業文化とは，組織上の行動様式やシンボルに具体化された組織構成員共有の価値や規範の総体として理解される[4]。従って，別の言葉で逆に言えば，企業文化は，実践可能な行動様式，手段，目標のどれを選ぶかという判断基準としての価値や規範を基礎として成立していると言える[5]。経営学において企業文化が取り上げられるときには，企業活動に影響を与える価値や規範の発見・記述や特定化が，そして企業活動のためのその利用・操作可能性が問題とされてきた。しかしながら，価値や規範については，如何なる形であれ，それを学問的に取り上げる限りは，企業活動にとってのそれ自体の普遍妥当性，普遍的基礎付けまでが問われる必要があるはずである。つまりは企業文化の基礎たる価値や規範が「いかにあるべきか」という倫理の問題までが問われる必要があるはずである。ところがこの必要性は，後にその根本的な理由についてもふれるごとく，一般的に，また特にグローバルな企業活動との関連において，今までのところ本質的な意味において十分に認識されていたとは言い難い。Osterloh, M. が表現するように，従来支配的であった考えは，「経営者の行為は倫理的に

中立的で，経済的に合理的な活動である」ということであり，「この考えに従って倫理的な考慮は合理性の外の世界に属すことになり，それは，せいぜい，私的な良心の倫理の立場から，原則的に没価値的な経済の道徳的な調整薬として許されている」と言い得てきたのである[6]。

Weber, M. は，社会科学の没価値性を基本的要請とし，「実践への対処法を導き出すために拘束的な規範や理念を探究することは，決して経験科学の課題たり得ない」とした[7]。しかし彼は，それによって倫理的な価値の解明までを拒否したのではない。この点を指摘して Rebstock, M. も主張するように，ヒトで創られた制度としての企業を研究対象とする実践的学問としての経営学にとっては，「人間的な，それゆえ価値に方向付けられた領域を回避することはできない」のであり，「没価値性への固執は経営学を実践に対してむしろ無価値にしてしまう」と言えるのである[8]。

かくして，既述のごとく「多国籍企業文化」の必要性が高まる現代においては，グローバルな意味においても，企業文化の基礎としての価値や規範が如何にあるべきかを問うことに，それ故，究極的には企業文化が如何に形成される「べきか」について考えるためにも，企業倫理の研究に期待がかけられ，それが推進されることにもなってきたのである。Rebstock, W. は，根本的な企業文化の変革が為されるためには基礎にある価値そのものについての考察が必要であるとして言う。「企業倫理（の研究）によって既存の価値体系が評価され，その内部構造が新たに形成される道が開かれる。強力な共通の価値は，…根本的な文化の変革が成功し得ることの基礎である[9]。」かく考えれば，企業倫理研究の先駆者のひとりである De George, R. T. による次の指摘もよく理解できる。「企業の優秀性（corporate excellence）は企業の道徳性（corporate morality）と同一ではない。…しかし，企業の優秀性が企業の不道徳性や，あるいは会社の仕事のために不道徳的か反道徳的に行動する従業員を許したり励ますような企業文化と両立することは疑わしい[10]。」つまりは，企業の優秀性を高め維持する企業文化の形成や変化のためには，先ずそれを可能にする企業倫理の確立が基礎とされるべきであるということであり，「企業倫理の価値や基準が企業

文化の枠組の中に実現されねばならぬ[11]」ということである。別の言葉で言えば、企業文化の、そして企業そのものの優位性と普遍性は、確たる企業倫理を基礎に高められるということでもある。

2. 企業倫理と企業経営

　企業にとっての倫理的あるいは道徳的責務を，Hussey, D. E. は多くの論者が示唆していることとして，利潤獲得のための諸目標 (objectives of profit) から区別するために (それに対する行動上の)「制約」(constraints) と呼ぶべきであるとしている。そしてこれを定義して次のように言っている。「それは，企業が，それを為すことにより自らの利潤目標の達成へ向けて長い道のりを強いられるという事実にもかかわらず，道徳的あるいは倫理的理由から遂行するところのものである。このことを，Ansoff, H. I. は，『制約とは意思決定上の規則であり，企業の自由な行動から特定の選択可能性を除くものである』という単純な定義を用いている[12]。」この意味からはまた，企業にとっての倫理的行動とは，企業の「従来」の自由な行動を制約すること無く，あるいはそれに追加的に行われるだけの，社会的，慈善的行為・事業等とは区別されるべきものである[13]。

　Hussey, D. E. は企業にとっての，上のような倫理的行動の重要性を説き，それは経営計画や経営戦略の尺度のひとつたるべきである，として言う。「理想的な世界であれば，倫理的で道徳的な考慮に起因する制約を明瞭にすることに対して，現代の企業活動で通常慣例となっている以上に，おそらくもっと多くの注意が払われることだろう[14]。」彼は，この考えに関して，Drucker, P. の次の見解を有用だとして引用している。「最も重要なことは，経営者が，すべての企業政策と企業行動による社会への影響を考慮せねばならぬということを悟ることである。経営者は，企業行動が公共の利益を増し，我々の社会の基本的な信頼を高め，その安定性，強さ，そして調和に貢献するだろうかと考慮しなければならない[15]。」。結局，倫理的な問は，先ずは，Gerum, E. の言うごと

く，企業の目的やその実現のための手段の選択についてだけ向けられるべきでなく，より根本的には，利潤目的自体が如何なる範囲と如何なる強度で遂行されるべきかについて向けられるべきであるということである。まさに，「企業倫理は，現代の企業経営の"流行の付属物"（modisches Beiwerk）等ではなく，不可欠な構成要素（integraler Bestandteil）なのである[16]」。

現代の企業行動にとって，とりわけ企業文化の問題との関連でも，企業倫理というテーマが重要であると認められるとしても，そのテーマが，特に多国籍企業との関連では，現実の問題の大きさと多さにもかかわらず，体系的に研究されることは，その始まり自体も遅く，それほど多くなかったと言える。国際経営や多国籍企業そのものに関する研究が既に盛んに多くなされていた 1989 年に，Donaldson, T. は，この分野での先駆的とも言える研究において，「まったく，グローバルな企業活動を道徳的な観点から体系的に評価するという課題を直接に手掛けた本は無い[17]」と語っていた。その状況は，その後，今世紀に入る頃を前後して若干ながら変化する兆しがあると言えるようではある。

彼は，経営学の分野において，とりわけ国際経営論の分野において企業倫理の体系的な研究が遅れていたことの理由として，一方で，道徳問題の専門家である哲学者たちが理論への関心にとらわれ，心理学や経済学等の他の学問分野での現実の進展に積極的に取り組まなかったこと，他方では，経営学が依って立つ特に経済学や政治学では「科学的」方法への専心が道徳的な分析への意欲をそいだことを挙げている。この２つの流れは哲学的実証主義に起因しているものであり，本書の後述でも何度かふれるように，今日でも依然として変化なく研究上の制約要因となっている面があると言える。Donaldson, T. は言う。「…政治（経済）学者たちは，科学的真実性へ邁進する中で，彼等の研究調査を予見可能で御しやすくしようと苦闘した。国際的なレベルでは，この趨勢は，時として"現実主義"という包括的に大雑把な説の形をとった。〈これは一国家的な自己利益を記述的な規準として，また評価上の規範の両方として考えるのである〉[18]。」

このような研究上の流れに対しては，その問題点を指摘し変更を加えること

が，その後，まさしく企業の多国籍化の急速かつ大規模な一層の発展によって，ますます，極めて必要で急務となっていると考えられるのである。

3. 多国籍企業と企業倫理問題

　Vernon, R. は，「私は時折，多国籍企業についてのどのような議論においても，何故そんなにたやすく倫理についての議論が引き起こされるのだろうかと不思議に思った」としてその理由を探り，当然ながら結局，その理由を多国籍企業の特質に求めている[19]。第1に，多国籍企業は複数国間で容易に生産の移転を行えると考えられ，——従って，各国の経済に恣意的かつ直接的に影響を与え得ると受け止められ——，第2に，多国籍企業は自らの組織内で国際的な取引を行う，つまり国際的な取引を一層容易に支配できると考えられている。これらのため，多国籍企業の行動は直接的に各国民国家の利害と対立し国際的な公正に反し得ると見られるのである。さらに，これら2点に結び付いて，目立ち度合，大規模性，明確な異質（異国）性という3つの要因が，多国籍企業を念入りな精査の的にし，その倫理問題を一層浮き立たせている，と Vernon, R. は説明している[20]。

　これらの点に加えて，あるいは一層本質的な問題点として次の2点が重要である。それは，冒頭に述べた企業文化の問題に重なり合うことであるが，多国籍企業は基本的にはその母国に特質的な経営行動によって支配されており，これが各国の異質な社会経済的，文化的諸状況と対立し得ること，そして同時にこの意味において，多国籍企業は，本来，一国内のようには，自らの全体的行動にとって沿い得る明確な一定の枠組を持っていないことである。

　以上のことは，多国籍企業の立場から見れば，多国籍企業は倫理問題に対して一層脆弱だということであり，一層不明確・不安定な価値・規範としての倫理的枠組しか持ち得ないという意味での，経営の不安定性が高められ得るということである。このことから，多国籍企業にとって，倫理問題は，一国的な企業以上に重大な問題となっているとも言えるのである[21]。

3. 多国籍企業と企業倫理問題　7

　かくして今や，多国籍企業について倫理の問題が重要な意味を持っており，この問題の解決が急務であるという事実は否めないこととなっている。しかしながら，具体的かつ現実的に，多国籍企業のどのような行動が倫理的であるのか，倫理に適った多国籍企業の行動とはどのようなものであるのかについては，そしてまた，グローバルなレベルで一般的に妥当な，そして明確に規定された倫理的枠組[22]とはどのようなものであるかについては，依然十分な見解の一致があるとは言い難い。あるいはそれ以前に，とりわけ企業の社会的役割を経済合理性の追求中心に考える立場からは，そもそも，そうしたことが議論の対象にされ得るのか，されるべきなのかといった疑問すら少なからず呈せられさえもするのである。まして企業がまさに倫理的に，本書で後述のごとく，グローバルな倫理問題の解決に自発的かつ積極的に取り組み，参加し，さらに自らの「体制的な改革」までも考慮に含めて行動していくべきであるとするような，そしてそれが具体的にどう為されればよいかについての，体系的な研究の必要性についての認識自体が十分とは言えない状況にあると言っても過言でない。

　このような状況は，またその基本的な特徴は，代表的な多国籍企業研究者たちによる倫理問題についての従来の議論においても窺い知ることができる。例えば，Wilkins, M. は，戦後の世界のグローバル化が本格化しだした 1980 年代半ばにおいて，歴史的な考察から，問題となることは結局，昔とほとんど変わっておらず，国家間で相違するそれぞれの倫理的価値のコンフリクトをどう処理するかだとし，それ以上の問題については立ち入ろうとしなかった。彼女は，この問題について結論的に次のように言うにとどまっていた。「我々は皆，多国籍企業の経営者に，彼等がどこで活動しようとも，技術，製品，そして生産方法を移転し，経済発展に貢献して欲しいと思うことは承知している。我々は，彼等にまた，どれだけ（一国の）倫理的かつ政治的システムの伝導者であって欲しいとも思うのだろうか。…もしも我々がそのような（倫理的な）価値を好むのであれば，我々はその価値が（多国籍企業によって他国に）移転されることを望む。もしも我々がその価値に反対するのであれば，我々は受入国の

主権を主張することになる。国家の選択を超える，多国籍企業に我々が伝導することを期待する普遍的な価値はあるのだろうか。これらは長く未解決の問題であった。それには簡単な回答は無い[23]。」

　Kindleberger, C. P. も同じような問題意識を基本に，「一方で自分自身の倫理基準に忠実でありながら，郷に入っては郷に従うというあいまいさは不可避でもあり困惑的でもある」としながら，しかしそのことは，多国籍企業が個々の問題について2つの立場を絶えず往き来することを正当化するものではない，と表明するにとどまっていた[24]。

　Vernon, R. も，やはり上の二者と基本的に同じような認識から次のように述べていた。「問題はある。確かに。しかしそれは，私には，主に相争い矛盾する国家ごとの価値から起こる問題であると思われる。これらの価値を倫理的な優秀さの点で測定するための手頃な手段は無いのである[25]。」彼は，問題解決のためになんらかの規則や協定の必要な領域があると指摘しながらも，次のように結論づけていた。「しかし私は，これらの問題は，倫理的な問題として定義されるなら解決可能であるとは見ない。まったく，私が，とりわけ多国籍企業に向けられるであろう倫理的な問いを探すにつれて，ただひとつの次のような問いだけが私には思い浮かぶ。そうした企業にとっては，国家ごとの価値や目標におけるコンフリクトを処理するために，政府間で有効な取り決めを創り出すように国際的な協定が立案される場合，その協定の形成に反対することは倫理的だろうか[26]。」

　Dunning, J. は，グローバル化の進展も著しい今世紀に入り，2004年に，「グローバル資本主義：道徳的挑戦」と題する論文を発表したが，その論文において，多国籍企業と倫理問題の関係を取り上げ，企業には倫理的に行動することが期待されていることについて，そして倫理問題の多様性について多く論じたものの，グローバルに一定の妥当性を持って掲げられ沿われるべき行動の指針のための研究の在り方自体の展望は示さないままであった[27]。Grosse, R.E. は，そうした内容を受けて，その書評において，次のように述べている。「(その展望の無さ) は，この問題に対するビジネス・スクールの通例の反応を思い起こ

させる。つまり，彼等は，力を込めて倫理的な意思決定は重要だと力説するが──しかし，そうは言っても，カリキュラム内容はその力説を超えるものではないのだ。確かに，Dunningだけでなく，多くの者たちは同様にこの問題を取り扱う道を見出せなかった。しかし，私は，彼が，この問題について考えるための何らかの枠組みを提示してくれるものと期待した。それは欠けたままだ。…何が多国籍企業のために倫理的な意思決定を構成するかについての体系的な思考が必要な時に，我々が今なおもがき続けているのを見ることは全く意気消沈することである[28]。」

これらの代表的な多国籍企業研究家の見解においては，多国籍企業が持つべき企業倫理そのものが如何にあるべきかについて，企業倫理の本質の解明から体系的に解き明かそうとする姿勢は見られない。またそうした企業倫理の確立のためにまさしく多国籍企業自体が持たねばならない本来の責任や可能性とその意味についても語られない。そこではただ，基本的に，「各国で相違する倫理価値の間の，またグローバルに生起する，様々なコンフリクトを，プラグマティックに如何に処理するか」だけが関心の的となってきたと言えよう[29]。そのような研究状況は，その大枠において，本書で後に詳述のごとく，今なお変化なく続いていると言える。

結局彼等は，既述のごとくDonaldson, T. により批判的に表現された従来の経営学の理論的枠組の中にとどまり，かつ各国間の倫理価値の複雑で錯綜した現実の状況を前にしては，その思考をさらに一歩進めることができず，また一歩進めることを躊躇しているようでもある。しかし多国籍企業は，まさに各国間の倫理価値の複雑で錯綜した状況の中で，「非道徳的な実践を，「許容範囲」や「文化的相対性」という修辞で覆い隠す[30]」とも言えるのである。

既述のごとく，Donaldson, T. は，国際経営に関する企業倫理研究の遅れの原因が実証主義に偏った基本的性格にあるかの旨を述べたが，その傾向は，例えば上記のDunning, J. の研究のように，今世紀に入っても根本的な変化を見せていないことによく示されているとも理解できる。Hogner, R. H. は，こうした点に関連して，既に早くから，Dunning, J. 自身は本来新たな研究上のパ

ラダイムによる多国籍企業の研究を進めようとしたものの，実証主義的な専心の故に，その理論に広く人間性，道徳性，社会性，政治性を組み込めなかった点を批判していた。そして，彼は，そのような研究の，新たな時代に向けての進歩性の無さを指摘し，そのままでは，国際経営論自体が「学問としての」終焉を迎えるかも知れぬとの警告の意味から，比喩的に，「国際経営論：生前実証主義者，安らかに眠る」との墓標が立つのではないかと危惧していたのである[31]。

　Donaldson, T. は，多国籍企業の倫理問題を初めて体系的に解明しようとした試みの中で次のように言っていた。「驚くほど多くの道徳上の無分別が起こるのは，人々の基本的な道徳上の見解が混乱させられているからではなく，新しい状況へのそうした見解の，彼等の認識上の適用が誤って導かれるからである[32]。」

　彼は，Barnet, R. J. と Müller, R. E. の，「マンハッタンの摩天楼の56階では，その会社がコロンビアやメキシコで行っているであろうことを自己防衛的に無視するレベルは高い[33]」という皮肉の言葉を引用し，多国籍企業が倫理的であるために先ず改善されねばならぬ点について次のように述べていた。「…多国籍企業は，その意思決定の洗練性を強める必要があるだろう。彼等は，道徳上の情報を用立てるために，情報の流れと収集の既成の様式を変えねばならないであろう。彼等は，それと並んで組織の本質の分析，歴史的動向，健康，人権や人口統計上の分析を導入する必要があるだろう。そして彼等は，これらの領域において専門的能力を用意するために新しい種類の社員を導入することを必要とすら考えるかも知れぬ。そのような変化が如何に起こりそうでないとしても，私は，そのような変化が可能性の範囲内にあると信じている[34]。」

　しかし，本書で後に詳述のごとく，今日なお，企業倫理実現に向けては，旧来の企業の体制自体の在り方と共に，あるいはそれが故に，本質的な変化が起こっているとは言い難い状況が続いていると思われるのである。

4. グローバルな企業倫理の必要性と可能性

　ここで，我々が先ず基本的に認識しておく必要があると考えられることは，企業，わけても多国籍企業の活動は，既存の各国の，また世界の社会経済的環境・条件に対応するという側面と，まさに自らのグローバルな戦略を通してそうした環境・条件の大きな変革をもたらすという側面を持つことである。まさに多国籍企業は，現代の各国の，また世界全体におけるグローバルな社会経済的変化をもたらす先鋒となっている。

　Gehlen, A. は，我々は産業革命以来の工業化の中で，「特定の地方には限られない世界産業文化（Weltindustriekultur）の初めにいる」とし，Weber, M. の言葉を借りて，そうした世界産業文化に向かっての変化は，「人類の精神的容貌を『見分けのつかなくなるまで』変えていくであろう[35]」として言っている。「この時代の大きな出来事や重要な現象がすべて未曾有のことという性格を持っている……そうした性格は，勿論，産業上の大企業や，そして何よりもそれから生まれてくる放散物，つまり大都市から現代の家族体制に至るまでのすべてに当てはまるのである。」ここで起こる「転換は，道徳の核心や構造にまで，それどころか意識の流れの法則にまで貫徹する」，そして，「人類の新しい産業社会水準に即して，確かに，人間の道徳的態度にも深い変化が生じているに違いない」のである[36]。要するに，我々は今日，グローバルな倫理的変革を伴う世界産業文化へ向かっての変化の中にいるに違いないのであって，そのような変化をもたらす大きな中心のひとつがまさしく多国籍企業と言えるのである。

　従ってまた，この意味からも，ここで一言述べておくべきことは，そのように社会経済面，また道徳面で新たな変革をもたらす多国籍企業の行動に対しては，過去の経験の理解を基本的な拠所とする法律的な規制に倫理的枠組を期待しようとする見解そのものは，ここでの議論の対象とはならないことである。「企業は本来コンフリクト解決そのもののためのメカニズムではなく，法律こ

そコンフリクト解決に適応させられているものであるから，法律の整備等に問題の解決が委ねられるべきである」とする見解に従うだけでは，いつまでも問題の根本的かつ包括的な解決には至らないということである[37]。加えて言えば，法律を守り得るか否かも倫理の問題であり，また，法律自体が，多国籍企業が招来するであろう社会変化によって陳腐化して行き，新たな倫理の創造にむしろ抑圧的と成り得る上に，そのような法律に従うだけでは，企業の未来的かつ革新的に社会的な選択を制約し，また安易にもるすることによって，かえって倫理観そのものを弱める結果にもなり得る。法律はまた，国家による企業に対する「政治的領域」を広げる面もあり，それによる「社会秩序」に従うだけでは，かえって企業の未来社会に向けた倫理創造機会や能力を奪い得るのである。

　Buller, P. F. は，1990年に，世界におけるグローバル化による政治的，経済的諸変化を所与として次のように述べていた。「そこには長きにわたって維持されてきた世界観の崩壊，あるいは少なくとも動揺があるように見える。この事態は Lewin, K. が「溶解」（unfreezing）と呼んだものに類似している。それは，以前の信条に疑問を向けること，あるいは考え直そうという意志によって特徴づけられる状態である。この事態は，Lewin, K. によって，成功する変化への必要な前兆と考えられる。世界は広範に基礎づけられた溶解の段階を体験しているところだと正当に主張されるであろう。その段階は，各国家，企業，そして個人に伝統的な世界観を疑わせており，その見方における劇的な変化のための機会を創造している。その変化はもっと広範囲に共有される倫理の創造を含んでいるのである[38]。」このことから彼は，「グローバルな倫理の形成のために時は熟している。国や企業の指導者たちは，この機会を，倫理についての議論を最優先にすることで掴みとらねばならない[39]」とした。

　ちょうどこの頃，米国においては，企業倫理そのものが社会的にますます多くの関心を呼ぶテーマとなっていた。1988年における Touche-Ross 財団の調査では，ビジネス・スクールの長や国会議員の多くも，企業が倫理問題に悩まされているものと考えているということが明らかにされ，また同じ頃，

Business Roundtable 誌は，企業倫理が「この時代において企業社会に対決している最も挑戦的な問題である」と結論づけていた[40]。そして，本書で後述のごとく，その問題の重要性とその解決困難と思える状況や本質は変わることなく現在にいたっているのである。

　日本においても企業倫理の問題はそれなりに取り上げられてきたものの，特に企業の側におけるその意識と体系，広がりにおいては，とりわけ企業の多国籍化との関連では，長らく大きく遅れていると言える状態が続いていた[41]。このことの理由のひとつは，勿論，日本企業の多国籍化の本格化が比較的新しい出来事だということである。これに加えて，Paul, K. は，日米の多国籍企業の経営政策を比較するある研究の中で，そもそも日本では，企業にとって合理的で明確な道徳的意識のひとつの基礎であるとされる「企業市民」（Corporate Citizenship）といった概念が無かったということを指摘している。彼女は，「この考えは日本の伝統と文化には根差していない」として次のように言う。「こうした考えを日本の環境に移入する際の主要な問題は，社会正義の議論のための制度体が日本の社会にはほとんど存在しないということである。慈善的役割は，日本では，歴史的に，社会の既存の諸制度にほとんど決して挑戦することのなかった寺院に集中されていた。第二次大戦後の日本には，米国や欧州で社会問題への宗教団体の関与を法制化した社会正義支援についての考えはほとんど無かった[42]」。同時に日本では，強度に中央集権化された政府の介入体制が，企業をして，自由独立の責任とその自覚を伴うべき企業市民としての発展を未成熟なものにしていたと言える。加えて，Paul, K. は次のように言う。「また，第二次大戦後の時期において企業と政府が非常に密接に協力して動いたという事実は，企業市民という考えをむしろ余分にしてしまった。日本の政府が企業の利害関係に対して非常に敏感であったが故に，そして日本の企業が政府の利害関係に対して非常に順応的であったが故に，企業は，ある程度まで，日本の民主的国家統制の最も重要な装置だったのである[43]」。しかし，まさにこれらの日本企業の特質は，日本企業の活動と組織が国境を越えて広がり，一方で自国政府の利害関係との直接の関係の範囲外に出て行き，同時に他方では他の諸

国家の利害関係と直接深い係わり合いを持つことによって，変革せざるを得なくなっているのである。

　Buller, P. F. は，世界各国で相違した倫理が多国籍経営の進展と共に収斂していき得るのか否かについては，従来の諸論者の実証的研究の限りでは明確に一般的な答えが得られないままであることを明らかにした後，しかしながら，発想の転換をして，むしろ「諸文化を超越する」共通の倫理を探し出しそれを出発点とすることから始めるべきだと提案した。彼は，この考えを Moran, R. T. と Harris, P. R. の言う「異文化シナジー」(Cu1tural Synergy) の概念と彼等の言葉を援用して次のように主張した。「各国の倫理的行動における多様性についての議論にたずさわることにより，企業の指導者たちが伝統的な実践について考える新しい道を創造することが可能である。Moran, R. T. と Harris, P. R. はこの結果を"異文化シナジー"と呼び（以下のように）示唆している[44]。我々は，協力と協働により，何かもっと卓越したものを生み出すために我々自信の文化的財産についての意識を超えて行くことができる。異文化シナジーは，類似点を基礎にして相違点を融和させることにより，もっと効果的な人間的活動と制度をもたらす。まさに人々の多様性そのものが，共同行動によって問題解決を強めるために役立たされ得る。国際経営にたずさわる者たちは，グローバルな基礎の上にシナジーを促進するためにかけがえのない機会を有している[45]」。

　この機会なるものは，上述の Gehlen, A. による「世界産業文化」についての見解に従えば，Buller, P. F. の考えよりもさらに一歩進んで，むしろ「国際経営にたずさわる者たちによって，あるいはまさしく多国籍企業によって創り出されている」とまで言うこともできよう。このような認識に立てば，既に少しふれたごとく，既述の代表的多国籍企業研究者らの見解に見られるように，国ごとの倫理の違いとその相互のコンフリクトにだけ目を奪われ，そのプラグマティックな処理を研究の中心とすることは，勿論それ自体意味なしとは言えぬまでも，一面的に偏った問題のとらえ方であると言えよう。つまり，多国籍企業の行動は単に既存の伝統的な文化や倫理を環境とし条件として為されるだ

けではなく，まさに世界産業文化の形成に向けて世界の文化や倫理に積極的に影響を及ぼしていくのだということを認識し，それを出発点として研究を進めることこそが，問題の体系的で全般的な解決のために今や一層重要であると思われる。多国籍企業の現代経済社会における役割を考えれば，我々は，もはや単なる「文化相対主義」(Cultural Relativism)の域にとどまることなく，そこから抜け出ることが必須でもあり，真の問題解決のためには不可避でもあると言えよう[46]。

以上のように考えて来れば，グローバルな企業倫理の必要性と可能性はもはや疑いのないところであり，そのような倫理を積極的に探究し形成して行くことは，今や焦眉の急であろう。しかしながら勿論，それは簡単にすぐさま達成され得ることではない。上述の Buller, P. F. は次のように言っている。「倫理的な諸活動について，すべての状況において同意を期待することはおそらく非現実的であろう。しかしながら，このことは，何が倫理的に正しいかに関して諸国民の間で一層大きな理解と同意を達成する可能性を否定するものではない[47]」。

企業倫理をこのように，そのグローバルな創造にたずさわるという積極的な意味で理解することは，従来国際的な企業倫理のひとつの要件として提唱されてきた，多国籍的に「良き企業市民」(Good Corporate Citizen)たるべきとする考え方とは根本的に違う面を持っていることも認識されておかれねばならない。受け入れ国の法律や政治的，経済的，社会的目標を遵守して「良き企業市民」たるべきとする考え方は，一定の必要性と重要性は否定できないにせよ，例えば過去に白人支配下の南アフリカ共和国で見られたごとく，むしろ反倫理的行動につながり得るのであって，「"良き市民"というコンフリクト解決基準は，倫理的観点からは，必然的には多国籍企業の正しい行動へと導かないと確認されるのである[48]」。このコンフリクト解決基準は，結局，本質的には既述のごとき文化相対主義の考え方に一致する根本的な問題を有していると言わざるを得ないのである。

かくして形成されるであろう企業倫理は，グローバルな企業活動の全体的な

環境自体をも変革していくことが考えられる。このことは、たとえばかつての公害の問題と企業倫理の関係について見れば知れよう。公害の問題は、さまざまな形で企業経営に対する社会的批判を生み、また企業によっても認識・反省されてきた結果、これに対応した政策が企業に望まれ、また企業により自発的にもとられることになると、それは結果的に、「公的利益」の遂行が経営戦略と組織の中に組み込まれることとなり、そのこと自体、またその企業行動を通じて、新たな、公害に対する一層高度な認識を基礎とした社会経済の環境や秩序が形成されていくことにもなったのである。このことは、いささかでも企業の問題解決的で倫理的に創造的な積極的行動が行われたとの観点から見れば、企業自らが既存の社会経済の環境や秩序自体に対する批判を考慮し、それに応えながら、そうした環境や秩序を再構築する過程であったと見ることができる。この過程は、新たな企業倫理を基礎に新たな企業の文化を形成し、同時にそのことを通じて新たな全社会的な文化を形成していくことでもある[49]。現実には一連のこれに関連する社会全体の諸関係が相互に複雑に絡みあっていることが、企業倫理の問題の究明をまた一層困難なものにしている理由でもある。いずれにせよ、企業倫理の実現とは、そのような「企業と社会の双方向的で循環的とも言うべき関係を意識的に高めていこうとする運動」であるとも形容できよう。

5. 結

以上をまとめれば、企業倫理の実現と社会全体の在り方はひとつの循環の関係で理解することができるということである。企業がその循環の中で望まれるべき新たな倫理の確立に積極的に取り組むことは、この循環を経営戦略上も企業にとっての好循環とすることにも通じるであろう。このことによって企業はまた、自らの存続と発展に必要な企業文化を真に強力なものとすることもできよう。逆にこれに失敗すれば、「最強の文化も無力になる」状況が作り出されるであろう[50]。

かくして，グローバルな企業倫理を積極的に探究し形成して行くことは，多国籍企業自身の将来にとっても，社会的制度体としての企業としての望むべき新たな発展段階への前進であり得るということが認識されねばならない。それ故に，Adamian, G. H. が多国籍企業の企業倫理に関して語った次の言葉はまた意味深い。「多国籍企業というものはまだ幼年期にある。世界中の無数の人々にとって生活をより良くするために企業のメカニズムを利用することには，非常に多くの，まだ試されていない可能性が残されたままである。…多国籍企業は…不安定な政治的感情の上にではなく，証明ずみの人間性の上に基礎づけられた国際協力への希望を与えてくれる[51]」。

　このように考えれば，望むべき確たるグローバルな企業倫理の形成を最良のものにしようとする努力は，そして，それを基礎にまた企業の存続と発展のためにグローバルな企業文化を最良のものとしようとする広範な努力は，本質的に，単に最適な企業文化＝コーポレート・カルチャー（Corporate Culture）の形成を意味するだけにとどまらない，いわば洗練された文化的企業＝カルチャード・コーポレーション（Cultured Corporation）を実現することへの道[52]を意味することでもあるはずである。

　以上において，グローバル化の時代にあって企業倫理の実現を目指すことの必要性と重要性の概略は理解できたとして，その実現に向けては，企業倫理そのものを一層詳細かつ本質的にどのように捉えることから出発すればよいのであろうか。そのことを明らかにすることが次の章の課題である。

注

1　そのような「多国籍企業文化」についての分析と究明を先駆的・体系的に試みたのが以下の書である。安室憲一編・多国籍企業研究会著『多国籍企業文化』文眞堂，1994年。
2　中村義寿「国際ビジネスの倫理的境界について」『名古屋学院大学論集・社会科学篇』第35巻第1号，1998年，68頁。
3　安室憲一編，前掲書，「はじめに」vi頁。
4　Osterloh, M., Unternehmensethik und Unternehmenskultur, in: Steimann, H. u. Löhr, A. (Hrsg.), *Unternehmensethik*, Stuttgart 1990, S. 155. Vgl. dazu Dülfer, E., Organisationskul-

tur. Phänomen-Philosophie-Technologie. Eine Einführung in die Diskussion, in: E. Dülfer (Hrsg.), *Organisationskultur. Phänomen-Philosophie-Technologie. Eine Einführung in die Diskussion*, Stuttgart 1988, S. 4.
5 Kluckhohn, C., Values and Value Orientations in the Theory of Action, in: Parsons, T./Shils, E. A. (ed.), *Towards a General Theory of Action*, New Jersey 1961, p. 395,
6 Osterloh, M., 前掲書 S. 515, 155.
7 Weber, M., Die "Objektivität" sozialwissenschaftlicher und sozialpolitischer Erkenntnis, (1922), in: Max Weber, *Gesammelte Aufsätze zur Wissenschatslehre*, hrsg. von Winckelmann, J., 4. Aufl., Tübingen 1973, S. 149.
8 Rebstock, W., *Unternehmensethik*, Spardorf 1988, S. 3f.
9 Rebstock, W., 同上書 S. 31.
10 De George, R. T., *Business Ethics*, New York 1990, p. 104.
11 Rebstock, W., 前掲書 S. 185.
12 Hussey, D. E., *Corporate Planing, Theory and Practice* (2nd. ed.), Oxford 1982, p. 86.
13 De George, R. T., 前掲書 p. 141. Hussey, D. E., 同上書 p. 86f. cf. Ansoff, H. I., *Corporate Strategy*. New York 1965.
14 Hussey, D. E., 同上書 p. 87.
15 Hussey, D. E., 同上書 p. 87, Drucker, P. (1955) *The Practice of Management*, New York 1969, p. 388.
16 Gerum, E., Neoinstitutionalismus, Unternehmensverfassung und Unternehmensethik, in: Biervert, M. H. (Hrsg.), *Ethische Grundlagen der ökonomischen Theorie-Eigentum, Verträge, Institutionen*, Frankfurt 1989, S. 148.
17 Donaldson, T., *The Ethics of International Business*, New York, Oxford 1989, Preface. p. ix.
18 Donaldson, T., 同上書 Preface, p. x. ( ) 内のみ筆者。〈 〉は原文での強調。この一国家とは，本文脈絡から当然，米国のことであり，米国の利益と規範が基準となるということであり，「普遍的倫理」研究への関心は一層欠如する結果となる。これに関連しては特に第7章や第8章の中でも詳細にふれることになる。
19 Vernon, R., Ethics and the Multinational Enterprise, in: Hoffman, W. M./ Lange, A. E./ Fedo, D. A., *Ethics and the Multinational Enterprise, Proceedings of the Sixth National Conference on Business Ethics*, Waltham 1985, p. 61.
20 Vernon, R., 同上書 p. 62.
21 同じひとつの多国籍企業内における各国経営者の比較においてすら，彼等の価値観や行動は，共通のその企業文化よりも相違する国民文化の影響の方を一層大きく受け変化もしないという研究結果が，問題の困難さをよく表わしていると言えよう。(cf. Laurent, A., The Cultural Diversity of Western Conceptions of Management, in: *International Studies*

of Management and Organization, 13/1983, p.75-96., Hofstede, G., *Culture's Consequences, International Differences in Work-related Values*, Beverly Hills 1980).

22 例えば，最も基本的，原則的なものとしては，Donaldson, T. は Hypernorms,（ハイパー（極超）規範）Jöstingmeier, B. は Basis-Ethik（基礎倫理）と名付け規定しているが，その他の論者も含めて，その際彼等が基礎とし依拠するのは国連の「基本的人権宣言」の内容や，また古今東西を問わず見られる「黄金律」と呼ばれる倫理的基本原理であり，人間存在の根本要件たる自然環境の保全等である。Donaldson, T., When in Rome, do...What? International Business and Cultural Relativism, in: Minus, P. (ed.), *The Ethics of Business in a Global Economy*, Boston 1994, p. 75 他。Jöstingmeier, B., *Zur Unternehmensethik internationaler täetiger Unternehmungen*, Göttingen 1994, S. 87ff..

23 Wilkins, M., Ethical Dilemmas of Multinational Enterprise: An Historical Perspective, in: Hoffman, W. M./Lange, A. E./Fedo, D. A., 前掲書 p. 29, 括弧内筆者。

24 Kindleberger, C. P., Social Responsibility of the Multinational Corporation, in: Hoffman, W.M./Lange, A.E./ Fedo, D. A., 前掲書 p. 37.

25 Vernon, R., 前掲書 p. 69.

26 Vernon, R., 前掲書 p. 69.

27 Dunning, J. H., Global capitalism: the Moral Challenge, in: Chen, J.-r., *International Institutions and Multinational Enterprises*, Cheltenham 2004., 注 28 も参照。

28 Grosse, R. E., Book Review: Chen, J.-r., International Institutions and Multinational Enterprises, Cheltenham 2004 in: *Transnational Corporations*, 14/2005, p. 149. 傍点筆者。

29 Dunning, J. H. は，上記論文の主旨として，「グローバルな構造物の本質的な道徳的基礎に焦点を当てる」と述べ，グローバル資本主義の道徳的諸問題を縷々挙げつらった後，「道徳性の概念」を検討するとしながら，「哲学的な論議は避けてプラグマテックなアプローチをとりたい」（傍点筆者）とし，結局，多国籍企業研究者と称しながら，個人と企業を分析対象として同列に置き，企業の組織や意思決定の構造的問題に切り込むこともなく，上記 Grosse, R. E. を意気消沈させるだけで終っているのである。Dunning, J. H., 前掲書 p. 20, 30.

30 Donaldson, T., 前掲書 p. 108. 傍点筆者。

31 Hogner, R. H., International Business Studies: Science, Society and Reality, in: Toyne, B. and Douglas W. N. (ed.), *International Business, An Emerging Vision, Papers presented at a conference held at the University of South California*, 1992. p. 128.

32 Donaldson, T., 前掲書 p. 108, 130.

33 Barnet, R. J./ Müller, R. E., Global Reach. The Power of Multinational corporations, New York 1974, p. 185.

34 Donaldson, T., 前掲書 p. 108.

35 Gehlen, A., *Anthropologische Forschung*, Hamburug 1961.（亀井裕他訳「人間学の探究」紀伊国屋書店，1970 年，258 頁）
36 Gehlen, A., 同上書 S, 85, 278.
37 Gerum, E., 同上書 S. 145ff..
38 Buller, P. F., Towards a Global Ethic?, Paper submitted to the International Western Academy of Management meeting, Tokyo Japan 1990, p. 10. (cf. Lewin, K., *Field Theory in Social Science*, New York 1951.)
39 Buller, P. F., 同上書 p. 15, 以下も参照。Buller, P. F./Kohls, J. J./Anderson, K. S., The Challenge of Global Ethics, in: *Journal of Business Ethics*, 10/1991, p. 767ff.
40 Buller, P. F., 同上書 p. 12. cf. Touche-Ross Foundation, Ethics in American Business: An opinion survey of key business leaders on ethical standards and behavior, January 1988. Business Roundtable, Corporate Ethics: A prime business asset. A report by the Business Roundtable, February 1988. Hoffman, W. M. et al. (1986) "Are Corporations institutionalizing Ethics?," in: *Journal of Business Ethics*, 2, April, p. 85ff.
41 1961 年に経済同友会が「経営者の社会的責任の自覚と実践」について決議発表して以来，時事的な問題ともからみ何度となく議論され，1980 年代後半からは，日本企業の国際化に応じた企業倫理の必要性の議論が高まり（たとえば 1887 年の経済同友会夏期セミナー，「日本企業の国際化―行動規範必要に」日本経済新聞，同年 8 月 8 日)，その後，1991 年には，経団連が 15 原則からなる「企業行動憲章」を作成した。しかしそれは旧来の「基本中の基本」の考えを含んでおり（同紙，同年 9 月 15 日)，体系的で新たな理念に基づいたものからは全く程遠いと言えるものであった（同紙社説「企業革新の理念と方策を問い直す」同年 9 月 23 日参照)。その後，1996 年には「実行の手引き」を作成，何度かの見直しの後，2010 年 9 月 14 日の「企業行動憲章―社会の信頼と共感を得るために―」と同「実行の手引き」（第 6 版）により，現在では（文書上は）相当に充実されたものになっている。
42 Paul K. (1990) The Impact of U. S. Sanctions on Japanese in South Africa: Further Development in the Internationalization of Social Activism, paper submitted to the International Western Academy of Management Meeting, Tokyo Japan 1990, p. 13.
43 Paul, K., 同上書 p. 13f..
44 Moran, R. T./Harris, P. R., *Managing Cultural Differences*, Houston 1981, p. 13.
45 Buller, P. F., 前掲書 p. 14, 傍点筆者。同様に，Buller, P. F./ Kohls, J. J./Anderson, K. S., 前掲書 p. 775.
46 ここでの文化相対主義の意味とその批判については以下参照。Donaldson, T., 前掲書 p. 14 ff., Harman, G., *The Nature of Morality*, Oxford 1977, Chap. 2–4.
47 Buller, P. F., 前掲書 p. 16.

48 Kumar, B. N./Sjurts, I., Multinationale Unternehmen und Ethik, in: Dierkes, M./ Zimmermann, K. (Hrsg.), *Ethik und Geschäft-Dimensionen und Grenzen unternehmerischer Verantwortung*, Frankfurt 1991, S. 177. 極端な例えであるが，かつてAEG-Telefunken社の多国籍化を研究したHautsch, G. は，次のように言っていた。「独占資本にとっては，自らがその支配下で投資を行う独裁者たちの指にどれだけ多くの血がこびり付いているかはどうでもよいのであり，反対に，政権体制が残忍であるほど，『投資環境』はより良いものなのであり，それだけAEG-Telefunken社のような企業が外へ追い出されないことの保障は一層大きいのである」Hautsch, G., *Das Imperium AEG-Telefunken. Ein Multinationaler Konzern*, Frankfurt 1979, S. 140. また拙著参照。『西独多国籍企業論』森山書店1984年，第8章。

49 そしてそのことはまた，後の章でもふれることになるが，企業にとっての費用と便益と，それを構成要因とする経済合理性なるものの内実を，社会の倫理的な進歩に向けて変化させているということでもある。

50 Holleis, W., *Unternehmenskultur und moderne Psyche*, Frankfurt 1987, S. 351.

51 Adamian, G. H., Foreword to: Hoffman, W. M./ Lange, A. E./Fedo, D. A., 前掲書。

52 Holleis, W., 前掲書 S.337ff.

第2章　企業倫理の基礎付け

1. 序

　企業行動がもたらす様々な社会的問題・弊害の故に，企業の倫理が重要なテーマとして取り上げられ研究されているのであるが，その際，企業には，単なる経済合理性を超えた，社会全体との調和的な発展を可能に為し得る一層広範な行動規範が要求されていると言えよう。かくして目差される企業倫理の内容は，それをめぐって多くの議論がなされ，また論争の的にもなり，今なお不確定で模索中と言わざるを得ないが，少なくともその最大公約数的に基本的な理念は，カントの定言的命令を援用して，「汝と汝の同胞たちの生活の質を危うくせず，高めるように行為せよ」と言えよう[1]。

　この理念を実現するためには，利潤原理と倫理性の「矛盾の克服」が決定的に重要な問題となる。この問題は，後述するごとく，従来一般的であったように経済合理性だけを企業の本性の第一義的な前提とする限りは解決できず，その限りでは，企業倫理の問題に対する関心は，過去においても周期的に見られたと言われるように，いずれ再び問題の解決に至らぬままに衰退していく可能性もなしとはしない。まさに，Jackson, N. と Carter, P. は，企業倫理をめぐる議論や研究が隆盛を極めだして間も無い1994年に，それが「世紀末的な関心」(fin de siècle interest) に終わることを危惧していた[2]。しかし，その後の社会的な一般的関心の高まりと共に，絶えることのない企業の不祥事もあり，また，

本章でもふれる経営学自体における企業研究の方法論的な認識変化も重なり，企業倫理の問題にはますます多く関心が向けられ一層盛んに議論されるところとなって行った。

いずれにせよ，企業倫理の問題は，現代において如何に大きな議論を巻き起こすようになったように見えても，その解決のためには，現状の分析を基礎とし中心とするだけでは不十分で，企業の本性に関わる今日一般的な基本的前提を根本的に再検討することから始める必要があると思われる。このために，──現在の企業という存在が長きにわたる人間の歴史の中で生みだされてきた「制度」であるが故に──，先ずは，企業という制度を創り出した人間の本質についての根本的な認識を明確にすることから出発し，それを基礎として，制度としての企業の生成，発展の過程を考察してみることにする。それにより，企業の本性を明らかにすることを通じて，その上で初めて企業倫理の問題についての解答が得られると思われる。

これはまた，企業倫理の問題を，制度としての企業の発展の歴史的なダイナミズムの脈絡の中に位置付けて検討することであり，それによってまた，未来へ向けての企業倫理，そして企業そのものの在り方も一層明確に考察し得ると思われる。

2. 企業倫理の位置付け

近年見られる，企業倫理をめぐる議論，別けてもその必要性や実践，そのための諸政策を主張する議論の具体的内容は，とりわけ米国においては，まさに百家争鳴であり諸理論の「ジャングル」の感を呈してきたとも思えるのであるが[3]，基本的には，多くの議論に或る共通の特徴があるものと理解できる。その特徴とは，──この点に関連しては，また後の章，特に第8章でも詳述するところであるが──あくまでも本質的には，企業の経済合理性，合目的性は当然のこととして認識され，あるいはその特性において企業という制度の社会的な存在意義が認められ，この認識を基礎にした上で倫理の問題が論じられてい

るということである。つまり，企業は本来経済的に合理的で合目的的な制度であり，その「事実」と「別の」，あるいは「もうひとつの」，またそれに「加えられる」べき重要な要素としての倫理の関係が問題にされているということである[4]。

　企業が有する「本来的な」経済合理性と合目的性を基本的に認めるということは，企業行動がまた経済的に合理的で合目的的に計画可能であると認識することでもある。この認識の上に立てば，企業倫理は，そのように計画され遂行される企業行動に対する社会的に「制約的な要素」として，あるいは「対立的な要素」として捉えられることになる。この脈絡はそのまま，企業倫理の問題が大きく取り上げられるに至った歴史的な経緯と議論の展開に合致している。

　企業倫理の必要性が考えられるに至った最も直接的契機，基本的理由としては，本来的に経済的制度だとされる現代の企業権力の増大，それによる経済合理性，合目的性の追求が故の社会的な悪影響の拡大や権力の乱用，それへの批判がある。これは，時代的かつ事実上の発現形態が完全には一致しないまでも，かつていわゆる企業の社会的責任に関する議論を生起させた理由と同じものであると言える。即ち，Carroll, A. B. の言うように，「企業が巨大な権力を有していることは明らか」なのであり，この「権力が責任を喚起する。このことが，近年において企業の（社会的）感応性を要求する中心的な理由なのである。こうした関連が企業にとっての変化する社会的環境と変化した社会契約関係へと導いた[5]」とされるのであり，企業倫理の問題と議論の高まりも，まさにこうした状況関連の中で理解されるのである。そこで基本的に認識され要求されていることは，問題となる企業権力に見合う倫理を企業が身につけるべきだということであり，その出発点とされ基礎とされる概念は，「権力と責任の均衡」（Balance of Power and Responsibility）ということである。

　「権力と責任の均衡」の概念に含意されていることは，上述の脈絡から理解できるように，倫理の問題が，1）制度としての企業にとっては後から問題に，あるいは付随的に一層必要となってきたことであり，2）企業にとっての本来的な意味からは合理的でない事柄に属するものであり，3）企業の本性にとっ

て別の問題である。あるいは元来はそうであったし，4）その必要性が了解され，現在では企業にとって経済合理性と共に重要なものとなったとまで理解されても，企業の持つ2つの側面，あるいは2つの次元の一方として理解される，ということである。このことは別言すれば，Pörksen, U. らに従って理解すると，経済優位の発想の下における，いわば「経済外の」要因の考慮という「2面性」（Deppelseitigkeit）を持った概念，あるいは観念だとも表現できる[6]。

　企業の倫理は，本質的に，企業自らが有する何物にも代え難い自由，経済的に合理的で合目的的な行動の自由が，他の社会的な力や法律等の規制によって制限され自らの自由の基盤が奪われないように目差されるものの一環として理解され，それへの自発的な取り組みが企業の正当性を守るものとして説かれることにもなる。あるいは，「倫理的な要素への対応や取り組みにより結局は経済的にも合理的な効果に結びつき得る」と説かれることにもなる。こうした姿勢は，かつて Ansoff, H. I. が経営戦略論を展開するに際して表明した，〈企業は今日，もはや制度としての自らの正当性を犠牲にすること無しには，社会の目的や問題を無視することはできない〉といった発想[7]に基礎を置き，それを出発点としている。この発想に従えば，企業は社会に対して，その本来の経済的役割と共に社会的適応という2つの責務（obligations）を有しているのであり，その内のひとつの責務の範疇において企業倫理が理解され論じられることになるのである。

　このような発想の延長線上ではまた，企業倫理の遂行のためとして，既存の企業という制度に「加えて」その内部に倫理を「制度」化することが目論まれる。これはまた，本質的には，企業にとっての倫理の独自で「特別な意味」を認め，「倫理を特別視する」ことでもあり，具体的には，倫理コードの設定や企業内諸部門への倫理問題担当者あるいは専門家の採用・配置，そして倫理監査の実施といったことに「中心的な」意味と役割が与えられることにもなる。倫理に「特別な意味」を与えることの典型でもあり極致でもあることは，Purcell, T. により提案され一部において実施もされた構想，つまり取締役会に「天使の代弁者」（Angesls' Advocate）としての倫理の専門家を加えるという構

想であった[8]。

　いずれにせよ，以上のような脈絡においては，倫理は，「経済的に合理的，合目的的な制度としての企業」とは本質的に別の問題や次元のこととして，あるいは付加的なこととして対置され論じられることになる。その結果，利潤原理，あるいは競争原理と倫理という「2つの要素」の対立，矛盾，またその可能性が強調され，そしてその実践的な克服が中心的なテーマともされる。

　しかし，このような思考の構造にとどまる限り，本質的には，中村の言うように，「企業倫理を，利潤原理の単なる状況的調整として縁辺的に規定する」だけであり，両者の「ジレンマをただ再生産するだけに過ぎない」と考えられるのである[9]。事実，企業倫理をめぐる議論は理論のジャングルの中の堂々廻りといった感を呈している。これは，Homann, K. らが評論するように，とりわけ米国の企業倫理をめぐる議論たる「ビジネス」倫理学の場合には，真の意味で「企業倫理の理論的位置づけが優位的に問題にされるのではなく，企業の中で倫理を媒介するために何が為され得るかが問題になっている[10]」ことの結果であるとも理解できよう。

　まさに，企業が「本来」経済的に合理的で合目的的な制度であるとの認識をそのままにする限りは，Jackson, N. と Carter, P. が主張したように，企業倫理の達成は，「解決不可能なことを解決し，不可能な事を企てようようとする」試み[11]に終始することになることが危惧されるのである。そして，現実に，現在に至るまで企業の不祥事の絶えまない状況には依然として変化なく，後の第8章で詳述するごとく，例えば，そうした状況を受け，また指摘して，Business Ethics 誌は，2010年に，それまでの様々な企業倫理問題への対応について，「本当の進歩を表すかには議論の余地がある。…最近の経済・金融危機からもたらされた不都合な諸事象は，多くのシステムが機能していないことを不断に思い起こさせるものである。…」と書いていた[12]。

　この袋小路のような状況を打開せんとするなら，企業倫理についての根本的な思考の転換を図る必要があると言える。そのためには先ず，企業倫理をめぐる議論に於て当然の前提とされてきた点の妥当性について改めて検討する必要

があろう。つまり，そもそも企業とは元来経済的に合理的かつ合目的的な制度なのか，そのようなものとして正当性が認められた上で現在のようなかたちで創造され存在している制度なのか，従って，企業の倫理の問題は主に今日の社会状況における「当時代の」「後からの問題」として理解されるだけでよいのか，という点が再吟味されねばならないであろう。

　この吟味の結論を，ここで先に簡単に述べておけば，倫理を企業の本質とは別の何ものかとして見るのでなく，本来，いわゆる企業の「合理性」，「合目的性」と「倫理性」は一体不可分の関係にあり，渾然一体の関係にあるものだとの認識から出発する必要がある。つまり，本来企業とは，他の多くの「制度」と同じように，最初から合理的な計画によってではなく，人間が不確実・予見不可能な環境との関わりの中で「生きる」ため，生活のために，「全人的なその思考と行為の総合の結果」としての「経営体」として創り出し発展させた制度であって，その生まれから，人間の思考，観念，従って規範や価値観，つまりは倫理性と合理性とが一体となった存在であると見るべきなのである。

3. 制度としての企業と企業倫理

1　経済合理性・合目的性と倫理性

　Ulrich, H. は，歴史的な認識からすれば，制度としての企業にとっては，価値関連的，道徳的な性質は，最初から一体的な物であったのにほとんど忘れられていただけの事だと指摘し述べている。「…企業の経営において主観的な判断，価値付けは本質的な役割を果たすということは，我々がいつも分かっていながら，全くあまりにも留意しなかったこととしてますます明らかになっている…企業家について考えれば，既に常に知られていたことは，とりわけ企業創立期の古典的な企業家像に見られることだが，企業家が彼の個人的な意思，事物の見方，意図や苦心，また彼の道徳観を彼の企業に移入しようとしたことであり，それによって出来るだけ多くの彼の協働者たちの思いの一致を達成しようとしたことでもある。多くの企業家たちはまた，彼等の考えを「社是」，あ

るいは同様の文章にした。企業経営の進展する合理化と道具化はこうした価値関連性への洞察を幾分忘れさせた。そんな個人的な信条は時代遅れで非科学的だと受け止められてしまった[13]」。

　企業のこの価値関連的，道徳的な性質は，当然に社会に対して企業を倫理的に律する内容のものでもあった。そのようなことは枚挙にいとまがなく，例えば，古く多くの商家の実践においても見られ，住友家家訓では，「苟も浮利に趨り，軽進すべからず」（浮利否定）「自利利他，公私一如であること」（公益尊重）がうたわれていたし[14]，また渋沢栄一は，「論語と算盤」なる著書に表された倫理と経済の融合の信条の下に経営を行っていたともされるのである[15]。

　何よりも，イギリスの資本主義の発展にしても，純粋な経済合理主義の展開の結果だけというよりも，単なる金儲けにはなじまない，いわゆるジェントルマン・イデアールによる倫理，社会的名誉，威信のための公益・公共的投資・活動を基礎としたその結果として理解できるともいう[16]。Smith, A. が「見えざる手」の概念を用いて説いた資本主義自由主義経済の理念も，自由主義信奉の最右翼である Friedman, M. 等多くの論者により，市場競争を至上として，敢えて企業倫理的な思考と実践を論じる必要性無きことの拠り所ともされ，その必要性自体が否定され得るかの議論さえも多く見られてきたが，しかし，本来，Smith, A. の経済学的な主張も，まさしく Smith, A. が生きた当時の現実の社会経済状況についての，その時代の人としての広範な哲学的，道徳的な認識にも基づいており，自由競争経済を倫理無関連・倫理不在の単なる弱肉強食の競争の場として想定していたものではないと理解出来る。人々の「同感的利己心」（selfishness with sympathy）という「道徳的感情」（moral sentiments）を前提とし，あるいはその意味で，人々がいわゆる「黄金律」[17]の内容に合致する「公平な観察者」（impartial spectator）たることを前提とし構築されていると見ることが出来るのである[18]。

　制度としての企業は本来，人間の道徳性も含む全感情，従って価値や規範やそれに関わる全人的な観念や行為から切り放されて，経済的に合理的で合目的的な行為によってのみ，それ故そのような計画によってのみ創り出されたもの

ではない。Volkert, J. B. は，ほぼ同様のことを，Hayek, F. A., Zucker, L. G., Popper, K. R., Zijderveld, A. C., Berger, P. L. らの研究を手掛かりに論拠づけながら，制度の理解のためには，特にその歴史的な発展を分析することが必須不可欠であるとした[19]。彼はその認識を個々の企業の企業文化と戦略の在り方の解明に活かそうとして実践的な論の展開に向かったが，ここでは，その認識を，企業倫理の問題解明に活かすべく，制度としての企業についての理解のために詳述したい。その際，最も包括的かつ体系的な制度の理論の論者として代表的で，かつ様々な研究分野に大きな影響を及ぼした，また Volkert, J. B. も参照している，最も根源的とも言える哲学的人間学の主要な論者である Gehlen, A. の見解を中心に論を進めたい。

 Gehlen, A. によれば，人間は動物と違って本能的に完成された生物的な環境適応能力を欠き，このことが，人間に一定の環境に固定されない世界開放性（Weltoffenheit）を与えると同時に，その中での生存にとっての不安定で危険な不確実性に満ちた状況を生み出す。この状況を不均等で不完全な知識の下に回避せんとする全人的な行為の試行錯誤の結果，意図された不確実性の回避にとって非効率な振幅の最も少ない行為の総体が規則付けられ体系化される。これにより生み出されるものが制度であり，また，それにより形成された自らの世界の内容が文化なのである[20]。従って制度とは，最初から特定的に合理的で合目的的な計画によって作られるのではなく，それが合理的で合目的的と思え，それ故計画可能と見られようと，また事実——ある条件を前提とする場合のことだけだが——計画可能であり得るのは，ただ結果としてのこと，あるいは「結果として得られた規則の体系についてだけのこと」であって，新たな状況の変化へ向かう未来への生存のための間に対しては，過去と同様の新たな全人的な関わりによってのみその解答が得られるのである。

 Schneider, D. も指摘するごとく，企業のみならず，その発展と相互関係にある市場，金融制度，そして会計制度，また現代では企業の計画的活動のために当然とされ中心に位置付けられる「経済性原理」の概念すらも，萌芽の時から，現在それらに与えられている明確な合目的性，それに関わる明確な意識，

観念や計画に伴なわれていたわけでない，そして経済だけにも限定されない，何世代にもわたる全人的な行為の集積の結果である[21]。「…Gehlen によれば，制度は必然性から作り出されるものではない。…その合目的性（Zweckmäßigkeit）はむしろ二義的なものである。制度は，直接に特定の目的を目指す用具的な意識（instrumentelles Bewußtsein）の結果ではなく，外界から誘発された行為の結果である。その合目的性はようやく後から生み出されるのである」[22]。Schneider, D. は次のように結論づけている。「如才ない企業の行為が，何百年も古い商人たちの習慣や慣習から受け継がれ，やっと何世紀か後に意思決定モデルによって合理的な再構成に達したとて，少なくとも個々の種類の企業は，繰り返された人間行為の結果としての制度として存在するのであり，人間の計画の成就として存在するのではない」「…例えば，経営経済学の対象の解釈として，多くの教科書において「経営において行われるすべての経済的行為」だと仮定されているようには，企業はただ，そしてその規則体系は全く，経済性原理の遵守による人間の計画として見られるのではない。経営経済学へのそのような手引きは，応用関連（Anwendungsbezug）の奴隷になっている[23]…。」

企業が本来，用具的に操作可能で，従って計画も可能な，一義的に明確な合目的性を持った制度ではないという主張は，現在の状況を見ただけでも理解できる。企業に本来的とされ社会的にも認知されていたはずの「富の生産」「利潤の獲得」といった目的は，企業構成員にとっての目的（例えば自己実現）や社会にとっての目的（例えば自然保護）とどう関わるのかといったことが，またその妥当性までもが問題にされ，「企業の目的は何か」と問われることにもなっているのである。企業は制度としては存続するが（勿論その組織や構造は変化する）その目的は第一義的なものではない，つまり言葉を変えれば絶対的なものであり得ないという点を，上述のような歴史的考察により理解しておくことは，未来の企業の在り方，またその可能性を考える上で重要であると思われる[24]。――企業にそれでも〈「普遍」の〉「目的」と呼べるものがあるとすれば，それは唯一，社会全体との共存関係，相互適応関係の円滑化と，それによ

る企業の生存力の強化・安定化〈制度の制度たる所以としての「自己目的化された制度としての存続」〉である。しかし，これとても，制度としての企業が作られるときに意図された「本来の」目的ではない——。

ここで，企業の合目的性の根本的な見直しを唱える研究に関して，例えば，代表的なもののひとつとしてWeick, K. E.の組織研究[25]が，同じような意義あるものとして思い起こされるかもしれない。彼は，組織というものは所与の目的の達成のための合理的な体系と見てはその本質を理解できないと指摘し，組織を，環境との双方向的で動的な関係により環境を自ら現実として創造し自己も変化させ再構成していく性格のものと捉え，経営組織論に対しては勿論，経営戦略論等，他の諸理論にも多大の影響を与えることになった。このような研究に対し，Gehlen, A.の理論を中心に制度論を検討することは，人間の本性の根本から出発し，社会やその文化，その歴史の意味を問うことまでも包摂することになり，従って，Weick, K. E.のような研究をも包摂し，それをさらに補強する意味もあろう。しかし，何より，主に組織だけを中心的に対象とする理論では十分に考察し得ない，まさに全人性に関わる倫理の問題を，制度としての企業との関連で一層本質的に解き明かす意味があると思われる。

いずれにせよ，上の考察からは，また現代の状況を観察しただけでも，——ここで逐一具体的な問題を挙げるまでもなく——，企業が経済的な合理性だけによって存在し倫理性とは無関係であると言い切れないことは明白であり，それ故にまた，近年の企業倫理の必要性を主張する声も高まっているのである。にもかかわらず，依然として，企業の経済合理的な側面だけが，それが企業の「本来的な」制度的基礎だと強調され，倫理性が企業の中心的な問題とされない傾向が見られるのは何故であろうか。

先ず考えられることは，特に本来企業倫理実現の媒介であるべき企業経営の実践を中心に据えてみれば，経済的な合理性に基づく思考の範囲内にとどまる限り，一定の予見性を達成することができ，人間を含む経営諸資源の恣意的な操作が可能だということである。そして，この操作可能性，あるいはその能力を有するということにおいて，企業倫理の重要な推進者となるべき経営者自身

が，それなりの正当性を主張できるということがある。また，経営者が，その正当性を認知され，操作されるものに対する権力を得て，企業内のみならず，社会的な優越性と高い地位を主張できるということもあろう。逆に言えば，倫理的たらんとすれば，企業内外のすべての事象を勘案する必要が生じ，そのために予見可能性，操作可能性が阻害される。これにより，経営者は自らの正当性の根拠を失い，一定の権力とそれに基づく社会的な優越性や地位を失うということである[26]。これは多くの経営者にとっては困惑的で受容し難いことである。このことは，経営者に現実の操作技術を提供することにより存在意義を認められると考える，あるいは認められようとする，――Schneider, D.の言葉を借りれば――「応用関連の奴隷である」経営学にとっても，困惑的で単純には認め難いことである。

　以上のことは，見方を変えれば，企業倫理実践のための重要な示唆を含んでいる。つまり，倫理的であるためには，経営者自らが，権力への執着や憧憬を断ち切る，あるいは権力を諦めるか，少なくともその用意を示し，その可能性を勘案しながら経営する必要があるということである。このことは，経営者が，ひとつには，あくまでも「社会的に」「機能主義」に徹した専門経営者としての「パワーとは異なるものとして」の役割[27]を全うすることでもあり，それと共に，もうひとつには，すべての関係者たちの意思決定過程への参加を仰ぎ，受け入れる，あるいは少なくとも，出来得る限りその覚悟と用意を示すということである。

　こうした点については，後に別の脈絡との関連で本章と他の章においても詳述することになるので，ここではこれ以上は立ち入らずに，次には，倫理性が企業の中心的地位に置かれ難い傾向の見られたことについて，さらに別の，上述の理由をも包摂するといえる一層本質的な歴史的理由について考察してみよう。

2　経済合理性の分化発展と企業倫理

　制度としての企業の発展と拡大は，産業革命の進展と共に，未曾有の「生産

技術の進歩」とそれに伴う物質的な生産組織の急激な発展,生産製品の急増と社会の物質的豊かさの飽くなき追及,またそれらの絶大な可能性の中で急速に進んだ。この結果,企業の物質的な生産組織,経営体としての純粋経済的に合理的,合目的的,計画可能な部分だけが強調されることになったと見ることができる。あるいはそうした部分に新たな経験の多くが集中し,多大な関心がその部分の問題解決に向けられ,その部分だけが選択的に大きくなったと言える。このことは一般的には,市場の論理が社会や政治を支配する意味を持ったこととして,古くから多くの論者によって考察の対象とされてきたことである[28]。このことは人々の精神の変化をももたらした。Gehlen, A. は次のように言っている。「人々の経験的な,あるいは即物化された意識,よりうまくいえば人々の精神の用具的な側面は,予想され得ない,かつて歴史上存在しなかった,そして存在論的にはいわゆる偶然の成功によって,ある種の異常増殖(Wucherung)を開始した。これは所有と,そして消費の衝動の異常増殖と平行して進んでいる[29]。」

そこでは,企業における諸関連は,あくまでも操作可能な用具としての存在として理解され,またそのように組織する努力がなされ,その機械的ともいえる側面だけが強調された。企業という経営体は,単に合目的(富・利潤の獲得)的に使われ,その目的のために所有される,そのように合理的に操作可能な対象としての「制度」として認識されたのである。その後,このような認識は,後にふれるように,時代の変化と共に修正を受け変化したものの,そうした修正や変化の基盤として基本的には依然として支配的なものにとどまった。

この一連の過程には,自然科学の発展とともに支配的となったニュートン以来の世界観や哲学的実証主義,新古典派経済学の展開が影響を与えていると見ることができる。そしてこの間,既に第1章でも述べたことであるが,道徳問題の専門家である哲学者たちは,理論への関心にとらわれ,心理学や経済学等の他の学問分野での現実の進展に積極的には——その一層細分化する専門性と複雑性の故にか——あまり熱心に取り組まなかった。経営学が依って立つ特に経済学等の学問では「科学的」方法への専心が道徳的な分析へ向けての学者た

ちの意欲をそいでいた。まさに彼等は、「科学的真実性へ邁進する中で、彼等の研究調査を予見可能で御しやすくしようと苦闘した[30]」のである。

実際界と学界における上述のごとき状況は、人類が産業革命以来の未曾有の技術的・経済的進歩との関わりを、第一義的・中心的に「負担免除」していく過程であったと言える。負担免除（Entlastung）とは、Gehlen, A. の哲学的人間学に置ける中心的な概念で、「行動様式を定型化（標準化、約束化）することにより、意思決定の負担を免除するプロセス」のことである。これを基礎に、次の新たな行動が生み出されていく。文明・文化の発展は負担免除の絶え間ない連続であると理解される[31]。

技術的・経済的進歩によって急激かつ大規模にもたらされた経済合理的な部分での負担免除が進むにつれて、それは一定の完成レベルへと到達することになったが、つまり、Homann, K. と Blome-Drees, F. も指摘するように、倫理との一体性からの「機能的な分化発展」を遂げたと言えるが[32]、それと共に、この部分での負担免除によって解き放たれた、この部分に向けられていた関心は、徐々に、この部分での効率・成果に影響を与えると考えられた「他の」部分へと向かっていった。この関心の移動には、企業を取り巻く社会的な変化や企業自体の発展に伴う変化、そしてまた特に経済、企業活動の国際化の進展も大きな影響を及ぼした。とりわけ、国際競争の進展における日本企業の躍進は、米国において企業競争力の源泉としての「文化」の意味に気づかれる契機ともなり、経済合理性だけでなく価値や観念を対象とする、いわゆる企業文化の研究の興隆も見られることとなったのである。このことは、まさしく、「…企業は、原則的に、機械的な対象のようには、決して用具的には制御可能にされ得ないという見解が徐々に優勢になっているように思える[33]」状況が進展したということでもある。

この一連の過程はまた、企業という制度の中に本来一体不可分なものとして存在していた「未知の」領域が、あるいは既に見たごとく、古くは（経済合理性の負担免除が中心とされる前には）ある種の当然性の下に受容されながら忘れられていた領域が、徐々にその存在に気付かれ「新たに発見された部分」とし

て認識されてきた過程であると，また，長きにわたって過小評価されていた部分が再評価され研究対象とされてきた過程であるとも言える[34]。

3　企業の未来と倫理性

かく考え来たれば，企業倫理の研究も，既述の Jackson, N. と Carter, P. が，1994年に米国の企業倫理の議論の展開を観察して危惧したようには，単に流行に終わることなく，少なくとも現在のところは一層の隆盛を極めてきたこともよく理解出来るのである。今や「企業倫理は，現代の企業経営の「流行の付属品」(modisches Beiwerk) などではなく，不可欠な構成要素 (integraler Bestandteil) なのである[35]。」まさに Ridder, H.-G. が表現するように，「企業の目的は何か」と問われ，「経済のシステムはますます完全になるが，しかし我々の目的はますます疑わしくなっていると確認できる[36]」とされる今日においては，企業倫理の問題は重点的に取り上げていかれるべき課題となっていると言えよう[37]。

企業の経済合理性だけを視野に入れ，「効率性」の向上のために，企業の一部の操作可能な部分だけしか見ず，かつその部分を一層操作可能にしようとする試みによっては，企業を構成する，その本質的な基礎である人間性の大きな部分は捨象されることになる。企業自身の全体としての「効率性」は，人間性の諸部分を分離しその一部だけを取り出し操作することによっては語り得ないであろう。人間性の全体像を視野に入れてこそ，真に「効率的」であり得る道が開かれるはずである。人間性の全体像を分解することにより成立してきた近代の科学的合理主義だけでは，企業は，自らも含めて，一面的にして病んだ社会や心を創り出すものと明確に認識すべき時である。Wörz, M. は，基本的問題を要約して，社会的なサブ・システムである「経済」はその分化発展と特殊化により自らの「生活有用性」(Lebensbedienlichkeit) を作り上げたが，経済合理性の絶対化とそれによる倫理的合理性からの隔絶において「生活敵対性」(Lebensfeindlichkeit) が見られる，と断じている[38]。

現代は，経済による呪縛の時代であるとも形容でき，今やその状況から解き

放たれることが模索されているとも言えよう．その際，経済の生活敵対性を除き倫理的なものとするために，企業の経済合理性と倫理性を統合する方向で，企業活動の，既述の「負担免除」の新たな段階へ向かう時であろう．この新たな負担免除の段階に向けての動きは，例えばToulmin, S.の論に見られるような，現代の社会的問題・混乱の解決のために，近代において分断されてきた科学的認識と人間性を一体的なものとして再結合させるべしとする，現代の状況についての一般的な主張[39]とも軌を一にするものであるとも言えよう．

経済合理性は，「費用」と「便益」の厳密な定義，分離・分析を基礎とするが，それら自体が客観的に与えられたものではないのである．費用と便益は，結局は，また結果的には，人々の社会的なコミュニケーションを通じて決められていくものであって，従って，本来，経済合理的思考自体も，社会全体の規範に関わる倫理性の規定を受けているもののはずである[40]．そもそも，学問というものの方法自体がそのような性格を有している．つまり，「学問の認識は，観察者たちの文化的な一致が規定する方法論に基づくのであり，客観的な事実を反映していることに基づくのではない[41]」ということである．

とは言え，経済合理性と倫理性を統合することは，問題解決に向けての研究を複雑化させ，実践性に欠け，現実の問題解決能力を低下せしめると危惧され得ることも事実である[42]．企業倫理が特にこの意味で問題になるのは，それが企業の未来に関わる経営政策との関係においてである．Wilson, J. Q. は，米国企業について多く引き合いに出される倫理問題の例を3種類の分野に整理・分類している．それらは，経営政策問題，責任問題，法律違反問題（policy issues, liability issues, punishment issues）の3つである．そして彼は，後者の2つの倫理問題は，その脈絡の分析・理解も比較的簡単で，かつ一般的に認められた人の徳により判断できるものだとし，政策に関わる問題こそが，結果（ある行為が良い，あるいは悪い結果を生むか？）や意図（どんな結果を望むのか？）についての，しかも往々にして（「義理と人情の板挟み」といった）倫理的価値の対立を内包する「道徳的不確定性」（moral uncertainties）についての議論を伴う言わば「正規の倫理問題」（ordinary ethical issue）だとしている[43]．この問

題は，また，社会全体の未来そのものの不確実性にも関わるのであり，その解決という目標は，如何なる「合理性」によっても到達困難な複雑性を有するようにも思われることも当然であろう。

しかしながら，既にふれたように，現代の細分化し一面化する学問体系及び方法論に影響を与えたとされているニュートン以来の自然科学の展開においても，例えば，「我々が住んでいるのは複雑さのはびこる世界である」，「各自の専門分野はなんであれ，複雑さそのものを理解することこそ科学者の務めである[44]」との認識の下に，（過去，現在，未来に不変の規則を想定する）決定論や，現象を部分化し「合理的」にだけ見ようとする還元主義的な科学思想を超え，複雑性の実態たる混沌そのものの秩序化の可能性を探求する動き，つまりいわゆる「カオスの理論」の展開が見られもするのである。それはまた，現代の科学が「人間性を喪失した世界」を創り出したとの反省とも平行している[45]。

この動きを受けて，経営学においても，──未だなお直接的には企業倫理との関係は十分に意識されているとは言い難いが──予期不可能な世界において複雑なシステムを理解する場合，原因と結果についてある条件を設定して「これかあれか」と考える思考方法は「もはや科学的ではなく」，パラドックスの中にある「あれもこれも」を混沌として総体的に秩序づける思考，あるいは，混沌そのものをエネルギーとして総体的に秩序づけることにつながる新たな思考が提唱されてもいるのである[46]。Toulmin, S. は，混沌の秩序化の考えに着目し，これからの時代の「科学的認識と人間性の統合」を主張する中で次のように言っている。「一時しのぎには〈予測の目的のために〉諸問題の相互の脈絡を除くことはできる。しかし，それら諸問題の完全な解決は，最終的には，我々がその予測を，再び全ての具体的な特性と複雑性を含めた一層大きな人間的な枠組みの中に戻し位置付けることを要求するのだ」[47]。

4. 経済合理性と倫理性の統合

1 民主化の要請

　制度としての企業が全人的な思考，観念，行為の総体として負担免除の過程を伴いながら形成され成長していくものであるなら，その行動，発展が人間と社会全体にとって「如何にあるべきか」については，企業の形成と発展に関わる総ての全人的な思考，観念，行為を総動員して関与させるべきである。つまり，企業全体を出来得る限り民主化し，民主化の意味での（管理目的で無い）経営参加を推進することにより企業経営を変革していく必要がある。

　このことは，別の観点から述べると，経営者の持つ支配的な権力を，制限し，弱め，出来得る限り企業内外の利害関係者に分け与えることを意味する。何故ならば，既述のごとく，企業組織を単に用具視し操作可能にせんとする思考が，企業組織を経済合理性，合目的性を中心に一面的に捉える傾向を強め，その前提と枠組みの中で経営者の権力が正当性を与えられ認知されており，この傾向がまさに倫理性を企業にとっての単なる調整的要素におとしめることになっているからである。つまり，制度としての企業の倫理性を重視する思考は，必然的に，企業倫理を経営者の個人的，人間的な属性に還元することの矛盾と非妥当性を明らかにすると同時に，経営者への権力の集中とは逆の命題を提示することになるのである。従ってこの思考はまた，既に米国での企業倫理をめぐる議論について見たような，従来の企業体制をそのままに，倫理の問題を一部の専門家や専門部門に任せる意味での倫理の「制度化」の目論見をも，勿論それが全く意味無しとはしないまでも，基本的には矛盾した非妥当な政策と見るものである。

　この意味における経営の民主化と経営参加促進の主張は，企業のその時々の倫理的行為を可能にするためだけでなく，究極的には，制度としての企業の未来社会への適応能力を高め，同時に社会を倫理的な企業社会として実現することを目差すものだとも言える。――勿論，その目論見が，現段階で，あるいは

今後あり得べき各局面で，どの程度，如何なる内容で達成できるか，するべきかといった点については，実践的な斟酌と議論が大いに必要となるであろうが――。

　企業も含めて制度というものが，本来人間の生存の基本的条件としての，あるいは人間存在の本質としての「世界開放性」への対応により形成され創り出されてきたものだとすれば，そして，またその上で，何が倫理的かということも，既述のごとく，特に経営政策における多くの倫理問題については未来において結果として答えが得られるということを考慮すると，ましてその間にあらゆるといってよい事象の非予見性が介在しているとなると，企業の意思決定は，もはや企業の誰か一部の者やどれか一部の機関の手だけに委ねるべき性格のものではなく，全関係者の全人的な関わりの中で行われるべきものであろう。

　このような理解の仕方はまた，企業のグローバル化が進展する今日においては，実践的な意味でも一層妥当性を得るものと思える。まさに，各国で相違する文化や価値観，倫理観は勿論，現代の，あまりにも多様で複雑な国際社会の諸関連との関わりは，従来の専門経営者の知識や能力をはるかに超えつつあり，問題処理のためには，もはや全ての企業利害関係者たちの一層広範な参加を仰がざるを得ない状況が出現しつつあると言える[48]。企業は，適応し対応すべき組織の内部と外縁部の多様性，複雑性を，経営者の個人的知識や能力では御し切れないほどに，加速度的に拡大しつつある。この点に関しては，特に第6章において，グローバルな企業組織との関係について論ずるところである。

　既にサイバネティックスの理論において，組織は生存のためには，生存を脅かす諸要因の「多様性」(vatiety) に等しい反応の「多様性」を有する時にのみ正しく制御され得るとの結論が導かれ，その上に，カオス理論の応用によっては，そのような「多様性」が，適切なコミュニケーションを通じて創造的な多様性となり，組織の生存力を高めるダイナミックな変化をもたらすとされ，それ故の，分権化や水平的コミュニケーション・チャネル形成による「権力のパターンの変化」について語られている[49]。まさに，こうした理論展開によって

も，企業の意思決定にとって，全人的な関わりを可能とする民主化と経営参加が必要であるとする主張の妥当性が裏づけられていると言える。つまるところ，社会全体との関わり合いにおいては，企業の生存に必要な上のような意味での「多様性」は，企業の全関係者による全人的な意思決定への関与によってこそ最も確実に保証されると思われるのである。

まさしく Müller-Jentsch, W. は，「多極的な市民社会の政治的文化にとっては，全ての参加的に働きかける人々により形成された組織文化だけが妥当である。その文化の前提は，様々な形態と全てのレベルでの共同決定（Mitbestimmung）である」と述べ，また，「将来は，組織の研究と参加の研究は共通の道を歩まなければならない」とし，企業倫理実現にとっての組織論と経営参加論の「厄介な合成」の「進化」の必要性を説いている[50]。

2 開かれた組織としての企業

企業倫理の実現を意識した民主化と経営参加の実践に際しては，その実践の理由付けからの当然の帰結として，基本的な方向として，経済合理性に対する「コミュニケーションに基づく合理性」の「理念」が企業行動基準として選択されることに一定の妥当性が認められてよいであろう。企業行動にとっての「コミュニケーションに基づく合理性」の理念とは，まさしく「権力関係から生ずる強制関連」を排除する枠組み，条件作りの下に，関係者が「理性的」，あるいは「超主観的」な対話（Dialog），あるいは談話（Diskurs），協議を通じて民主的，相互了解的に，共通，共有の価値，規範を創造し確立することにより社会的な行動の「合理性」が，つまり「真の合理性」が達成され，行動の「社会的な効率性」が得られるという理念である。これは，主に，エアランゲン学派と称される Lorenzen, P. や Kambartel, F., Mittelstraß, J., フランクフルト学派と称される Habermas, J. や Apel, K.-O. らの哲学・社会学における理論展開を基礎に，経営学（経営経済学）において，前学派の流れでは Steinmann, H. や Löhr, A. また後学派の流れでは Ulrich, P. といった人々によって企業倫理確立のために依拠されている理念でもある[51]。

彼等の個々の理論については相違もあり，共通の点に関してと共に様々に検討すべき点があり，なおかつ特殊ドイツ的な状況もその背景に理解すべきであると思われるが[52]．しかし，この「対話倫理」(Dialogethik)，あるいは「談話倫理」(Diskursethik)，つまりは「コミュニケーションに基づく倫理」を基礎とする企業倫理の理念は，それ自体，一般的に普遍的倫理原則として考えられ得る自由，平等，民主性の原則にかなったものであり，なおかつ普遍的な倫理原則だけでは捕捉でき得ない多様な個々の状況に応じた具体的な倫理的意思決定をも支援し得るものと理解できる。この企業倫理の理念は，——具体的な実践化の問題をどう克服するかといった詳細な点等は別にして，またその点も含めての同倫理の問題については，第7章で，特にグローバルな問題との関連でふれるが——，少なくとも本書のここまでの論理の脈絡に沿い得て，基本的な方向性を与えてくれるという意味で，理念としての一定の妥当性を有することには疑問の余地はないように思われる[53]。

この理念に従って企業の民主化と経営参加を目差していくということは，現実の企業を「理想的で開かれたコミュニケーション（が支配する）共同体」へと出来得る限り近づけていく努力を為すことをも意味する。つまり，そのように理解された企業倫理とは，歴史的につくりだされた「現実の，そして理想的なコミュニケーション共同体の違いを，企業の中で，コミュニケーション（に基づく）倫理の応用条件が出来得る限り実現されるように配慮することにより小さくする[54]」ということでもある。

とりわけ米国の経営実践において，その時々に「経営の新潮流」等と呼ばれて展開されてきた，分権的，労使協力的，グループ志向的であり，ハイラルキー的ではない組織の形成を共通項とする，エンパワメント，チーム経営，ダイアローグ，コーチング，知識経営，等々に類する一連の経営手法の普及や，また広く企業関係者たちの経営参加的な関与を提唱するステークホルダー理論やその実践化は，その強度や内容に相違や多様性があるとしても，「プラグマティックに」経営の民主化と経営参加を何らかの形で促進する方向に向かい，これを実現しつつある動きと見ることができる。しかしながら，それらは基本

4. 経済合理性と倫理性の統合

的には,「経済合理性の新たな追求形態」としての経営「手法」であったりして(例えば,「エンパワメントであなたのスタッフを優れた「利潤を生む人に」(Profit-Generator)に」とのキャッチフレーズ),コミュニケーションに基づく合理性による企業倫理実現のための民主化や経営参加とは,その理念,あるいは基本的な意識と発想においては本質を異にすると,また少なくとも——後に,特に第8章で論述するごとく——米国特有の強い市場主義信奉故の「市場主義前提の民主主義」の基本的問題を孕んだままであると言わざるを得ない面がある[55]。

とは言え,それら手法は,プラグマティック的であるとしても,基本的には,企業のより強い生存力を得るためには,またそのような変革を行うには,企業内の伝統的な権力関係を抑制,排除し,関係者の全員参加,かつ全人的な関与を促進すべしという中核的な発想に基づいていると言えるのである[56]。経営戦略そのものについても,経済合理性に基づく緻密な計算,予測や厳密詳細な目的設定を伴った「計画」よりも,人間の漠然ともいえる,あるいはまさに経済合理性「外」ともされる,全人的な関わりの意味における「意図」(intent)の形成の重要性が強調されることにまでなり[57],計画不可能な企業の社会文化的な性質が重視されるようにもなってきているのである。つまり,これら手法と,本章での主張とは,目差している本質的な理念までが合致するとまでは言い難いものの,未来へ向けての企業の生存と変革のために実現すべしとする実践的状況には共通のものがある言うことができ,この意味において,これら手法は,本章での企業倫理実現の主張の実践のために,その道具として,理念に沿った改良を適宜加えながら,大いに利用され得るし,まさにその実践性において大きな可能性を有しているとも思われる。

このような形での両者の,即ち依然本質的には「経済合理性」を基本とし,そこから出発した思考と,企業倫理実現のための本章の主張の思考の「ある種の一致」は,まさに,「時代の状況」が,両者の統合への展開を可能にしつつあると,そして,経済合理性と倫理性を「実践的に統合する」可能性を示唆していると見ることもできよう[58]。

5. 結

　コミュニケーションに基づく合理性を理念とし，経営の民主化と，民主化の意味での（管理目的で無い）経営参加を中心にして企業の意思決定を行うことは，全ての関係者間の，権力関係による意志の拘束からの解放を伴う全人的な関わりの中で，──多様な価値，観念，思考が混じり合い触発し合い──，一層客観的で確実な現状認識，あるいはその限界の確認と将来への展望，それによる新たな行動，秩序，組織を生み出す可能性を有している。それは未来へ向かっての，企業の社会的に新たな自己組織化の動きとも表現され得る。
　この過程は，当然に，試行錯誤の中での革新的な性質を帯びるものとなる。イノベーションとは，主に製品や生産技術等について語られるだけのものでなく，むしろより本質的には，全社会的な企業の在り方について語られるべき言葉であると理解せねばならないであろう。
　真に革新的なこと，従ってまた企業戦略上も真に価値あることは，経済合理性だけに偏った思考や，それに基づく経営「計画」を重んじる思考からは生まれない。そのような思考を基礎にして，単に「事業は詳細な予測により決定されるべき」とだけする発想は，企業を容易に「無難さと低劣さへと陥れる」のである[59]。そのような経営計画は，むしろ今日の問題を明らかにし得ても，積極的に未来の機会を掴み取り生存力を維持・強化する革新的な行動には結びつかない。
　それ故また，今日，成功をもたらすための実践的な経営戦略の策定についても，上にふれたごとく，「計画」よりも「意図」や企業文化全体の重要性について語られることになり，戦略やイノベーションを一部の特定の専門的な個人やグループに任せることの非妥当性が指摘されるもするのである。そしてその結果，「全員リーダーシップ体制」の提唱もなされ，「戦略の策定がエリートの活動であるところでは，真に創造的な戦略を生み出し得ない」と，そして未来の課題は，「意欲ある目標を達成する手段を創り出す自治権を従業員たちに与

えることだろう」と述べられ[60],また,「戦略形成は草の根のプロセスになり,誰でも重要な企業機会を見出すのに自由である」「組織の全く「低い」レベルの人々が重要な企業機会を見出すだろう」「トップーダウンからボトムーアップへ,あるいは少なくとも〈ミドルーアップーダウンへ〉」と語られ,「経営者はイノベーションを彼の企業における日常的な活動の脈絡の中に理解する」べきだとされもするのである[61]。そしてまた,企業の外部関係者との適切なコミュニケーションの維持・促進や,それに基づく相互理解の構築も重要な要素として語られている。

これはまさに,——この点の関連についても既に少しふれたところであるが——,本章で,制度としての企業の倫理の在り方について結論的に主張するに至った,企業の民主化,経営参加の精神に沿い得る,そしてその実践的な内容に関わる展開であると見ることができる。

このことから,また逆に言えるであろうことは,企業の倫理性を実現せんとする政策は,単に理念的な意味にとどまらず,まさしく「実践的な意味においても」,複雑で多様性に富む予見不可能な社会環境に適応的であり得るという可能性と,かつ新たな生存機会を創り出していくという価値を持つという可能性を有しているということである。

かく考え来たれば,とりわけ未来における社会との関わり合いの中での企業の存続という点について見れば,「経済合理性」だけを中心にして,またそれと「倫理性」を別のものとして捉えることは,正しくないばかりか,むしろ企業の立場にとって「実践的にも」有意な認識と意思決定を阻害するだけであり得るということが一層明確になる。——その根本的な理由は,究極,企業も経営も,全ては人間が創り,人間が為すことであるということに尽きる[62]——。

「経済合理性」と「倫理性」は,不可分一体,渾然一体に統合されたもの,また統合されるべきもの,され得るものとして捉えられるべきである。あるいは,むしろそれを超えて,制度としての企業の生成と発展の過程を視野に入れれば,倫理性こそが,企業にとって,経済合理性を包摂する上位の概念として捉えられるべきとも言えるであろう。そして,その理解の上で,新たな企業倫

理実践の具体的な研究も進められるべきであると言えよう。つまりは，企業という制度との関わり合いの，新たな「負担免除」の段階へ到達する努力を為すべきであると言えよう。

まさしく，「企業倫理について論ずることは，単に時流的でないばかりか，きわめて未来志向的で，何よりも創造的な意味と可能性を有している」と結論付けることができる。

以上の結論を念頭におきながら，先ず次の章では，企業倫理と企業のグローバル化の関係について見ていくことにする。

注

1　Heymann, H.-H., Die 'Neue' Wirtschaftsethik, Ethische Bezüge der Unternehmenspolitik, in: Harms, J. (Hrsg.), *Das Multinationale Untenehmen im sozialen Umfeld, Ökonomische und ethische Aspekte*, Hanau 1983, S. 100.

2　Jackson, N./Carter, P., Looking Forward to the Past of Business Ethics, in: *Industrial and Commecial Training*, 10/1994. P. 23ff..

3　米国においては「ビジネス倫理」（Business Ethics）をめぐる議論が見られるのであり，これは，「経済倫理」「企業倫理」「経営倫理」と訳し得るし，理論内容，研究対象としても微妙な内容の相違を表現し得るが，基本は，「企業の問題」であることには相違ない。また企業という特性を軸に捉えるべきであるし，米国での議論に対応するドイツでの議論も「企業倫理」（Unternehmensethik）の用語の下に為されていると言えるので，ここでは「企業倫理」という用語を用いる。なお，「経済倫理」「企業倫理」「経営倫理」の用語，定義の違いについては以下参照。Enderle, G., Zum Zusammenhang von Wirtschaftsethik, Unternehmensethik und Führungsethik, in: Steinman, H./Löhr, A. (Hrsg.), *Unternehmensethik*, Stuttgart 1991. ここで，「ドイツ」とは「ドイツ語圏」を意味する。

4　この点は，米国ほどでないにしても，ドイツの研究においても見られる。例えば，ドイツで代表的な企業倫理学者であるSteinmann, H. は，企業倫理を，「利潤原理のコンフリクト招来的な作用を具体的な企業活動のかじ取りに際して制限するために，企業によって自己制約の目的のために義務的に発効させられる，…実質的で手続き的なすべての規範を包摂する」と規定している。傍点筆者。Steinmann, H./Löhr, A. (Hrsg.), *Unternehmensethik*, Stuttgart 1991, S. 10. しかし，この論点がまた論争を呼んでいる。

5　Carroll, A. B., *Business & Society: Ethics and Stakeholder Management*, 2. ed., Mason 1989, p.

18f., 24.
6 Pöksen, U., Expansion der Wirtschaftssprache, in: Reinhard, W./Stagl, J. (Hrsg.), *Menschen und Märkte. Studien zur historischen Wirtschaftsanthropologie*, Wien 2007, S.482, zit. in: Ungericht, B./Raith, D./Korenjak, T., *Corporate Social Responsibility oder gesellschaftliche Unternehmensverantwortung?*, Wien 2008, S.11.
7 Ansoff, H.I., *Corporate Strategy*, New York 1965, p. 29ff., 35ff. 64ff., 同 著, Strategic Management, New York 1979. p. 27f., 131ff..
8 Purcell,T., Electing an Angel's Advocate to the Board, *Management Review*, May/1976.
9 中村義寿「企業倫理についての一考察―企業倫理と経営経済学―」『名古屋学院大学論集:社会科学編』第27巻第3号, 1991年, 109頁。
10 Homann, K./Blome-Drees, F., *Wirtschafts- und Unternehmensethik*, Göttingen 1992, S. 173.
11 Jackson, N./Carter, P., 前掲書 p. 25.
12 "About Business Ethics", in: *Business Ethics: The Magazine of Corporate Responsibility* (on line magazine), URL: http://business-ethics.com/about/ (Stand: 1. 9. 2010).
13 Ulrich, H., *Management-Philosophie für die Zukunft, Gesellschaftlicher Wertwandel als Herausforderung an das Management*, Bern/Stuttgart 1981, S. 13.
14 奥村眞一『現代企業を動かす経営理念』有斐閣, 1994年, 23頁以下。
15 渋沢栄一『論語と算盤』1916年 (図書刊行会 1995年再版)。
16 川北稔「経済合理性より社会的威信・ジェントルマン資本主義と二宮金次郎」『グローバル・ビジネス』1994年11月15日号, 日経新聞社。ただし, この点は, ここでは紙幅の関係上詳細は書かないが, 相当な論争となったテーマでもある。
17 「黄金律」(Golden Rule) とは, 例えば「自らが為されたくないことは他にも為すな」(儒教),「汝がしてほしいことを他者にも行え」(基督教) といった, 相互尊重・平等の規範である (Goldene Regel, in: Hoffe, O. (Hrsg.), *Lexikon der Ethik*, München 1986, S. 93f.)。
18 Smith, A., *An Inquairy into the Nature and Causes of the Wealth of Nations*, 1776 (大内・松川訳『諸国民の富』岩波書店 1959-66年), 同, Smith, A., The Theory of Moral Sentiments, 1759 (水田洋訳『道徳感情論』筑摩書房 1973年), Wilson, J. Q., Adam Smith on Business Ethics,: *in California Management Review*, 1/1989, 河野昭三「競争戦略と競争倫理」『新しい企業・経営像と経営学』(経営学論集 第63集・日本経営学会編) 千倉書房, 1993年。Friedman, M. ら自由主義・自由競争信奉者による, 企業倫理的配慮を敢えて必要なしとする見解も, 社会経済における価値や観念, 従って倫理の無意味性そのものを主張するものではなく, むしろその有意性についての一定の前提に基づくものである。この点の検討は, Smith, A. の論をめぐる論争, いわゆる「アダム・スミス問題」(Adam Smith Problem) の議論にも関わることになるので別の機会に譲り捨象する。

19 Volkert, J. B., *Organizational Culture and Strategy: A Study of Cultural Influences on the Formulation of Strategies, Goals, and Objectives in two Companies*, Amsterdam 1993, p. 17ff., 22ff..

20 Gehlen, A., *Der Mensch, seine Natur und seine Stellung in der Welt*, Frankfurt/ Bonn 1966（平野具男訳『人間―その本性および世界における位置』法政大学出版局 1985 年），同著，*Anthropologische Forschung*, 前掲書，他。

21 以下参照。Schneider, D., 'Unsichtbare Hand' ―Erklärungen für die Institution Unternehmung, in: *Zeitschrift für Betriebswirtschaft*, 2/1993. pp. 179-195. 従って，Hoffman W. M. と Moore J. M. が「企業における適用のための倫理的枠組み」と題し企業倫理の最も基本的な前提として述べるようなことではない。つまり「自由市場体制は，よい生活とよい社会の本性（nature）についての我々の確信の生み出したもの（product of our convictions）だ」（傍点筆者）ということではないのである。Hoffman, W. M./Moore, J. M., *Businsse Ethics, Readings and Cases in Corporate Morality*, New York 1984, p. 1。

22 Jonas, F., *Die Institutionenlehre Arnold Gehlens*, Tübingen 1966, S. 52.

23 Schneider, D., 前掲書 S. 190f. 傍点筆者。

24 Gehlen, A. によれば，制度が「中立的で，かつ客観的な「生活現象」として見られるようになると，目的論的な思考形態が現れ，その「給付」への問いが起こる。」つまり，制度が目的的な行為から作られたと見られ，目的性から理解され，それが何に有用かと用具的に問われることになる。しかしこの段階での認識を基礎とし，そこから出発するのでは，制度の本質やその特性の諸側面は真に把握できないことになる（Gehlen, A., Der Mensch, 前掲書 S. 391ff.）。

25 Weick, K. E., *The Social Psychology of Organizing*, 2nd ed., New York 1979, 同著，The Significance of Corporate Culture, in: Frost, P. J. et al., (ed.), *Organizational Culture*, Beverly Hills 1985, 同著，*Sensemaking in Organization*, Thousand Oaks 1995.

26 この考察の手がかりは，Macintyre の理論（Macintyre, A., *After Virtue: A Study in Moral Theory*, London 1981）に基づいた Roberts の考察によって与えられている。Roberts, J., The Moral Character of Management Practice, in: *Journal of Management Studies*, 3/1984.

27 山城章『経営学（増補版）』白桃書房，1975 年，128 頁。

28 その主要な論者は，Marx, K., Weber, M., Schumpeter, J. A., Eucken, W., Polanyi, K., 等々，諸々である。この論理の線上でグローバル化を体系的に論じた代表例として以下参照。Altvater, E./Mahnkopf, B., *Grenzen der Globalisierung, Ökonomie, Ökologie und Politik, in der Weltgesellschaft*, Münster 1996, 特に，S. 112ff., 同著，The World Market unbound, in: Scott, A. (ed.), *The Limits of Globalization*, London 1997, p. 306ff.

29 Gehlen, A., Der Mensch, 前掲書 S. 393.

30 Donaldson, T., *The Ethics*..., 前掲書 Preface, p. x.

31 Gehlen, A., Der Mensch, 前掲書。この概念は彼の哲学的人間学の要でもある。
32 Homann, K./Blome-Drees, F., 前掲書, S. 108f..
33 Rügg, J., *Unternehmensentwicklung im Spannungsfeld von Komplexität und Ethik*, Bern/ Stuttgart 1989, 10f..（傍点＝原著では太字）
34 Volkert, J. B., 前掲書 p. 49ff.
35 Gerum, E., 前掲書 S. 145.
36 Ridder, H.-G., Unternehmensethik als Instrument der Transformation von Ökologie in Ökonomie, in: Müller-Jentsch, W.（Hrsg.）, *Profitable Ethik-Effeziente Kultur, Neue Sinnstiftungen durch das Management?*, München 1993, S. 107.
37 Steinman, H./Löhr, A. は，「欧州ビジネス倫理ネットワーク」（European Business Ethics Network）のドイツ支部として「ドイツ・ネットワーク経済倫理協会（財団法人）」（Deutsches Netzwerk Wirtschaftsethik e.V.）が創立されたことによって，「経済，そして企業倫理は，―多くの，この時代の批判に対して―，純粋な流行のテーマの状態を明らかに超えて抜け出た」と述べている。Steinmann, H./Löhr, A.（Hrsg.）, 前掲書 S. VII。
38 Wörz, M, Einführung in die Perspektiven des Dialogs zwischen Wirtschaft und Ethik, in: Wörz, Michael u. a.（Hrsg.）, *Moral als Kapital: Perspektiven des Dialogs zwischen Wirtschaft und Ethik*, Stuttgart 1989, S. 32.
39 Toulmins, S., *Cosmopolis. The hidden Agenda of Modernity*, Chicago 1990.
40 Osterloh, M., Unternehmensethik und ökonomische Theorie in: Müller-Jentsch, W.（Hrsg.）, 前掲書 S. 100ff..
41 Rügg, J., 前掲書 S. 73.
42 既述のごとく，企業の発展における「非合理的なもの」の役割の重要性を指摘する Schneider, D. も，企業倫理の学問的主張・研究そのものについては，それが，相違する「価値」のコンフリクトの解決に実践的たり得ないとして批判を展開し，いわゆる「シュナイダー論争」（Schneider-Kontroverse）を引き起こしている。重要な論争であると認識するものの，本章の趣旨からはやや外れるので，ここではその論争の詳細には立ち入らない。以下参照。Steinman, H./Löhr, A.（Hrsg.）, 前掲書 S. 206ff., Schneider, D., Unternehmensethik und Gewinnprinzip in der Betriebswirtshcaftslehre" in: *Zeitschrift für Betriebswirtschaftliche Forschung*, 1990, 同著, Wird Betriebswirtschaftslehre durch Kritik an Unternehmensethik unverantwortlich?, in: *Zeitschrift für Betriebswirtschaftliche Forschung*, 1991, 万中脩一『企業倫理学―シュタインマン学派の学説』ふくろう出版, 2009年, 1頁以下。
43 Wilson, J. Q., 前掲書 p. 59ff.
44 Gleick, J., *CHAOS-Making a New Science*, New York 1987（上田監・大貫訳『カオス―新しい科学を作る』, 新潮文庫 1991）訳書, 514頁以下。

45 Prigogine, I./Stengers, I., Order out of Chaos: man's new dialogue with nature, Toronto 1984（伏見他訳『混沌からの秩序』みすず書房 1987），訳書，69 頁以下。

46 Stacey, R., *Managing Chaos, Dynamic Business Strategies in an Unpredictable World*, London 1992（石川昭監訳『カオスのマネジメント』NTT 出版，1995 年）Levy, D., Chaos Theory and Strategy: Theory, Application, and Managerial Implications, in: *Strategic Management Journal*, 15/1994, pp. 167-178.

47 Toulmin, S., 前掲書 p. 201. まさしく,「混沌」は，本章の脈絡では，既述のごとく，人間が全人的な対応によって制度を創り出すことになった行為の出発点である「世界開放性」の主観的な実質であり内容であると理解でき，それへの対応による新たな秩序（制度）の形成という脈絡が，今再び次の時代に向けて注目されつつあると考えられる。

48 例えば以下参照。Wykle, L., Social Responsibilities of Corporate Manager in an International Context, in: *Journal of Management Development*, 4/1992.

49 Jenner, R. A., Changing Patterns of Power, Chaotic Dynamics and the Emergence of a Post-Modern Organizational Paradigm, in: *Journal of Organizational Change Management*, 3/1994, p. 9ff..

50 Müller-Jentsch, W.（Hrsg.），前掲書 S. 265.

51 以下主要著書参照。Steinmann, H./Löhr, A.（Hrsg.），前掲書。同著，*Grundlagen der Unternehmensethik, 2. überarbeitete und erweiterte Auflage*, Stuttgart 1993., Ulrich, P., *Transformation der ökonomischen Vernunft, Fortschrittsperspektiven der modernen Industriegesellschaft*, Bern/Stuttgart 1986, 同著，Unternehmensethik--diesseits oder jenseits der betriebswirtschaftlichen Vernunft, in: Lattmann, C.（Hrsg.），*Ethik und Unternehmensführung*, Heidelberg 1987, 他。

52 特殊ドイツ的条件としては，ドイツ人特有の論理的思考，秩序尊重的気質，公共適応性，共同体志向，キリスト教の影響，労資共同決定制度の存在（その理念・存立条件に関わる部分及び同制度により制約され条件付けられた労使関係，企業内関係），またそれらの歴史的相互関係，等々である。この諸点に関連しては，補論参照。

53 Kreikebaum, H. は，企業倫理の諸理論を，1. 功利主義的，2. コミュニケーション志向的，3. 価値志向的，4. 統合的な 4 派に分け，さらにそれぞれを細分化して，全部で 11 のグループに分けている。(Kreikebaum, H., *Grundlagen der Unternehmensethik*, Stuttgart 1996, S. 127) 本書では，既述の脈絡から，2. のコミュニケーション志向的企業倫理論を基本とはするが，適宜，その他のものも参考にする。

54 Rusche, T., *Philosophische versus ökonomische Imperative einer Untenehmensethik*, Münster/Hamburug 1993, S. 91.

55 米国にも，「対話」（Dialog）による倫理の実践を主張する立場もある（例えば Nielsen, R. P., 'I am We' Consciousness and Dialog as Organizational Ethics Method, in: *Journal of*

Busine Ethics, 10/1991)が,それは,論理的かつ明確に経済合理性に対置され展開されている理論とは言えず,やはり独特のプラグマティズム性を有している。この点が,本書の後の論述に関連して興味深いので,別に検討するに値すると思われる。また,フェミニスト・アプローチの中でも男女同権を主張するより男性的な支配の論理に対する女性的な平等主義を基本とするもの(例えば Iannello, K. P., *Decisions without Hierarchy, Feminist Interventions in Organization Theory and Practice*, London 1992)や,Ackoff, R. L. の「サーキュラー・オルガニゼーション」(circular organization)(Ackoff, R. L., *The Democratic Corporation, A Radical Prescription for Recreating Corporate America and Rediscovering Success*, Oxford 1994)に見られる「民主化」へ向けての提言は,本章との関連で興味ある可能性を含むものとして注目しておきたい。

56 Nohria, N./Berkley, J. D., An Action Perspective: The Crux of the New Management in: *California Management Review*, 4/1994.

57 Hamel, G./Prahalad, C. K., Strategic Intent, in: *Harvard Business Review*, May-June/1989.

58 この両者の統合の可能性という観点から特に強調されておくべき点は,とりわけ現代のグローバル化する企業行動にとっては,経済合理性中心の思考から出発しても,「実践的に」両者を不可分の関係として捉えざるを得ない状況が不可避となっているということである。つまり,例えば Dobson も指摘するように,各国で相違する法的,社会的諸条件故の各国利害関係者との多様に相違する関係を良くし,それにより組織全体を効率的ならしめるためには,グローバルに統一的な優れた企業文化が必須となるのであり,それを醸成するには,利害関係者間の,また彼等との,コミュニケーションの出来得る限りの促進によって,彼等との「善き」関係を作る必要があるのである。かくて結論付けられることは,「企業倫理は,単に行動の正しい道としてだけでなく,企業文化を維持する一層安上がりで一層障害が無いという,もっとプラグマティックな展望からも促進されるべきである」ということである。Dobson, J., The Role of Ethics in Global Corporate Culture, in: *Jounal of Business Ethics*, 9/1990, p. 487.

59 Vliet, v. d. A., Order from Chaos in: *Management Today*, Okt./1994, p. 65.

60 Hamel, G./ Prahalad, C. K., 前掲書 p. 75f.

61 Nohria, N./ Berkley, J. D., 前掲書。

62 経営と企業は区別しないで,「…本質的には人間精神的なものを形成しているのが経営だといい切っても過大な表現ではないように思われる。」斉藤弘行『人間学的経営組織論』白桃書房,1980年,133頁。

第3章　グローバル化と企業倫理

1. 序

　1970年代初頭，Hymer, S. は，多国籍企業の発展を，「新しい帝国主義の体制」の生成になぞらえ，多国籍企業を形容して，——Keynes, J. M. が資本主義について語った言葉を借り——「美しくもなく，正しくもなく，道徳的でもない」("it is not beautiful, it is not just, it is not virtuous")と論じた[1]。

　彼によれば，経済合理性に基づく飽くなき利潤の追求により多国籍企業が作り出す国境を越えた組織構造は，自らの内に世界各国，各地域の生産手段や経済主体を組み込み，支配しつつ，それらの国や地域の伝統的な社会や文化，価値観までも変化させ，また時には歪めながら，その自律性や，従ってまた真の意味の経済的のみならず社会的「発展」の可能性をも奪おうとするのである。別言すれば，多国籍企業は，「自らの姿に似せて世界を創造」することを通じて[2]，グローバルなレベルで自由や平等，民主性や分配の公平性といった基本的な人権に関わる倫理的な諸要素を阻害する本質的な性向を有するというのである。——この基本となる発想は，Galtung, J. の唱えた「構造的暴力」(structural violence) の図式や，Bornschier, V. が言う多国籍企業による「産業封建制」(Industriefeudalismus) に通じるものでもある[3]——。そこで彼は，「道徳的でない」多国籍企業の問題解決のために，資本の国家間の移動とその世界的な支配の広がりを抑制するという，国際的な私企業体制の維持からは乖

離した，公共的な機関としての「反多国籍企業」(antimultinational corporation)の体制の枠組みを提示した[4]。彼は，それにより，まさに諸問題をもたらす根源としての「権力」そのものである資本の国際的自由を抑制ことにより，「国民が心から必要とするものを可能な限り正しく反映するようなシステム[5]」を実現出来るものと想定した。

しかし，Hymer, S. の没（1974年）後の，一層自由な対外直接投資活動の伸展による現実の多国籍企業の発展とグローバル化の大きな流れは，彼の「反多国籍企業」の構想をますます急進的かつ非現実的に思わせるものとなっていると言えよう。また，その中で，多国籍企業のもたらす諸問題も，Hymer, S. が目の当たりにし理解した現象形態からは様々な変化を遂げ，新たな分析や検討を必要なものにしていると言える。

今や急務であることは，現実に抗し難いとも思える多国籍企業の発展とグローバル化の流れを踏まえた上で，問題の解決を図るということであろう。とりわけ，差し当たっては「体制の中の企業行動」を研究対象とする経営学にとって，そのような観点からの問題解決の提示が時代によって要請されていると受け止めるべきであろう。この要請に応え得るか否かは，また如何に応えようとするかは，社会科学という「学問としての経営学」の存在理由そのものにも関わることであると言うべきかも知れない。

2. 多国籍企業問題の進展

現在のグローバル化への流れは，まさに経済の飽くなき自由化の流れと軌を一にするものである。その源流となる基本的な理念は，Smith, A の自由主義経済信奉の考え[6]を拠り所とし，支えとして発展，展開しているものであるとされる。しかしながら，その Smith, A の論自体，現在のグローバル化の時代における企業問題を論じるに当たっては，もはやその妥当性を維持でき得ない3つの決定的な欠陥があると言わざるを得ない。第1には，彼が見ていた世界は，国際経済関係においては貿易が中心で，企業生産活動は各国内に限られ，

農民や職人が中心の，いわば「小さな仕事場」がある程度の世界であり，巨大化し複雑化した，それも国際的な企業の組織の論理が支配する世界ではなかった。この組織の論理は，Smith, A. が論じ前提にした個人の倫理観や行動をも飲み込み支配する，それ自体自律性を持った論理である。第2には，Smith, A 自身が有し，前提とした倫理観やその基本条件は，当時の英国やせいぜい欧州という，主に一国家，あるいは一地域に限られたものでしかなかった。現代のグローバル化の時代において問題の中心となり，解決が迫られているものは，世界中の各国，各地域の倫理観とその諸条件そのものの多様性と多元性，そしてそれらの対立である。第3には，Smith, A. が自由競争の担い手として想定した既述のごとき経済主体は，国家的な社会の枠組みと条件を前提として行動するだけの存在であった。現代の多国籍企業という経済主体は，国家的な社会の枠組みと条件の中で行動するだけではなく，国境を越える強大な組織と行動力，またそれにより得られる交渉力により，逆にそうした枠組みと条件を変化させる影響力をも有しているということである。――第1の点に加えて特にこの第3の点は，上述のごとく，まさに Hymer, S. が特に取り上げて究明し，その問題のひとつの解決策を提示しようとした点でもあったと言える――。

かく考えれば，今や，従来の自由主義経済についての基本理念の枠組みの中で企業の，特にグローバルな自由行動をそのままに許容するということは，論理的な妥当性ということからして，もはや承認し難い状況にあるとも理解でき，また少なくとも根本的な再検討を必要としているとも考えられるのである[7]。

とは言え，こうした考察から，即，自由主義経済に否定的な方向に向かう以外に道は無いとしか結論できるものではない。例えば，まさに，Hymer, S. は，既述のごとく，問題解決のために，自由主義経済に否定的な，それとは逆の反多国籍企業の体制の提示を行ったのであるが，彼の考えには，既に見たごとき現在での急進性と非現実性という点だけでなく，上述のごとく Smith, A. の論にも現代では認められる問題に共通の論理的な面での問題があると思われる。そして正にその論理的な問題こそが，既述の，経営学の存在理由に関

わる面を有していると言えるのである。

　Hymer, S. が描いた多国籍企業の（特に問題となる組織構造の）理念型は，まさしく戦後から 1960 年代にかけて世界を席巻し，一般的にも相対的な数量と影響力の大きさで世界の耳目を引き圧倒的優位にあると思われた米国の典型的な多国籍企業のそれであった[8]。彼の没の 2 年後，Franko, L. G. は，そうした米国的な理念型とも言える典型的な米国多国籍企業の組織に対して，それとは文化的，歴史的な要因により構造的，内容的に相違した欧州企業の国際的組織の存在や，それに基づく違った行動や作用の可能性を明らかにした[9]。この時期はまた，欧州多国籍企業の相対的な地位の上昇が本格化しつつある時期でもあった。そしてその後，日本企業の世界市場における競争力の高まりとその台頭が，米国を中心として，企業の競争力の違いにとっての「文化」の違いの重要性を気づかせることにもなったのである。それは，従来の米国で当然と受け止められてきた合理性の相対化を意味した。Hymer, S. は，「地球規模の社会」のマクロ世界における「効率」を高めるために，「企業のミクロ世界内部においては，効率を若干低下させねばならない[10]」と結論付けたが，その場合彼が想定したミクロ世界内部の「効率」とは，以上の考察から明らかなごとく，それまでの米国内で一元的に理解されてきた経営の合理性の観念に枠づけられ囚われたものであったと，あるいはそれを想定したものだった言える。その観念とは，より具体的に言えば，後の章でも検討することになる，徹底した市場主義，競争主義により，それ故倫理性からは最も隔絶された経済合理性至上の観念であった。

　そのような観念の故に，Hymer, S. は，ある面では当然の帰結として，「道徳的でない多国籍企業」の問題解決のために，対外直接投資そのものを制限する，つまり企業の自由を一方的に制限する極めて規制的な対応策を主張する結論に達せざるを得なかったと言えよう。しかしながら，彼がそのような結論に至る過程においては，企業行動に関わる前提上の大きな誤りがあったことを指摘したい。

　即ち，彼が多国籍企業に対する一方的な規制の主張の結論に至るには，必然

的に2つの疑問となる前提が置かれていたと言わざるを得ない。第1には，企業というものはあくまでも「体制という枠組みの中で」行動する存在であるという前提であり，第2には，「道徳的でない」多国籍企業の言わば矯正はマクロな枠組みの面から一方的にしか行われ得ないという前提である。これは，「マクロ」と，企業という「ミクロ」との間の関係は，マクロ，あるいはマクロを支配する力によるミクロへの影響・支配の関係で決せられ得る，あるいは決せられるべきものだという考えを基礎にしている。

しかしながら，現代の企業は，既にふれたごとく，正に多国籍化することで，一国的な体制の枠組みを崩すと同時に，グローバルなレベルでも，むしろ実質的には体制を，その内実を変化させることを通じても支配すらしているのである[11]。視点を変えれば，企業こそが，体制の実態であり，体制を生み出し支配しているものであるとも言える。加えて，企業は，自ら作り出す社会的な問題とそれへの批判，抵抗に対しては，自らに制約的な環境への適応という意味からも，自らを変革する能力も意志も有する面のあることも無視できない。過去から現在に至るまでの企業の発展は，それが十分であったか否かは別にして，また後にふれるように単に受動的であったか能動的であったか，あるいは意識的，自覚的であったか否かは別にして，企業のそのような能力と意志による行動の歴史の結果でもあったと言える。

事実，今日の多国籍企業もまた，まさしく Hymer, S. が多国籍企業の成長を阻むものとして期待した社会的な様々な「対抗力」(antibodies) に対する対応を，従来の自ら自身の在り方の変化も含めて行いながら生存を図ろうとしていると見てとれるのである。そして，第1章でも見たように，多国籍企業は，まさしくグローバル化の進展の中で，従来のような画一的な，一国的な合理性の観念を当然と為し得ず，その相対化と共に，単なる経済合理性の追求だけでなく，各国で相違する倫理への対応の必要性にも一層強く迫られている。そのことは，当然の帰結として，現実の企業行動において一般的な意味でも，経済合理性とともに倫理性そのものの意義の理解とその尊重の必要性が高まりつつあることを示唆していると理解できる。

3. グローバル化と倫理性の認識

　企業の多国籍化は本来，先ずは主に経済的な観点から母国も含め各国の諸条件の相対的な格差を利用し，またそれに対応する意図から進展することになるが，これを通じて，多国籍化した企業は，経済的な条件を形成する各国の社会・政治といった社会的な環境条件の相違に適応する必要に迫られる。つまり，多国籍企業は各国の相違を利用しながら，各国の相違に適応するという，一見したところ矛盾した問題の解決を迫られることになる。この問題の解決は，既に第1章で見たように，本質的，究極的には，社会的な相違の根本を成す倫理の違いという要因への対応を含むことになる。

　この対応は，多国籍企業と各国の倫理との直接的な対立の関係が問題となり議論され始めた時期以来，主に文化相対主義的な見地から論じられる傾向が中心的に見られた。このことは，やはり第1章で見たように，Wilkins, M, Kindleberger, C. P. や Vernon, R., Dunning, J. といった多国籍企業の著名な研究者たちによる意見表明においても示された。つまり，「一方で自分自身の倫理基準に忠実でありながら，郷に入っては郷に従うというあいまいさは不可避でもあり困惑的でもある」(Kindleberger, C. P.) と語られ，単なる文化相対主義の枠組みの問題点は意識されながらも，その枠組みを超える論理展開までには至らなかった。そして，「国家の選択を超える，多国籍企業に我々が伝道することを期待する普遍的な価値はあるのだろうか。これらは長く未解決の問題であった。それには簡単な解答は無い」(Willkins, M) と語られ，企業自身が有する独自の倫理的価値の社会的な伝播の可能性やその意味までは十分な議論の対象とはされなかった。Dunning, J. も，問題の内容や重要性については気付きながらも，他の多くの多国籍企業の研究者と同様に，体系的な思考の提示もできず「意気消沈する」と論評される結果に終わっている[12]。ましてや，本著がその一端を明らかにせんとするような，企業自身の新たな普遍的な倫理価値創造の可能性とその意味にまでは全く思い至らなかったと言える。

こうしたことの理由としては，企業の多国籍化の歴史的な経緯に絡む様々な要因[13]の他に，やはり第1章でも見たように，実証主義的な「科学的」方法への専心が道徳的な分析への意欲をそいでいたということがある。そしてそのことと表裏一体として，問題の実践的解決のために，特に戦後の企業多国籍化の急速な進展と共に急激に増大する問題の素早い処理の必要からも，「研究調査を予測可能で御しやすくしようとする苦闘」が，「一国家的な自己利益を記述的な規準として，また評価上の規範の両方として考える[14]」流れを——「止む無く」？——生んだのである。つまりは，史上未曽有の多国籍企業の発展を生んだ米国の社会経済的な，かつ政治的な利益が，またそれが理念として——意識的か否かは別として——中心的な価値として考えられたということである。そして特にその内容的な部分が学問的に，「多国籍企業とその研究の先進国として」他国にも影響と感化を与えたと見ることもできよう。後に，特に第7, 8章でも述べるごとく，この傾向は，基本的に現在も変わることなく続いていると理解できる。

　いずれにせよ，まさしく，一国的倫理観を問題にしだした者こそ多国籍企業であったと言える。そして少なくとも，今や多国籍企業は，自ら招来したグローバル化の進展する世界で，各国で相違した価値観を正確に理解する必要性を，そして相違した価値観及びそれによって生ずる諸問題の調整の必要性を重要な経営課題として認識しているのである。多国籍化した企業は，一国内におけるように，自らの行動条件としての倫理観・価値観を一定なもの，他と暗黙の了解事項，共通の認識事項と前提して戦略を策定し行動することは出来ない。このことは，単に環境に適合するために不可避であるという意味だけでなく，グローバルな競争の舞台において一層の競争力を得るという必要性にも拠っている。まさしく，企業文化論の発展の契機となった特に日本企業の競争力としての異質な文化の役割への着目は，米国企業をして，自国とは異なった文化の競争力の違いと優位性の可能性の認識を不可避とし，自らとは相違した文化の尊重とそれへの対応の必要性の認識を強く抱かせたのである。

　第二次世界大戦後，米国企業の多国籍化が急速に進んだ何十年かの期間は，

米国が経済的だけでなく文化的にも圧倒的優位性を有した時期であったとされるが，その後は，その米国においても，そのような一国支配の状況は歴史的に稀なことであって，現代のグローバル化の時代における成功のためには，一国中心主義的な姿勢を改め，多元主義的な思考の下に，米国流ではない新たな「ワールド・クラス」(World Class) の理想を追求する必要性について語られもするようになったのである[15]。

　今や企業文化自体が，各国の多元的な環境に対応させられ，そのことを通じてグローバルに方向付られることが企業の成功と存続のために必須の条件と見なされるに至っている。一般的にも，グローバル化の時代においては，James, B. の言葉にあるように，各国で相違する政治的，社会的な「環境のリスクは，グローバルなビジネスにおける新しい最前線の領域となったのであり，環境のリスクにさらされることを世界的な規模で真に御する企業の能力と，そのためにとられる方策は，早晩，グローバルな競争優位性の中心的要素としてのグローバルなブランドを開発し，生産し，販売する能力に相当部分とって替わることになるだろう[16]」とまで主張もされるのである。つまり，従来の経済合理性中心の思考の限界と共に，相当部分それに取って代わる，多国籍企業による各国での社会的諸条件への適応の重要性がますます強調されつつあると見ることが出来る。

　各国で相違する社会的諸条件への適応とは，究極的には，様々な各国利害関係者との多様に相違する関係を「善く」するという倫理的な内容を満たす必要性を意味することにもなり，企業倫理の領域に直接につながる問題となる。それ故，企業倫理を「単に行動の正しい道としてだけでなく…プラグマティックな展望からも促進されるべきである」(Dobson, T.)[17] と，また，企業の「組織行動による地域の，そしてグローバルな環境，社会，政治システムへの影響は，倫理の問題となっただけでなく，長期的な企業の生存にとっての主要な問題となった」(Deiser, R.)[18] との認識も為されるのである。つまり，現代のグローバル化の時代においては，企業にとっては，経済合理性中心の思考から出発したとしても，結果的には，一層「善き」社会関係に留意するという一定の

倫理性を追求せざるを得ず，それを明確に意識できるか否かは別として，また最終的な価値判断自体の正否も別として，実践的な意味においては，経済合理性と倫理性を不可分の関係として捉えざるを得ない状況がますます不可避になっているのである。

4. 多元的な社会的環境要因への対応

　このような状況は，既述のDonaldson, T.の指摘にある従来の状況とは逆の方向へ向けての動きが不可避となりつつあるとも理解できるということである。つまり，「一国家的な自己利益を記述的な規準として，また評価上の規範の両方として考える」（つまり沿うべき価値として考える）ことがもはや現実味を失いつつあるということである。

　こうした現状に影響され適合しながら，多国籍企業の戦略に関わる理論においても，かつての単なる成長志向的な論理展開から多様な社会環境への適応と調整を意識する論理展開への移行が見られる。それはまた，企業倫理研究の核心的な観点から見通せば，積極的な意図からであるか否かは別にして，また後に検討するごとく限られた視点と範囲内ではあるにせよ，一面において，経営戦略と一体的かつ不可分に企業の社会的責任という倫理性が要請され追求される方向へ向けての理論的な順応であるとも理解される。この点に関連した国際経営論に関わるいくつかの代表的な見解について検討しておく必要がある。

　例えば，Porter, M. E.は，企業の競争優位の獲得のために，企業の「価値連鎖」（value chain ＝付加価値創造のための全企業領域の活動と，成果として得られる純価値の連続的総体）を生む「価値活動」の各国，各地域への「配置」やその間の「調整」の重要性とその内容について論じグローバルな競争戦略論を展開したが[19]，そうした価値活動が円滑に行われるためには，単なる経済合理性の追求とは相容れない多元的，多重的で複雑な社会的環境条件への適合が重要で不可欠かつ当然の前提条件とされていると理解できる。つまり，どのような価値活動をどの国や地域にどのような規模や内容で，どのような資源の構成や割

合で配置し，そして，それぞれの拠点にどのような役割を与え，相互にどのような最適な関係を持たせるかについて調整するといったことは，何よりも最も基本的に，各国，各地域の社会的環境条件との関係への配慮と，それとの調整活動を抜きには考えられず，実質的にはこの点への考慮と対応が，前節で既述の James, B. の言葉にあるように，基本的に無視できない関心事として理解されているとも見てとれるのである[20]。

　戦略としての価値活動の配置と調整とは，結局は組織構築，組織デザインの問題でもある。この点において，Bartlett, C. A. と Ghoshal, S. の研究は，上述の Porter, M. E. の戦略論に関わる本章の関心と主張を一層明確にしてくれるものと理解できる。Bartlett, C. A. らは，いわゆる「トランスナショナル型統合ネットワーク組織」を新しい時代の企業組織として提示した[21]のであるが，その骨子は，子会社への分権化を意思決定の分担化という形で進め，子会社にも革新創造的な経営機能を認めその可能性を与えながら，本社と子会社間，子会社同士間の相互調整を柔軟に行うというものである。その調整は，意思決定の分担化を通じて，――またその必要性の原因でもあるのだが――，各国，各地域の社会的な条件への一層の適合を前提条件ともし，あるいは必要条件ともし，むしろそれを積極的に利用しようともするものである。

　こうした理論的方向付けとの関連の脈絡において，特に注目されておくべきは Hedlund, G の理論である。彼は，Chandler, A. D. Jr. によって展開され，代表されるような，そしてその後の多国籍企業の研究にも大きな影響を及ぼした戦略と組織に関わる理論[22]を，環境とそれに対応した戦略と組織の関係が線形的かつ一方向的で一元的な連鎖で形成される因果関係の中でしか捉えられていないと批判した[23]。そして，戦略や組織は，特にグローバルなレベルでは多元的で多様な環境といわば混沌としたカオス状態での共生的な相互関係にあり，それ故，その関係をうまく保つためには，多国籍企業の各国，各地域の個々の部分組織には主体性と自律性を持たせるべきであるとした。それに従い，多国籍企業の組織としては，ピラミッド的なハイラルキー組織よりも，平坦で民主的にして各部分間の相互調整的なヘテラルキー (heterarchy) 組織を選択するこ

とが提案されたのである。これによって，Hymer, S. が前提とした多国籍企業のハイラルキー的な組織とその行動に対して代替的な別の新たなパラダイムが明示的に提案されることにもなった[24]。このことを特に本章で関心ある点との関係でまとめれば，Hymer, S. の想定した多国籍企業モデルが本国本社の意思を世界各国，各地域に一方的に「伝道」するだけで，それぞれの社会的条件に積極的に適応する図式になっていなかったのに対して，Hedlund, G. の提案する図式は，多国籍企業が各国，各地域の社会的な環境条件とも共生的関係を保つことを前提としそれを基礎にしようとしていると見ることが出来る。少なくとも，多様で多元的な社会的要因が戦略や組織の構築にとって不可欠の基本的な構成条件として取り入れられる枠組みは提示されたものと理解できる。

　多国籍企業の戦略にとっての，多様な社会的環境への適応そのものの必要性を，純粋に経済合理性に基づく効率性を目差した行動との関係で論じた代表的なものとして，Prahalad, C. K. と Doz, Y. L. の研究を理解することができる。彼等は，社会的な環境の中でも特に政治的な条件を取り上げ，とりわけ現地ごとの政府政策への適応を中心的な政治的至上命題（political imperative）として，それをグローバルなレベルでの経済合理性の追求という経済的至上命題（economic imperative）に対置させ，それぞれの命題の遂行としての2つの戦略，つまりグローバルな「統合戦略」（integration strategies）と「各国対応戦略」（national responsiveness strategies）という2つの戦略の必要性を説くと同時に，両者の統合と調整を目差す戦略である「複焦点戦略」（mutifocal strategies）を第3の戦略として論じた[25]。これら3つの戦略は，実際には状況によって必要な，個々の問題の内容の程度に応じた選択的な組み合わせで遂行されることになる。この戦略内容の構成は，主に発展途上国との関係においてであるが，後にもふれる Tavis, L. と Glade, P. W. がまさに多国籍企業の社会的責任論の立場からの視点で考えられるものとして分類，検討した経営戦略の内容に合致している。その経営戦略の内容とは，現地政府に対して世界的な自己組織上の目的達成を第一とする「力に基づく戦略」（power-based strategies），現地政府との協調的関係を目差す「参加的戦略」（participative strategies），両戦略の選択的な

混成を行う「混合戦略」(mixed strategies) という3つの戦略である[26]。このことから言えることは，Prahalad, C. K. と Doz, Y. L. による経済合理性のための論も，Tavis, L. と Glade, P. W. による社会的責任のための論も基本的な問題の分類とそれへの対応という理論構成では，共通で同様の意味と内容を有するものとなっているということである。つまり，結果的に，Prahalad, C. K. と Doz, Y. L. の主張は，本来，経済合理性の達成を目差すものであるが，各国，各地域での多様で多元的な社会的要請への対応を，多国籍企業の戦略そのものの必須不可欠な内容として，そしてまたその遂行を多国籍企業にとっての至上命題のひとつとして論じたということである。このことは，結局，多国籍企業の戦略論について，それに必要にして重要かつ一体的で不可分な要素としての，社会的責任の遂行という倫理性が組み込まれる可能性の方向に向けて論理展開が進んでいると見ることが出来るということである。

現代のグローバル化の進展においては，企業組織の地理的分散も一層広範に行われ，それに伴いますます多様で多元的な社会的環境条件に適応する必要性が高まっている。つまり，経営戦略にとっては，グローバル化という形容にもかかわらず，その内実は，国境の意味が無くなるよりも，むしろ拡大しているのである。従って，企業にとっては，グローバル化とは，いわゆるボーダーレスよりもボーダークロスの意味がより重要なのである[27]。例えば，既述のごとく Hymer, S. が多国籍企業の体制を批判してそれをなぞらえたかつての帝国主義の時代における植民地の国々にとっては，資本と共にすべての社会的要因について，帝国主義国の力の進展を遮る地理的，政治的境界は何も存在しなかった。その時代においては，Wood, E. M. が指摘するように，「植民地国の境界を越える資本の動きは，単に書類の移動や電信伝送だけのことでなく，強圧的な権力の丸ごとの移動であった。別言すれば，地理的，政治的境界は，観念的にだけでなく，物理的にも浸透可能であった」のであり，「…単純な事実は…『グローバル化』とは国家を《必要条件として前提している》(presuppose) ということである。そして，国家は伝統的な機能のいくつかは失ったかもしれないが，新たな機能を得たということである。簡単に言えば，国民国家は，一国

籍的な〈あるいは正に多国籍的な〉資本がグローバルな市場に流入させられる中心的な媒体である[28]。」

グローバル化という形容にもかかわらず，あるいはむしろ上述のようなグローバル化の内実であるがゆえに，企業は，グローバル化の進展と共に，ますます多くの国々の多様で多元的な社会的条件への適応を，社会的責任の要請への対応という倫理的考察にも合致する形で進めざるを得ない状況がつくり出されていると見ることが出来る。その結果が，上に見たような，戦略にかかわる論理展開の試みに社会的な諸条件およびそれへの対応を重要な要素として組み込もうとする一連の流れであると理解できよう。

5. 相対主義的な環境適応の枠組み

しかしながら，そうした論理展開の流れにおいては，正に現代のグローバル化への対応から，倫理に関わる社会的環境条件という要素を，本質的には，いわばプラグマティックに組み込まざるを得なくなってきただけで，本来的，意識的に，倫理性をグローバルな企業全体の在り方や理念と不可分一体的に重要な要素として取り上げてきたというわけではない。つまり本質的には，それぞれの受入れ国現地ごとの社会的環境条件に関わる諸問題への相対主義的で受動的な適応の意識と範囲の中で戦略の在り方が問題にされてきたに過ぎないと言える。

Porter, M. E. の論理展開においても，戦略とは，基本的に，競争状況に対応した，各国での社会環境条件の相違に適応した経営領域の活動の配置であり，各拠点間の調整の問題であり，企業にとっての社会的環境は，基本的には，ただ所与のものとされ利用する対象とされているに過ぎない。つまり，社会的環境の変化と相互依存的に動的な関係の意味を持ち得る，全企業的に主体的な対環境能動的な行動としての，その意味では社会倫理的に積極的な意味ある戦略の策定の役割や意義は問題となっていない。──特に企業の社会的責任との関連では一見，社会との「互恵関係」を戦略的に論じるには至っているが，それ

とて本質的には，自らの競争力強化の本来の基本原理にとり役立つ条件のうちのひとつの要因として（ポートフォリオ的に）利用する範囲内でのことにしか過ぎない[29]——。このような原理的な批判点にも通じる見方に依拠しながら，Freeman, R. E. と Gilbert, D. R. は，企業倫理論の立場から，Potrer, M. E. の理論が，その他の同類の戦略理論と共に，「社会的文脈の重要度が顧みられることは無い」と，その意味で，戦略策定の際の「決定の外部性は等閑視されている」と批判している[30]。その意味からも理解できることであるが，Potrer, M. E. の理論は，社会について，まさにグローバルな社会の在り方について，その理念やビジョンといったことがとりたてて問題にはされず，従ってまた，当然ながら，企業の本来の役割とも言える，Schumpeter, J. A. が説いたような真の「革新」と「社会発展」にも関わる企業活動にとっての戦略の役割や意味が本質的に問題とされることもない[31]。この意味では，上記関連を含めて特に第8章で論述することにもなるが，彼の戦略論は，経営「学」としての真の戦略論とは言い難いとも言える面がある。このような内容の戦略論が登場した理由には，正にグローバル化が進展する中での，Porter, M. E. の母国たる米国にとっての時代的な要請や経緯もあったと理解できるのであるが，いずれにせよ，国ごとに違う社会的な環境条件に対しては，基本的にそれを利用することを中心に，企業の相対主義的な適応が想定されていると言えよう。

　Bartlett, C. A. と Ghoshal, S の主張は，グローバルなネットワーク組織による各国子会社への意思決定の分担化を通じて，経営機能の分化，分散化，現地化を進め，多国籍企業組織を各部分から革新創造的にすることも意図するという意味で，基本的には一層積極的に子会社に自発的，創造的な戦略的意味を与えようとするものである。この点においては，彼等の理論は，Porter, M. E. の理論よりも幾分進んだ感はあるものの，各国の社会的環境条件は，それへの適応が柔軟な調整の対象とされながら，基本的にはあるがままに受け入れられるか，またむしろ一面において，その相対的な格差が一層積極的に利用可能で好都合なものとして前提されているとも言えよう。

　Hedlund, G. は，多国籍企業組織の各部分としての各国子会社に，一層自律

的な機能を与え，親会社と子会社，また子会社間の関係を平坦で民主的にする明示的なパラダイムを提案した。その論理は，多様で多元的な各国での環境との関係をカオスととらえ，その中での相違した環境との共生関係を前提にしているのだが，それ故にまた，各国の社会的環境条件に対する相対主義的な適応は一層当然なものとして受容され得る面がある。このためまた，彼の論理に基づく実践そのものは，グローバルな企業行動と組織活動の統一性の保持という点では，はなはだ曖昧で不安定なものになり得ることが，あるいはそのようなものとしてしか想定され得ないことが考えられる。それ故，彼自身，ヘテラルキーの世界がハイラルキーの「実践的な代替案であるには混迷しすぎている (too messy) と思える」ことを否定しようとはしない[32]のであり，このこと自体，相対主義的な適応の枠組みの前提の徹底性とも言うべきことの限界であると理解することができよう。いずれにせよ，各国環境との双方向的な関係の中で，グローバルに通用し企業全体を律し得る倫理創造が取り立てて問題になっている，あるいはなり得るとも言い難い。

　Hedlund, G. の見解に対して，Prahalad, C. K. と Doz, Y. L. の見解は，出発点となった本来の研究上の関心からしても，企業行動と組織のグローバルな統一性の重要性を十分に認識し，その確保の実践的な可能性を明確に追求したものとなっている。しかしながら，倫理性に関わるはずの社会的環境条件には，各国で政府政策を中心とした関係において相対主義的に対応することが基本的な前提とされている。また，この命題自体も，本質的には，企業に本来的と理解されるグローバルな経済合理性の追求に選択的かつ追加的に位置付けられているに過ぎないと言える。

　彼等の理論との関連で既にふれた Tavis, L. と Glade, P. W. の研究は，多国籍企業による受入れ国での社会的責任の遂行の必要性を戦略論との関係で説く方向に向けられた代表的なものであるが，その後の Tavis, L. の研究は[33]，これをさらに一層倫理的に総合的な視点でまとめている。しかしながら，彼の主張では，受入れ国現地での社会的責任を遂行する倫理的行動の可能性の論拠として，基本的には，企業全体のグローバルな経済合理性追求の中での現地子会社

に与えられた「自由裁量」(discretion)の経営領域の存在が指摘され,その領域の経営の在り方が問題にされているのである。従って,この意味では,最初から企業の倫理的行動が研究対象とされ主張されながらも,実体としては,グローバルな企業全体の在り方そのものについての視点は欠落したまま,各国での限られた対応を関心の中心に据えることで,結果的に,倫理的考察を第一義とはしなかった上述の各論者の理論以上に,相対主義的な環境適応の内容を明示化したものとなっていると言える。こうなったことの理由のひとつは,既述のDonaldsonT.の言葉の通り,「一国家的な自己利益を記述的な規準として,また評価上の規範の両方として考える」ことを基本としていることであり,もうひとつには,そもそも米国における企業倫理の研究の主要な部分が,伝統的な社会的責任論の流れの影響の中にあることと密接に関連していると見ることが出来る。伝統的な社会的責任論は,企業の経済合理的に自由な行動を認めた上で,その結果増大する企業の権力に見合った責任の必要を説くものであり,企業活動の結果起り来る社会的な個々の問題へのプラグマティックな対応を説くものだからである。Tavis, L.の著書の主題が,正に「権力と責任」("Power and Responsibility")と名付けられていることが,こうした状況を象徴的に物語っていると言えよう[34]。

6. 結

 以上のように見てくると,グローバルな企業経営に関した主要な研究の骨子について検討する限り,戦略論的な観点からであろうと,社会的責任論的な観点からであろうと,また――ハイラルキー型の組織か,あるいはいわゆるヘテラルキー型の組織も含めてフラットなネットワーク型の組織であろうと――,どんな組織が提案され想定されていようと,本質的には,既存の社会環境の諸条件を所与としながら,プラグマティックに相対主義的な問題への対応を模索することが中心になっているに過ぎないと総括することができよう。
 このことは,つまり,各国,各地域への多様で多元的な社会的条件への対応

6. 結

が，結局，本質的には，多国籍企業の親会社による子会社の「支配」とそのための環境適応的な調整の問題の枠内で，つまりは古くからのテーマである子会社に対する分権化とそれによる子会社の自律化の問題の枠内で考えられているということを意味している。そこでは，現地環境との双方向的な関係の中から企業全体を律するグローバルな倫理創造を行っていこうという積極的な姿勢や理念は直接に問題とはならない。

　この点に限ってみれば，これらの研究は，親会社による子会社支配のための別の視点からの研究，つまり各国の現地子会社の所有政策を如何に諸条件に適合的に行うかといった，Stopford, J. M. と Wells, L. T.[35] に始まる，所有政策に関する従来の一連の研究と基本理念の点では何ら変わることがないとも考えられよう。付言すれば，このような研究の脈絡の中ではまた，倫理的行為の実践の基礎となるべき相手国社会についての認識や理解といった「社会的知識」(social knowledge) までも，所有政策に代替的な子会社支配の道具として見られることにもなる[36]。

　このような，従来の国際経営論におけ主要な流れの基本的な自社，本社中心的な思考そのものに関しては，例えば Deiser, R. は次のように指摘している。「自分の会社を世界の中心と見て，自らの標準，価値や考えを『正しいもの』と受け止める『旧来の』態度は倫理問題をもたらすだけでなく，創造性の発展を抑制し，加えて，おそらくその会社が拠って立つ体制を損なうことになる。」彼は，Kohlberg, L. の道徳発展論を援用して，企業が外国の文化への認識を広げ，組織的，戦略的な自国中心主義 (ethnocentrism) から「脱中心主義」(decentrism) へと変化することにより，一層上位の局面から「全ゲームの違った理解」を得て，倫理的にも責任ある方法で競争力も得ることができるであろう，としている[37]。とは言え，その Deiser, R. においても，倫理性は強調されるものの，文化相対主義的な対応の点においては，本社と子会社の役割に関わる問題や両者の関係は曖昧なままに，またそのことは特に対象とならず，むしろ現地環境との，また一般的な意味での柔軟で「リアルタイム」な対応関係がことさら強調される結果となることにより，結果的には，Hedlund, G. の場合

に似て，基本的な点であまり変わりはないようにも思われる[38]。

かく考察してくれば，上述したごとき諸理論の基本とその骨子に関しては，たとえ如何なる進歩と発展について語られ，また何らかのパラダイムの変革について語られることがあっても，既述の，Hymer, S. が指摘した多国籍企業のヒエラルキー構造にまつわる「道徳的でない」問題は，本質的には依然としてその意味の大要を失ったとまでは見ることが出来ないように思われる。

けだし，Lorenzen, P. が指摘するように，経営戦略や組織の問題に限らず，どのような経営学的な発想も，明確な倫理的意識のない限りは，単なる「権力の政策」(Machtpoltik)[39] となり得るのであり，それに関わる基本的理念とそれに基づく実践が根本的に改められない限りは，問題の継続性には変わりないということである。——この点に関しては，視点を変えて，第6章から第8章においてさらに検討することにする——。

Hymer, S. は，「道徳的でない」多国籍企業を，「資本主義の白鳥の唄（swan song ＝最期の作品）」と形容したが，その考えに従うとすると，少なくとも現時点において，現在のグローバル化を，Wood, E. M. のように，「資本主義の『普遍化』」("universalization" of capitalism) と定義付けて捉える[40]ならば，以上に述べてきたような問題の経緯の基本的な脈絡は，致し方のないこととして一層容易に理解できると言うべきなのであろうか。

このような問に答えるためには，問題解決のために多国籍企業の戦略の理念そのものが如何にあるべきか，また如何にあり得るかが問われる必要がある。そのことが次の章の課題である。

注

1　Hymer, S., Internationalization of Capital", in: Hymer, S., *The Multinational Corporation, A Radical approach*, ed. by Cohen, Cambridge 1979, p. 93, orig. in: *The Journal of Economic Issues*, 1/1971（「資本の国際化」，Hymer, S. 著，宮崎義一編訳『多国籍企業』岩波書店，1979年，所収。345頁）

2　Hymer, S., The Multinational Corporation and the Law of Uneven Development in: Hymer,

S., 同上書 p. 55, 298 (「多国籍企業と不均等発展の法則」, Hymer, S. 著　宮崎義一編訳, 同上訳書所収, 262, 302 頁)。この言葉は, 元はマルクスの「共産党宣言」よりの言葉である。Marx, K./Engels F., *Manifest der Kommunistischen Partei*, 1948 (中山久訳「共産党宣言」大学書林, 1956 年), 訳書, 29 頁。また同様に, Hymer, S. は, Salomom, A. M. が 1966 年に米国上院の「反トラストと独占の小委員会」で語った言葉を引用して, 多国籍企業は「世界を自分自身の真珠を生み出す貝のように考え」ようとしている, と書いている。Hymer, S., …the Law of Uneven Development, 同上書, 同上訳書, 261 頁。

3　Galtung, J. (1969) "Violence, Peace, and Peace Research" in: *Journal of Peace Research*, 3/1969., 同著, A Structural Theory of Imperialism, *Journal of Peace Research*, 2/1971. Bornschier, V., *Wachstum, Konzentration und Multinationalisierung von Industrieunternehmen*, Frauenfeld 1976, S. 408ff.

4　Hymer, S., …the Law of Uneven Development, 前掲書。同著, Is the Multinational Corporation Doomed? In: *Innovation*, 1972 (「多国籍企業の運命」前掲訳書所収) 他。

5　Hymer, S., The United States Multinational Corporations and Japanese Competition in the Pacific, in: Hymer, S., *The Multinational Corporation*, 前掲書。(「太平洋におけるアメリカ多国籍企業と日本の競争」前掲訳書所収), 前掲訳書, 388 頁, また注 4 文献参照。

6　Smith, A., …the Wealth of Nations, 前掲書。

7　従ってまた, 本著の論理的立場は, 一般的にもよく言われもするように, 単に,「スミス (Smith, A.) が経済性と倫理性を分離する過ちを犯した」とか, それ故「その修復をはかるべきである」(Lux, K., *Adam Smith's Mistake. How A Moral Philosopher Invented Economics and Ended Morality*, Boston 1990, 田中秀臣訳『アダム・スミスの失敗』平成 8 年) とか,「道徳感情論」を著した Smith, A. の「本来の意図」を汲み取るべく「現代のビジネス問題について新たに Smith, A. の考えを見直そう」(Wilson, J. Q., 前掲書) とかいった立場とは明確に一線を画するものである。本著の意図するところは, 現代のグローバル化の時代には, それに合わせて Smith, A. の理論を解釈し直したり繕ったりするのではなく, 彼の論理を時代と地域に限定された歴史的に限界のあるものとして, Smith, A. から明確に決別し, 経営学の立場で彼の論理を超えることである。

8　これに関して, 後出注 13, 23 及びそれに関連した本文記述も参照。

9　Franko, L. G. (1976) *The European Multinationals, A Renewed Challenge to American and Britisch Big Business*, London 1976.

10　Hymer, S., …the Law of Uneven Development, 前掲訳書, 301 頁。

11　このような, ひとつの重要で代表的な見方と分析が Korten, D. C. によってなされている。Korten, D. C., *When Corporation Rules the World*, San Francisco 1996. ただ, 彼は, Smith, A. が現代では妥当ではないとするより, 私有権が集中された大企業体制が問題であり, Smith, A. に戻れと主張し, そのためには投資も一国内に限るべしとして, むしろ

Hymer, S. に似た主張を展開しており、その意味で、後述のごとく Hymer, S. 同様に、本著と違い、経済学的な発想にとらわれていると言わざるを得ない。

12 第1章、注23〜29参照。

13 そのような要因の中心になったことは、戦後の急激な企業多国籍化の、それも米国のそれを中心とした世界史上未曽有の増大・拡大による新たな諸問題のあまりに急激な出現と伸展が研究上の対応を遅らせたことであった。また、それが故に一層、即実践的で、プラグマティックな対応が研究上も中心となったことであった。これに関連する新たな諸問題の主たるものとしては、戦前と戦後の企業進出先の地域的及び産業部門的変化、それも含めて相互に絡み合う、進出先国、特に発展途上国におけるナショナリズム、自国経済発展への意識・対応変化、(多国籍化理由としての) 関税、立地条件等の変化と共に、多国籍化形態、特に企業内国際分業やその組織の発展・変化等、企業多国籍化にまつわる実に多くのことが考えられるが、その詳細については、紙幅の関係上別の機会に譲りたい。

14 Donaldson, T., *The Ethics*..., 前掲書 Preface, p. x. 傍点は原文での強調。

15 Kanter, R. M., *World Class: Thriving Locally in the Global Economy*, New York 1995.

16 James, B., Reducing the Risks of Globalization, in: Phillip D. G./Khambata D.（ed）, *The Multinational Enterprise in Transition*, 4th. ed., Princeton 1993, p. 604.

17 Dobson, J., 前掲書 p. 487.

18 Deiser, R., Post-Conventional Strategic Management: Criteria for the Postmodern Organization, in: Thomas, H. et al., *Building the Strategically Responsive Organization*, Chicheslter 1994, 172.

19 Porter, M. E., *Competitive Advantage*, New York 1985（土岐他訳『競争優位の戦略』1985年），同著，Changing Pattern of International Competition, in: *California Management Review*, 2/1986, 同著，Competition in Global Industries: A Conceptual Framework" in: Porter, M. E.（ed.）, *Competition in Global Industries*, Boston 1986（土岐他訳『グローバル企業の競争戦略』1989年），同著，*The Competitive Advantage of Nations*, New York 1990（土岐坤他訳『国の競争優位』，ダイヤモンド社，1992），同著，What is Strategy? in: *Harvard Business Review*, Nov.-Dec./1996, 他。

20 正にこの点への Potrer, M. E. の関心が、その著（特に *The Competitive Advantage of Nations*, 前掲訳書）の内容にも現れていると見ることが出来る。

21 Bartlett, C. A./Ghoshal, S., *Managing across Borders: The Transnational Solution*, Boston 1989（吉原英樹監訳『地球市場時代の企業戦略』日本経済新聞 1990年）。

22 Chandler, A. D. Jr., *Strategy and Stracture*, Washington, D. C. 1962（三菱経済研究所訳「経営戦略と組織」実業之日本社 1967）。

23 Hedlund, G./Rolander, D., Action in Hererarchies–New Approaches to Managing the MNC,

in: Bartlett, C. A. et al., *Managing the Global Firm*. London 1990. また，Hedlund, G., The Hypermodern MNC, —A Heterarchy?, in: *Human Resource Management*, 1/1986. Chandler, A. D. Jr. の理論が構築され発表された時期は，またその研究対象とされた現実の見られた時期は，まさしく Hymer, S. がそうした一方向的な連鎖での国境を越えた組織形成による多国籍企業の道徳的問題を見ていた時期でもあった。そして，Hymer, S. 自身も，その理論構築にあたって Chandler, A. D. Jr. の理論を参照し援用している。彼の「現代株式会社の分析は，もっぱら Chandler, A. D. Jr. に拠っている」のである。Hymer, S.,⋯the Law of Uneven Development, 前掲訳書．267頁，277頁以下，305頁．O'Connor, J., Introduction to: Hymer, S., *The Multinational Corporation: A Radical Approach: Papers*/by Stephen Herbert Hymer; ed. by Cohen, R. B. et al., p. 33, 42f.

24 Hedlund, G., Assumption of Hierarchy and Heterarchy, in: Ghoshal, S./Westney, D. E., *Organization Theory and the Multinational Corporation*, New York 1993, Hedlund, G./Kogut, B., Managing the MNCs: The End of the Missionary Era in: Hedlund, G. (ed.), *Organization of Transnational Corporations*. London/New York 1993.

25 Prahalad, C. K./Doz, Y. L., *The Multinational Mission: Balancing Local Demands and Global Mission*, New York 1987, p. 4ff., 90ff.

26 Tavis, L. A./Glade, W. P., Implications for Corporate Strategy, in: Tavis, L. A. (ed.), *Multinational Managers and Host Government Interactions*, Notre Dame 1988, p. 293f..

27 Bartlett, C. A./Ghoshal, S., 前掲訳書．「監訳者（吉原英樹）あとがき」参照。

28 Wood, E. M., A Reply to Sivanandan, A., Capitalism, Globalization, and Epochal Shifts: An Exchange in: *Monthly Review*, 2/1997. P. 28f..

29 Porter, M. E./Kramer, M. R., Strategy and Society: The Link Between Competitive Advantage and Corporate Social Responsibility," *Harvard Business Review*, Dec/2006. この点については，第8章の5.結で幾分詳しく検討する。

30 Freeman, R. E. and Gilbert, D. R. *Corporate Strategy and the Search for Ethics*, New York 1988 (笠原清志監訳「企業戦略と倫理の探究」文眞堂，1998年)，182頁。

31 Porter, M. E. にとっては，社会的環境が企業の主体的行為と全面的に相互関係にあるものでなく，基本的には別の制約的条件としての意味しかないかのようにとらえられている点は，日本語訳では「戦略の本質」と題された彼の論文の内容が，こうした点に何ら言及していないことも，一面においては彼の戦略論の限界と，――後に，特に第8章で論述するように――むしろ時代に対する逆行性，後退性すら示していると言えよう。以下参照。Porter, M. E., What is Strategy?, 前掲書 (「戦略の本質」『DIAMOND ハーバード・ビジネス』，1997年2/3月号)。

32 Hedlund, G., Assumption of Hierarchy and Heterarchy, 前掲書．p. 233.

33 Tavis, L. A., *Power and Responsibility. Multinational Managers and Developing Country*

Concerns, Notre Dame 1997.

34 このことは，伝統的な「社会的責任論」の説く，いわゆる「権力と責任の均衡」（balance of power and responsibility）の基本的脈絡とその問題点に通じるということである。第2章2参照。

35 Stopford, J. M./Wells, L. T., *Managing the Multinational Enterprise*, London 1972（山崎清訳『多国籍企業の組織と所有政策』1976 年）。

36 Sohn, J. H. D., Social Knowledge as a Control System: A Proposition and Evidence from the Japanese FDI Behavior, in: *Journal of International Business Studies*, 2/1994.

37 Deiser, R., 前掲書 p. 187.

38 この点については，Hedlund, G. も，Daiser, R. も共に欧州出身であることが関係しているようにも思える。彼等の思考の特徴の基本は，単に論理的なものだけではなく，例えば Franko, L. が欧州の多国籍企業について明らかにした組織的な特徴（Franko, L. G., 前掲書，拙著，西独多国籍企業論，森山書店 1984 年，237 頁以下）にも通じる伝統的な文化に根差しているようにも思える。また，本著での立場を超えて，その欧州的な発想の根本に立ち返って考察すれば，かつ，それが今後の現実の国際的な（力）関係の変化から，グローバルなパラダイムともなれば，文化相対主義の戦略的意味をめぐる論議も全く違った様相を見せるかもしれないが，その議論は，他の関連した諸要因の検討と共に別の機会に譲りたい。なお，その後，Hedlund, G. のモデルの発展形の研究等もある。本章で対象とする問題の基本的な変化までは至っていないと思われるが，他の研究も含め今後さらに検討が必要であろう。Zander, I./Mathews, J. A., Beyond Heterarchy; Emerging Futures of the Hypermodern MNC: paper presented at the DRUID Summer Conference 2006 on Knowledge, Innovation and Competitiveness, Copenhagen, June 2006.

39 Lorenzen, P., Philosophische Fundierungsprobleme einer Wirtscharts- und Unternehmensehtik, in: Steinmann, H./Löhr, A. (Hrsg.), *Unternehmensethik*, Stuttgart 1991, S. 67

40 Wood, E. M., 前掲書, p. 23.

第4章　企業倫理と企業戦略

1. 序

　前章での考察の結果，従来の国際経営論の研究の主要な流れにおいては，各国で相違する倫理性に関わる諸要素への関心が示され，それを意識した論理展開が試みられたとしても，そうした研究上の対応は，本質的には，グローバルな「支配」のための環境適応的な「諸要素の調整」の枠内で，プラグマティックに相対主義的な姿勢の下に模索されてきたに過ぎないと理解できる。

　しかしながら，既述のごとく，現代の多国籍企業は，各国の諸条件の相違への適応を必要としながらも，同時にそうした諸条件の相違を利用しつつ，自らに最適の行動環境を創造しようとする戦略によって，従来の各国家に独自に形成された社会的，政治経済的な枠組みや条件そのものを変化させる影響力を有しており，現実にそのような変化を招来しているのである。例えば，Porter, M. E. があらゆる社会経済的な諸要素を検討して詳細に論じた各国の競争上の優位性[1]も，もはやかつての Ricardo, D. が論じたような意味で，各国に固有の在来，既存の諸条件のみで決まるのではなく，それら国々の社会経済的な全ての諸要素，あるいは全ての諸要素に関わる諸条件を多国籍企業が如何に利用しようとし，如何に組み替え，またそのために如何に変革しようとするかによって決まるのである。──まさに現代は，「世界最強の国家である米国ですら，石油や軍需といった企業の利害によってその政策がかたち作られる[2]」時代で

もある——．この点からはまた，今後のグローバル化の一層の進展の中では，各国の競争優位性は，各国の社会経済的な諸要素が多国籍企業の組織に如何に組み込まれるかによって決定される傾向をますます強めていくであろうとも言える。Michalet, C.-A. は，これに関連して次のように述べている。「今日では，諸国は，もはや，過去にそうであったようには，投資家を選別したり統制したりする立場にはない。反対に，企業が，立地関連の比較優位を基礎に国を選ぶ。しかし，これらの比較優位は Ricardo, D. のパラダイムにおける意味の比較優位と混同されるべきでない。比較優位は，多国籍企業によって，自らの国際的な競争力の強化への貢献の可能性に従って評価されるのである。…ある領土を魅力的にする比較優位は，もはや天与の資質の結果ではない。ますます，比較優位は創造される。比較優位は，まず第1に，外資の子会社の活動と現地の企業との結びつきによって築き上げられる[3]。」そして，それぞれの当該国の社会経済的な諸政策も，それに迎合し，それを促進する内容を有するものとならざるを得ない傾向が強まるのである[4]。これによってまた，多国籍企業の行動の拡大は，その行動にとって好都合であるという意味において，諸国の諸政策を均一化させ，融合させる圧力を及ぼすことにより，一層のグローバル化に向けての変化を招来するのである。

　以上のような脈絡を理解すれば，つまり，多国籍企業が各国や各国間の関係に及ぼす多面的な影響の大きさを考慮すれば，多国籍企業の戦略について，基本的に各国での相違した環境への相対主義的な対応を中心に論じることには，また多国籍企業のグローバルに自由な活動を一律的に妥当とし，前提として論じることには，幾多の疑問が感じられるのである。

2．相対主義的な環境適応志向の克服

　既に第1章で見たように，Gehlen, A. は，我々が200年前ぐらいからの工業化の中で，「特定の地方には限られない世界産業文化（Weltindustriekultur）の初めにいる」として，現代の家族制度までも含めた全ての未曾有の社会的な変

化を，産業企業体制の発展から生み出される「放散物」と形容した[5]が，そのような変化は，現代の多国籍企業の拡大とグローバル化の中で加速度的に進展しつつあると言える。まさしく多国籍企業は，自らの行動によって自らの行動の枠組みと条件の変化にますます多大の影響を与えつつあることが一層明白になっている。このことが，現代における，とりわけグローバルな企業倫理への要請の高まりの本質的な底流となっていることは十分に理解できるところである。もはや，多国籍企業は，Smith, A. が企業について主に前提としたように，所与の国家的な枠組みの下に行動するだけでもなければ，既存の倫理観に支配されるだけの存在でも，単純にマクロ政策的に下位・従属の存在だけでもあり得ない。従って，多国籍企業がその時々や国々の社会経済状況にただ適応的にそれを利用することに腐心する限りは，自らの能力に見合った社会的な役割を果たしているとは，それ故また社会的に問題なく認められ得る行動を行っているとは言えない。企業が環境適応的に自由に行動することだけでその社会的役割を全うし，それによりいわゆる社会的責任を果たしていると語れるのは，あくまでも Smith, A. 的な自由主義経済の理念の妥当性が認められることを前提とするのである。しかしながら，この点の非妥当性は既に明らかにしたとおりである。

　かく考えれば，——現在の自由主義経済体制への全幅の帰依を表明し，企業の自由主義的な行動を徹底して支持することからも，企業の社会的責任を企業本来とされる経済活動を超えてさらに倫理的行為の遂行に結びつけることには与しないとされる——，Friedman, M. に代表的に見られる経済学的な自由主義信奉の立場のごとき見解[6]は，既述した現在のグローバル化の意味を捉えきれていないと言わざるを得ない。また捉えきれないだけではなく，そうした見解は，むしろ——特に経営学的な立場によって究明され得るであろう——グローバル化との関わりにおける企業と企業行動の本質を十分に認識し得ない，あるいは一面において見誤ることになるものであると言えよう[7]。逆に言えば，Friedman, M. の主張は，企業の倫理問題との関連でよく引用され参照されてきたのであるが，経済学的な伝統的発想の限界と，グローバル化の進展の意味

が今日ほど問われていなかった時代の精神的な限界を有しているとも言えよう。従って，現在では，彼のような発想を基準に企業倫理問題を，それもグローバルな企業倫理問題を論じることは，本質的な問題の解決を見過ごす，あるいは見誤る危険性すらあると言っても過言ではない。

　Friedman, M. の見解は，「企業の社会的責任論の基準策定の新規構想の爆発的増加」が見られる今21世紀のはじめにおいて，新たな「社会的責任論のための枠組み」を探ろうとする Horrigan, B. によっても検討され[8]，Cadbury, A. の見解が結論として引用されている。それは本著の主張にも適い，いくつかの問題点の提示が為されている。その問題点のひとつは，「企業と社会の相互関係を政治プロセスにまかせてしまっている」ということであり，もうひとつは，その相互関係が長期的には分離し得ない関係にあることを認識していないということである。まさに，「会社が将来を見据えるほど，経済的と社会的な目標の単純な分離を，両者のバランスを保ちながら行うことはますます困難になる[9]」と考えられるということでもある。

　倫理的な意味における企業の社会的責任の遂行を Friedman, M. が，本質的には現在の自由主義経済体制という（当然の正当性を有するとされる）マクロの条件の前提下の問題として，つまり，マクロとミクロという関係については，基本的にマクロからの一方向的な規定関係だけを前提として企業問題を論じているという面に限ってみれば，多国籍企業体制を批判して別の体制を提示しようとした Hymer, S. もまた，既述のことかも明らかなごとく，同様の経済学的な発想に囚われていたと言うこともできよう[10]。資本主義の自由な企業体制に対して，それに全面的に帰依する Friedman, M. と，同じ米国人でありながらマルクス経済学に寄与し異色の徹底的な批判を展開した Hymer, S. という2者が，その結論としての主張においても正反対であるにもかかわらす，同じ発想の土台と枠組みを持っていたことは，本著の後述との関連においても多くのことを考えさせてくれることである。

　既に見たごとく，Bartlett, C. A. と Ghoshal, S. も明らかにし，また主張もするように，現代の多国籍企業は各国の諸条件を勘案しながら，その諸要素を組

織することの意味と目的の重点をますます「革新」を生むことに置いているという点も，本章の考察にとって特に重要で本質的な意味を持つ。「革新」とは新機軸を生み従来の様々な企業行動の社会経済的な影響の枠組みを超え，新たな枠組みを創造していくことを意味する。それは，Gehlen, A. が言う，企業の「放散物」の内容と質をグローバルなレベルで変革していくことであり，前章で指摘した，現代における Smith, A. の前提の欠陥と無意味さを最も明瞭に際だたせる現象でもある。

　今や，企業の行動の社会経済的な影響力は，社会経済的な諸条件と枠組みを変革させる意味を持つことから，単に企業の環境適応的な行動の側面のみを中心に考察し，その範囲内での在り方や意味を検討するだけでは不十分で，それを超えて，企業が社会変革の在り方に対する役割と責任を自覚することの必要性を認識し，積極的に考察対象として研究する必要がある。この点は，企業自身に直接的にも重要な意味のあることは当然である。けだし，企業行動により招来される社会経済的な変革は，結局は企業自身の将来の行動にとっての新たな——制約的な意味と，また新しい可能性を開くという2つの意味を含めての——条件と枠組みになるからである。かくして企業は，その存続のためには，自らの社会経済的な存在の合理性を将来においても保つ必要がある。あるいは，少なくとも，絶えずそのことを意識しながら意思決定し行為する必要がある。

　しかしながら，将来の社会経済的な存在の合理性が如何に保たれるかについての予測を行うという，企業にとって死活に関わる問題の解決は極めて困難である。少なくとも如何に広範かつ緻密な「合理的思考」によっても，それが当該の個々の経営者の意思決定のみに基づく限り，問題の真の解決はあり得ない。何故なら，究極，社会経済的な合理性の根源的な基準たる倫理や道徳に関わる全ての人間の意識や考え自体が，企業行動によってもたらされる新たな「産業社会的生活水準」に即して変化もするからである[11]。

　かくして，グローバル化の急激な進展という未曾有の産業社会的生活水準の変化の中では，各国で相違する文化や価値観との交わりを伴いながら，ますま

す多様で複雑な国際社会の諸関連との関わりは，従来の専門経営者の知識や能力をはるかに超えつつあり，問題処理のためには，もはや全ての企業利害関係者たちとの相互理解や，そのための彼等の参加を仰がざるを得ない状況が出現しつつあると言える。つまりは，企業利害関係者との相互理解を機軸とした関係を構築し実践していくことが経営者の基本的な責任にもなっていると見ることができる[12]。一般的にも，現代の経営学においては，多様化し複雑化する現在の産業社会的生活水準の下で，企業の重要な存在条件のひとつとして，特にいわゆる「ステークホルダー」との良好な関係を形成することの重要性が強調されている。今や経営活動にとって，全ての利害関係者たちとの「ダイアローグ」(dialog) が基本に置かれるべきであるとか，「協業的」(collaborative)，「参加的」(participative)，「コミュニケーション的」(communicative)，「民主的」(democratic) といった姿勢が必要であり，一言で言えば，企業戦略自体が，単なる一方向的な「企業の戦略」(corporate strategy) から，利害関係者たちとの関係に留意する「相方向的な戦略」(interactive strategy) へと変換されることの重要性が説かれもしている[13]。これらのことは，現代の企業倫理の研究の興隆とも同じ脈絡の中あることでもあり，結局は，経営活動が，倫理的価値に基礎付けられたその時々の社会的価値との融合を積極的に図るべきことを意味している[14]。こうした方向へ向けての現代の経営活動の変革の重要性は，既述のことから，特に国際的なレベルで，象徴的かつ根源的な意味を持つに至っていると言えよう[15]。

　以上のような現代の経営変革の必要性への認識は，米国では現実の問題解決の模索と試行錯誤の中で，いわばプラグマティックに高まってきたと言えるが，ドイツでは，そのような認識が，哲学的考察に基づく，理論的に純化された形で，代表的には，いわゆる「対話倫理」(Dialogethik)，あるいは，「談話倫理」(Diskrusethik) の経営学への応用という形で体系的な研究を成立させたと見ることができる。その骨子は，既に第2章で見たように，経済合理性に対する「コミュニケーションに基づく合理性」の理念を企業行動基準として，企業に関係する者たちの徹底した対話的・談話的な理解によって，社会的な企業

行動の合理性，つまりは「真の合理性」を実現しようというものである。ここではその詳細な検討に立ち入らないが，彼等に代表される理論は，「哲学的」な考察から出発しながら，特に本章で対象とし論述してきた問題の脈絡からしても，プラグマティックな米国流の対応に比して，──つまり試行錯誤的な倫理問題への対応に対して当初から一定の明確な倫理原則を論拠づけ提示しているという意味では──，むしろ明解な「現実的」方向性を有しているとも言える[16]。またそれと共に，米国での諸問題への対応そのものの多様性に対して，諸問題への一貫した包括的な論理性も有しているとも言える。米国の学者であるReed, D. は，そうした「コミュニケーションに基づく倫理」の基本的な論理について，「ビジネス実践の影響の全範囲を検討せしめ，我々が正しいと推論できるものから離れてはビジネスを行うことを許さない」という意味で，それが米国での企業倫理研究の「現状に対して重大な挑戦を示している」と結論付けている[17]。

特にHabermas, J.の理論は，今日，米国のステークホルダー論にも少なからぬ影響を及ぼしており，それに依拠せんとする研究は「ステークホルダー関連の文献における2つの主要な最近のトレンド」のひとつともされ，その研究者たちは，もうひとつの研究のトレンドの「倫理的戦略論者」(Ethical Strategist) と並び「ハーバマス派」(Habermasian) と名付けられもしている[18]。

しかしながら，コミュニケーションに基づく倫理の経営学への，基本的にはそのまま，それだけの単なる応用の試みだけでは，問題の真の解決はあり得ないと思われる。何故なら，例えば，特に企業組織での実践的適用に腐心する代表的な理論家としてのSteinman, H./Löhr, A.の研究に対して，上記Reed, Dが批判的に述べるごとく，コミュニケーションに基づく倫理の発想は，本来，社会全体の合理性の在り方に関わるものであり，その中のひとつのサブ・システムとして理解される企業のレベルでのみのその適用は，社会の全システムの部分的な意味しか持たず，それだけでは真に意味あるものとはなり得ないと考えられるからである[19]。つまり，企業レベルでのコミュニケーションに基づく倫理たる，彼等の言う「対話倫理」が有効なものになるためには，先ず社会全

体のレベルでの「対話倫理」を確立する必要があり，それとの階層的な関係の中で有機的に実践される必要があると言えるのである。従って，企業レベルだけでの「対話倫理」の実践は，社会全体レベルでの「対話倫理」が確立されていない限り，つまりは，例えば米国のように徹底した経済合理性に基づく競争を前提とする自由主義信奉の考えと体制が支配するところでは，結局その下位レベルでの実践として，「経済合理性」の制約からは解放され得ないことになる。まさしく，Steinman, H./Löhr, A. の理論の場合は，「対話倫理」に基づき目差されるるべきであるとする企業倫理とは，「利潤原理のコンフリクト招来的な作用を企業活動の舵取りに際して制限するために，企業によって自己制約の目的のために義務的に発効させられる」」ものである[20]。つまり，本質的に，利潤原理はそれ自体が既にコンフリクト招来的であるとされ，企業倫理は，あくまでも企業行動の大前提としての利潤原理に制限的に対立すべき別のものとして捉えられ，現下の経済体制内での経済合理性追求の「自粛」としての意味と内容が与えられるに過ぎないのである。このように理解される企業倫理は，結局は，「経済合理性」の支配下での，サブ・システムとしての企業の内外，周辺部分の自制的な利害調整であり，その調整の最終的な解決は，社会全体のレベルでの「対話倫理」の確立を待たねばならないということになる。この問題点は，特にグローバル化の中においては，その社会全体のレベルが一層広がることによりさらに解決困難となる。この点は，Habermas, J. の論に依拠しても基本的に同様であることは，第7章に置いて詳述することになる。

　まさにこのことにより，上述の Reed, D. は，「対話倫理」の発想の重要性を認識する立場から，企業レベルでの対話に基づく民主的で参加的な実践手順よりも，企業倫理を全社会的な「対話倫理」の枠組みに下属的に組み込むような方向を提案するのである。この発想と論理は，企業が属するマクロの枠組みとその意味内容を第一に考え，企業をそれに条件付けられた存在と見る点では，自由主義経済体制における企業の意識的な倫理的行為追求の必要無しとした上述の Friedman, M. の論理と主張に同様であり，既述の，マクロ的枠組みによって多国籍企業の「道徳的でない」行為の問題を解決せんとした Hymer,

S. の考え方にも通じるものである。しかしながら，そのような論理展開の問題点は，現代の企業行動の社会経済的な影響力との関連で既に批判した通りである。

　こうした問題を回避し，企業の倫理実践の確立への道を進むためには，再度，現代のグローバル化の中の企業の役割を十分に確認することから論を展開する必要があると思われる。つまり，現代の多国籍企業は，国家という「上位の合理性」を達成すべきシステムの「サブ・システム」としての存在であったはずの企業が，その上位の領域から出たが故に生成，発展し，それを通じて上位システムの内外，上位システム相互間に様々な問題をもたらし，またその上位システムをも変化させる影響力を有しており，もはや単なるサブ・システムとしてだけ理解できる存在ではなくなっているのである。現代のグローバル化の時代では，現実の社会変化の原動力という点では，両者の関係は逆転しているとすら言うこともできよう。このことからは，むしろ多国籍企業が，上位システムのごとく真の合理性を創造する可能性も，能力も，妥当性もあり，同時にそれを通じて，自らの社会経済的にまさしく合理的にして最適な存続や発展を達成する道を開くこともできると，あるいはその可能性を有していると考えられるのである。つまりは，多国籍企業にとっては，自らが，その自発的な行為によって，単なる経済合理性や環境適応的な企業倫理を超えて，両者の融合を実現することの可能性も，そして必要性も生じていると言える。逆に言えば，多国籍企業が現下の体制内で環境適応的に行動するだけであれば，それは，場合によって「無責任である」とか「倫理観がない」とか言えるか否かといったことだけの問題ではなく，むしろ「自己矛盾的で自己否定的」なことでもあると言わざるを得ない。あるいは，それは，むしろ企業の真に革新的で創造的な，いわば本来的な意味での「自由」を自ら放棄する行為であると言っても過言ではないであろう。

　従って，このような認識を欠き，このような明確な認識の上に立脚しない戦略論は，まさしく既に少しふれた Porter, M. E. の戦略論にも見られるように，後に第8章で述べるその主張と内容の「若干の修正」にも拘わらず，本質的に

は，単なる環境適応的な立地論や，あるいは製品ポートフォリオ論，また管理に関わる意思決定論の域を出ないものでしかあり得ないといっても過言ではない[21]。そのような戦略論は，結局は，経済合理性を第一義とする，Smith, A. 的な自由主義経済の理念に基づく，グローバルな市場やそこでの競争の従来の在り方をただ無批判的に受け入れ，対応すべき当然の前提としてきたとの結果にほかならない。

この意味では，従来一般的であった戦略論は，基本的には市場と競争への適応を至上とするという意味での市場主義と競争主義[22]に囚われているのであり，その結果，単なる経済合理性を超えた全社会的状況を包摂する環境条件に対しては，本質的に相対主義的な環境適応思考の枠に留まらざるを得なかったと言えるのである[23]。——あるいは，結果的に，自らをそのような枠に押し込め，その枠内で一定の予見性を確保し，かつ自らの正当化を維持しようと腐心してきたと見ることもできよう——。

従って，逆に言えば，今や，経済合理性に制約された環境適応思考の枠を超え一層本質的に全社会的状況に適合し，まさしく企業の存在のための真の社会合理性を得ようとするならば，従来の市場主義と競争主義の枠を越える道が模索されねばならない。つまりは，市場主義と競争主義の超克が試みられねばならない[24]。

3. 市場主義・競争主義の超克

Boddewyn, J. J. は，企業行動における，「経済合理的」側面に対する「政治的」側面の重要性を指摘しながら，とりわけ多国籍企業にとっての国内と国外の活動の様々な差異は根本的に政治的事柄であると指摘し，この点との一層明示的で徹底した取り組みが，多国籍企業についての一層適切な新しい理論とパラダイムをもたらすことに必要であろうとした[25]。そのための研究は当然に学際的な方向に進まざるを得ないものである。そして，彼は，そのような学際的研究は，非市場的環境 (non-market environment) や非市場的目標 (non-market targets) といった「非経済的な変数の役割を新古典派経済学における理論的例外や統計的誤差を説明することに引き下げるのではなく，多国籍企業の分析を，純粋に『経済的』から一層『政治経済的』な，そして正に『社会文化的』な枠組みまでへと高めるために必要である」と述べた[26]。

この主張はそれ自体評価すべきであり，そうした「社会文化的」な研究が今や重要な意味を持っていると言えるのである[27]が，同時に認識されておくべきことは，企業の存在自体の認識が，第一義的に経済合理的な枠組みにおいて為され，その後に社会文化的な一層広い枠組みの中で為されるべき，あるいは為され得るということではないということである。つまり，――これは既に第2章において，制度の理論として詳しく論じたところで，若干繰り返しになるが――，制度としての企業は本来，人間の道徳性も含む全感情，従って価値やそれに関わる全人的な観念や行為から切り放されて，経済的に合理的で合目的な行為や計画によってのみ創り出されたものではなく，それは，何世代にもわたる全人的な試行錯誤の行為の結果であり，その合目的性，ましてや経済的な合目的性は最初から意識されたものではなく，その成立にとって合目的性そのものがむしろ二義的なものであった。――そもそもまた，高岡の文化の発展や進歩の現象についての表現を借りれば，「合目的的成長は人間の歴史的発展ではない[28]」のである――。企業は，「繰り返された人間行為の結果としての制度として存在するのであり，人間の計画の成就として存在するのではない」のであり，企業もその規則体系も「経済性原理の遵守による人間の計画として見られるのではない[29]」のである。企業も含めてそもそも制度とは，人間自らの行為と意識の中で同時的に構成する環境世界及びそれに融合し調和する有機的な関係である。ただしかし，制度は，一旦生成し，「中立的で，かつ客観的な『生活現象』として見られるようになると，目的論的な思考形態が現れ，その『給付』への問いが起こる」のである。つまり，制度が目的的な行為から作られたと見られ，目的性から理解され，それが何に有用かと用具的に問われることになる[30]。この意味において，企業は，その発展につれ，物質的な生産組織，経営体としての経済的に合理的，合目的な部分だけが強調され，その部分

の「純化」が行われることになったと言える。それと共に企業の環境としての市場や競争の内容・関係も、あるいはそもそも企業にとっての市場や競争といったことが、企業のそうした在り方との相互関係で形成されていくことになったと理解できる。

　つまりは、企業の在り方は本来、その構成員としての人間が環境を如何に認識するか、如何なる環境世界を意識の中に構成しているかに拠っているのであり、その意味で、企業にとっての重要な市場や競争という環境も、企業自らが創り出し意味付けしてる世界の像であり、一定の時代や地域に限られた意識の産物であり、そうした意識に基づく行為の結果であると言える。組織と環境はそれぞれ一方が主体で一方が客体といった関係にはなく、環境は組織によって認識され、意味付けられ、組織構成員の合意としての主観的な意識の中で構成されるものであり、いわば環境もそれに対する組織の行動も、本来は融合的で一体的・不可分の関係にあるものと考えられる。結局は、環境自体が組織の在り方の反映であり、投影であり、結果でもあると言えるのである[31]。従って、「経済秩序の倫理的な原則により個々の実質的な企業倫理には限界が与えられている」ことは、少なくともある時点においては否定できないまでも[32]、「企業倫理を要請するということは——少なくとも暗黙的には——（同時に）支配的な経済倫理への批判を内包している[33]」とも言い得るのであり、——それ故、例えば、米国での近年の企業倫理の研究の興隆は、米国の経済秩序たる徹底した市場主義や競争主義の支配の問題性に対応し、その批判を含意していると言えるのであり——、そのような状況に対して企業は、長期的かつ未来に向けては創造的な変革もたらし得ると理解できるはずである。つまりは、企業は、一面において、その環境たる市場・競争関係について、単に自らに制約的であるとして、それを一方的に自らの行動の不可避性の理由付けや弁解に利用し、また自らの行動にとっての不可抗力性を主張するだけでは許されず、逆に、その関係の在り方そのものに関わり、結果的に一定の責任を有していると言わざるを得ない[34]。

　いずれにせよ、企業を、経済合理性を第一義にして、そこから出発して分

析，理解し，それを基礎にして組織し，その行動計画をたてることは，本質的には本末転倒であるとも言え，この点からも，とりわけ多国籍企業の研究について，非市場的環境や非市場的目標の重要性に着目して，「社会文化的」な枠組みによる研究を提唱する上述の Boddewyn, J. J. の主張の意義が認められるのである。あるいは，一般的にも「企業の目的は何か」とまで問われるに至っている現在の状況下においては，彼のような主張が為されることはまた，至極当然のことでもあると言えよう。

以上の脈絡を突き詰めて言えば，前節での論述にも依拠し，企業は，社会的な合理性を達成すべく，そしてそれを通じて未来に向けた「持続的成功」(sustainable success) を実現するために，経済合理性だけに囚われることのない，新たな自らの環境と行動原理を構築していくことが必要であり，可能でもあり，またある意味で必然的でもあり，そして何よりもそれを為す責任もあると言わねばならない。かく考えれば，今や，経済合理性を第一義とした従来の市場主義や競争主義に囚われた意識からは明確に決別する意志が必要であるとも結論付けられ得る[35]。

そのような意志は，後の節でも詳述するように，企業にとって「真の自由」とも言うべきものを獲得することを可能にする意味も認められ得る点に注目せねばならない。逆に言えば，そのような意志を持たない経営行動は企業に真の自由をもたらすことはない。何故なら，既述したごとく，企業が達成すべき社会合理性という本来の全人的な人間性に適合した合理性を獲得せんとする行為に対して，社会文化性の部分的意味しか持たない経済合理性を支配的な基準とする行為は，人間社会の生活の一面にのみ関わる限定された行為でしかなく，その範囲と枠の中だけに限られた行為は，全人的な能力の発露の可能性に基づく行為ではないが故に真の自由とは言えないからである。市場主義と競争主義の下に企業が自由であるというのは，経済合理性によって枠付けられた「市場の中で」「競争する」ことの自由に過ぎない。企業のみならず一般の人々も，例えば消費者として，そのような枠の中での——限られた一定の価値の——選択の自由を与えられているだけであって，市場や競争の対象とはならない社会

文化的な特性やそれに基づく自由は無視され排除される。しかしながら、そのような「与えられた」選択の自由に従っている限り、企業も人もある種の安寧を得る面のあることも事実である。広く社会も含めて他者に対して、そしてまた自然（地球環境）に対して全人的な関係を断ち、自らを閉ざしながら、経済合理性を第一義とする一定の単純な相互関係の基準に従い行動する限りは、そしてそのような生き方に支配され服従している限りは、それがいっそう多くの「富」をもたらしてくれる限り、あるいはその可能性がある限り、ある種の安楽さと快適性に浸ることができるとも言えるのである[36]。

　真の選択の自由もなければ、ただ一律にそのように枠付けられた行為可能性と限定された安楽さや快適性の中に浸るだけと言うことは、市場主義と競争主義が一種の全体主義として存在し作用していると表現することもできよう。それもグローバル化の名の下に世界的な広がりをもって支配しつつある全体主義である。藤田は、そのような体制を「市場経済への全体主義」と形容し、それは全体主義としては平和的相貌を見せながらも現代の世界を被い構造的に支配し変化させつつ進展している旨指摘した[37]。本章で既述の論理に従えば、そのような全体主義とは、企業が一方の主体となって強め広げながら企業自身の自由をも束縛し呪縛する全体主義とも形容できよう。

　このような全体主義的状況に身を任せる中では、例えば代表的には Hamel, G./Prahalad, C. K. の戦略論に見られるように、「未来のための競争」（'Competing for the Future'）と題され、「未来のため」の競争について考察されるとしても、企業の徹底した自己利益のために全産業の未来の問題は詳細に検討されながらも、本来それと不可分一体であるはずの全社会の「未来のため」については何も語られず、ふれられることもないのである。そこでは、全社会の「未来のため」の観点と意識は欠落している[38]。

　同様の状況は、経営組織構成員の全人的な関わりを基本におき人間的な知性や創造性をも生かすとされる企業文化論や、その基本的な諸要素に関連した一連の、とりわけ革新機能・能力を中心に据えた戦略論的な思想においても見られる。そこでも、大抵は、単に人間の知性や精神を、市場・競争至上の前提の

下に,「経営効率」や「企業成長」といった点からのみ捉え利用しようとしているに過ぎず,本質的には旧態然たるプラグマティズムや単なる経営技術論の域から出るものではない。如何に人間が全人的に取り扱われ戦略に創造的に関わらされているかに見えても,それは,企業内での一種の「場の操作」の対象として管理の手段とされているに過ぎず,あるいは,むしろ場の操作に重点を移した管理強化ともなり得るのであり,哲学者 Kant, I の定言的命令〈「…(他人を)…けっして単に手段としてのみ取り扱わないように行為せよ」〉には本質的に適うものではない[39]。あくまでも市場・競争主義の中での,このような形態での経営への人間の全人的な関与のさせ方は,本質的には人間を全人的に企業経営資源・生産要素と捉え,結果的に人間をその全生活関連を含めて企業戦略に利用するものであり,Krell, G. が企業文化論等の流れの中にある一連の人事戦略について語る,人類の歴史的流れに反する人間性についての「反啓蒙的で反解放的な企図」(anti-aufklärerisches und anti-emanzipatorisches Projekt)[40] にも当たると言えよう。従ってまた,市場主義や競争主義をそのままにして全人的な関与による企業戦略を促進せんとすることは,人間の知性や創造性の重要性を認識しながらも,人間を全人的に市場競争に向けて生産プロセス化し,結果的には単に非人間的な精神労働を強いたり,市場と競争の中で人間の知性を疲弊させる危険を有するだけでなく,——またまさにそれも通じて——,何よりも既述の社会合理的な脈絡のあるべき方向にに対しては一致せぬばかりか,かえって逆の作用を及ぼす無視できない重大な危険性をも孕んでいる[41]。

　本来競争の舞台となる市場は,全ての行為主体の置かれている個人的,具体的な状況の主観的理解の脈絡・関係には束縛されずに取引が行われるところ,つまりその意味で「コンテキスト・フリー」の思考様式が支配するところである[42]。この点において,市場はもともと,行為主体の自由を尊重するということ以外の倫理的価値は評価しないところであり,具体的に人間的な倫理は排除されるからこそ機能し成立しているとも言える。しかしながら,既述のことから明らかなごとく,本来は,市場も含めた経済プロセス全体も社会との統合的な関係の中において,社会合理性の枠の中で見る必要がある。にもかかわら

ず，現在は，あたかも全体主義的に，市場とそこでの競争を企業にとっての全てのように受け入れている面があり，そのことがまた，よく指摘され問題にされる「行過ぎた競争」(excess competition)の様々な，経済的，社会的な多くの問題をもたらす[43]ことにもつながっている。そして一般的にも，「競争の最大の弱点のひとつは，今日の世界において，社会正義，経済的効率，自然環境持続性，政治的民主性，そして文化的な多様性を調和させ得ないことである。明らかに，我々は，もっと効果的で信頼できる別の選択を見つけねばならない[44]」とまで述べられもするのである。

一般的に支配的な経済学的思想は，Buarque, C. も指摘するごとく，古今東西，食人俗であれ奴隷制であれ何であれ，「もっぱら〈支配的なイデオロギーの保護の下に〉経済主体の行動を正当化する」役割を有していたのであり，基本的に今日までその事態に変化はなく，Smith, A. 以来「科学性」は得たというものの，依然として，「経済の科学は，経済主体の行動を正当化する道具として奉仕し続けている」とも言えるのである。ただ，Smith, A. 以来の自由市場を中心とする「新しい」経済合理性の考えは，それ以前の経済学的発想と違い，市場を根本原則とし，その「観点は，倫理が不在というかたちで組み込まれる枠組みの中で表現されるようになった」のである。——それ故，経済学においても，「そのまさに本質の部分として倫理が，骨と血として組み込まれねばならない」とも主張される——[45]

経済学的な議論そのものは別におくとして，企業，そして経営学の立場からすれば，既述のごとく今や，企業自らの「持続的成功」のための社会合理性達成のために，上述のごとく問題となる従来の市場主義や競争主義に囚われない新たな行動原理を構築していく必要性も可能性も，また必然性も責任もあると言えるのであるが，その実現のためには，企業自らが，自らの市場・競争主義的な行動と市場主義的全体主義とも言うべき社会の全体的状況の，いわば悪循環を断ち切る方向を模索すべきであると言えよう。つまり，企業自身，自らの社会合理的な意味・在り方を模索し明確にしながら，そのことと一体的に戦略を策定していかねばならないと言えよう。そのことは，当然，企業自身の絶え

間ない自己変革とも一体的なものとして進展することでもある。

　企業の「戦略の本質」とは，本来このような枠組みの中において理解されるべきものであって，Porter, M. E. のように，まさに本質的には，単に市場・競争主義的な発想から，競争の中での企業のポジショニングやそのトレードオフの遂行のレベルだけで論じるべきこと[46]でもなければ，マクロの社会文化的な，あるいは特に地球環境問題について問題となるように政治的な環境条件を基本的には所与のものとして，それを「グローバルに」最大限に「利用しながら」「競争に勝ち抜くため」の意識のレベルでのみ論じる[47]べきものでもないのである。戦略論をそのような枠組みのレベルで捉えることに終始することは，――それがいかに「『競争』戦略論』」と銘打たれていようと，あるいはむしろ，一面において，そうであればなお一層――，本質的に，まさしく「グローバル化の時代」における逆行性，後進性すら示していると言っても過言ではないであろう。前章でも述べたごとく，Freeman, R. E. と Gilbert, D. R. が，企業倫理論の立場から，Potrer, M. E. の理論が，その他の同類の戦略理論と共に，「社会的文脈の重要度が顧みられることは無い」と批判したが，その基本的な意味は，ここでの議論にも通じるところである。――近年，Potrer, M. E. は，「企業の社会的責任」への配慮を強調し，企業の社会性重視，社会環境対応的ともいえる戦略論の展開を試みているが，本書の主張との関連での問題の本質に変化のないことは後の第8章で述べる――。むしろ，Porter, M. E. の言う（基本的には相対主義的な環境適応思考で構築されると理解される）価値連鎖が，あくまでも社会合理的な観点の下に，企業の主体的な意志と思考によって，再評価され創造的に再構築されるよう変革されていく必要があるとも表現され得るであろう。

4. 結

　以上のような脈絡において必要とされる変革とは，本著の既述の論理からして，究極的には，社会合理性を達成するものであらねばならぬことは当然，企

業自身の組織的のみならず制度的変革をも視野に入れた変革であらねばならない。そして，その変革は，意思決定過程そのものの変革にも関わり，従来の戦略論とは違って（真の意味で）社会民主的な，また経営民主的な方向性を有したものとならねばならないであろう[48]。そしてその変革はまた，企業自身の立場から，そもそも競争ということの社会合理的な本来の意味を問う作業でもあろう。社会合理的な観点からは，一般に語られる「競争」ということ自体極めて「あいまいな命題[49]」であり，新たな戦略論，あるいは戦略論そのものの変革のためには，先ずその社会的に明確な「意味」が問われねばならないのである。

まさしく Gilbert, D. が指摘するように，（大学といった教育機関で），戦略論の「教育」において，「教育的な」明確な競争概念が欠如しているのであり，その中で，現行の競争概念は，——なんとしても勝つということが中心に考えられる競争至上の発想に拠ることから——，「反教育的」であるが故に「反社会的」とも理解でき得るということ[50]が，如実に，現状の戦略論の限界と欠陥を物語っていると言えるのではないだろうか。また，Moore, J.F. が，生態系のメタファーから，企業が自らを全自然・全社会体系の中に，環境調和的に最適に位置づけることを，単に「競争に勝つ」ことに替わる，戦略の新たな中心的パラダイムとすべきであるとして，競争の終焉（「競争の死」—'The Death of Competition'）について語っている[51]ことも意味深い。

今や，まさに，企業の社会的責任論においては，古くからの伝統的な社会的責任を CSR1（Corporate Social Responsibility）とすれば，社会の問題や要求に「感応的」な社会的責任を CSR2（Corporate Social Responsiveness）とし，社会との関係の改善のための規範に本質的に関わる「廉直さ」を備える責任を CSR3（Corporate Social Rectitude）とする発展を経てその線上に，企業中心の発想から離れて，「自然，科学，宗教」まで，つまり人間の生活関連の総体までを考慮，尊重する責任としての CSR4（cosmos, science, religion）についてまで論じられているのである[52]。

いずれにせよ，市場主義と競争主義の超克のためには，市場と競争の呪縛か

ら解放されるように，企業の持続的成功のための，別の新たなパラダイムによる，よりよい生存のための「未来への確信」を醸成していくことが，その道を探求していくことが最重要な課題となるであろう。

　そのような課題を果たすべく企業が機能していくためには，企業組織全体にみなぎる新たな変革に向けての意思や思考，行動が最善の効力を発揮することが必要な条件となろう。それには，そのような条件に見合った企業文化が創造され形成されていくことが必須となる。この点について考察することが次の章の課題である。

注

1　Porter, M. E., *Competitive Advantage of Nations*, 前掲書。
2　Mingers, J., Ethics for Business: The Contribution of Discourse Ethics and Critical Realism, in: *International Association for Critical Realism*, 11–13 July/2008., p. 2.
3　Michalet, C.-A., Transnational Corporation and the Changing International Economic System, in: *Transnational Corporations*, Feb/1994, p. 19.
4　このような状況を指摘して，例えばDunning, J. H. のように，多国籍企業による経済発展への貢献を新たに楽観的に語る立場がある（Dunning, J. H., Re-Evaluating the Benefits of Foreign Direct Investment, in: *Transnational Corporation*, Feb./1994）。同時にまた，Stopford, J. のように，このような状況下で，一面においては，国家役割は小さくなったのではなく，むしろ多国籍企業による発展への貢献活動を促進し，その関係での利点を極大化する役割ができたとみる立場もある（Stopford, J., The Growing Interdependence between Transnational Corporations and Governments, in: *Transnational Corporations*, Feb./1994）。いずれにせよ，こうした状況の結果が，〈確たる社会合理的な理念に基づく計画によらないとも批判される〉，例えばNAFTA等に見られるような国家間の融合的関係の形成にもつながり，さらに国家間の相互の直接投資の一層の拡大にも循環的につながっていると見ることもできる。
5　Gehlen, A., Anthroplogische Forschung, 前掲書, S. 285.
6　Friedman, M., The Social Responsibility of Business is to Increase Its Profits, in: *The New York Times Magazine*, 13/Sep. 1970.（同論文，in: Beauchamp, T./Bowie, E.（ed.）, Ethical Theory and Business, 5 th. ed., Upper Saddle R. 1993,「ビジネスの社会的責任とはその利潤を増やすことである」，加藤尚武監訳『倫理的原理と企業の社会的責任』, 晃洋書房, 2005年所収）。

7 これに関連して，後にふれるところであるが，以下の点が注意されておくべきである。彼に代表される主張は，一見したところ，企業倫理の研究と振興を標榜する最近の米国における大きな流れに対峙し，それと正反対の立場に立つかのごとき感が与えられ，そのように多く語られながらも，実は，企業の自由な行動を「基本的には」徹底して認めることから出発する米国の企業倫理の主張の流れに，両者とも米国に伝統的な自由主義信奉の精神に根差しているという意味で，本質的な部分では一致していると言える。(これに関連して第8章，補論参照)。つまり，少なくとも「経済合理的」には，企業倫理に対する見方の違いにも関わらず——例えば Shaw, W. によるそうした主な見解の概観参照 (Shaw, W., *Business Ethics*, Belmont 1991, p. 167ff.)——，あるいはむしろ「経済合理的」に企業の自由な行動を徹底的に可能にするという意味では，結局，異口同音に現下の企業の自由主義的行動を肯定していると言える。

8 Horrigan, B., *Corporate Social Responsibility in the 21st Century: Debates, Models and Practices Across Government, Law and Business*, Cheltenham 2010, Preface, p. 91ff..

9 Cadbury, A., *Corporate Governance and Chairmanship: A Personal View*, Oxford 2002, cit. in: Horrigan, B., 前掲書．Friedman, M. の主張は，経営学的でない思考の限界と共に，また敢えて言えば，それが故に，諸関係についての静態的な理解の仕方を基礎にしており，動態的な，かつ長期的な視点に欠けるとも言える。これに関連して，注13も参照。

10 あるいは，注7で述べた，自由主義信奉に関わる同じ米国的な発想に囚われていたと言えるかも知れない。つまり，Hymer, S. は，米国の自由主義信奉の精神の強大さへの強い問題意識から，勢いそれに一方的に反する方向へ進まざるを得なかったと見ることもできる。

11 Gehlen, A., *Anthropologische Forschung*, 前掲書．S. 127f.，前掲訳書，275頁以下。

12 Wykle, L., Social Responsibilities of Corporate Manager in an International Context, in: *Journal of Management Development*, 4/1992.

13 例えば，Normann, R./Ramirez, R., *Designing Interactive Strategy: From Value Chain to Value Constellation*, Chichester 1998. これについては，前章で見た以下論文も参照。Deiser, R., 前掲書。

14 後述との関係で，これと同様の変化の流れは，経済学の分野においても共通的に見られると言える。例えば，Kapur, B. K. は厳密な経済合理性に支配された従来の経済学的思考に対する代替としての，自己利益だけに基づかない，関係者間の相互尊重に基づく「コミュニケーションに基づく倫理」を基礎とする経済学の展開を主張し (Kapur, B. K., *Communitarian Ethics and Economics*, Alershot 1995)．Nankivell, O. は，経済モデルの成功は，究極，産業社会の変革の中で，経済合理性に対して自らの価値を守ろうと抵抗する諸制度への，人間的な倫理的価値に合致した円滑な適合に依存する点を強調している (Nankivell, O., *Economics, Society and Values*, Aldershot 1995)。

15 宮坂も，まさしく米国での企業倫理の系譜に関する研究の結論的な考察で，企業を，「完全なオープン・システムにすることが，要求される」としている（宮坂純一，前掲書，247頁）。これは結局はまた，後述のドイツにおける主要な流れである「談話倫理」や「対話倫理」等による企業倫理と戦略の基本とされる[「開かれた企業体制」(Offene Unternehmensverfassung) や，「擬似公的制度としての大企業」(Großunternehmung als quasi-öffentliche Institution)「理想的で開かれたコミュニケーション共同体」(Ideale offene Kommunikationsgemeinschaft) (Rusche, T., 前掲書, S. 91) といった理念に基本的には一致すると言えよう。Vgl. Ulrich, P., *Die Großunternehmung als quasi-öffentliche Institution: eine Politische Theorie der Unternehmung*, Stuttgart 1977., Rusche, T., 前掲書, S. 91.

16 その「現実性」を強調するものとして以下参照。Reed, D., Stakeholder Management Theory: A Critical Theory Perspective, in: *Business Ethics Quarterly*, 3/1999, p. 453ff. とは言え，この論文においても，その抽象性もあって，実践的な応用の面への展開までは語られない。また特にグローバルな問題に対する基本理念において問題無しとしない点については，第7章で検討する。

17 Reed, D., Towards a Discourse Ethics Approach to Business Ethics, Paper submitted to the World Congress of Business, Economics and Ethics, Jul 25-28, 1996, Tokyo, Japan. 1996.

18 Noland, J./Phillips, R., Stakeholder Engagement, Discourse Ethics and Strategic Management, in: *International Journal of Management Review*, 1/2010, p. 39ff. この場合，「倫理的戦略論者」とは，「倫理が戦略の本質的な (essential) 要素」だとする Freeman, R. E. 等の論者を指すが，詳細は同論文参照。ただ，その基本において，倫理と戦略の真の統合・融合という点では，米国的なパラダイムに囚われており理念的にも実践的にも達成できるものではないであろう。この点については，特に第8章で詳述することになる。

19 Reed, D., Towards a Discourse Ethics Approach…, 前掲書，p. 3f.

20 Steinman, H./Löhr, A., Unternehmensethik, 前掲書, S. 10.

21 これに関連して，第3章3-5，及び同注31参照。また第8章4結参照。

22 つまり，ここで言う「市場主義」と「競争主義」とは，まさしく倫理的問題をもたらす現下の（後述からも明らかになるように，企業の自己の投影でもあると言える）市場と競争の是認であり，それを前提として行動し，戦略を策定する姿勢である。ここで問題とされる市場と競争の具体的な内容については，西岡が詳しく論じている（西岡健夫『市場・組織と経営倫理』，文眞堂，1996年）。また以下参照。Kohn, A., *No Contest: The Case against Competition*, Boston 1992（山本・真水訳『競争社会を超えて』，法政大学出版局，1994年），訳書，特に150頁以下参照。

23 Hyme, S. による既述の「反多国籍企業」の主張も，一面においては，このような思考の

枠に囚われていたと見ることができる。つまり彼は，経済合理性追求に囚われた多国籍企業の行動を現体制下では致し方のないこととし，グローバル化とは反対に，対外直接投資を認めない「反多国籍企業」の体制を提案したのであり，それにより各国，各地域の既存の全社会的条件を，それ自体の正当性の問題にはふれず，一方的に（差し当たっては，また不問にし）妥当とし温存することの正当性を支持したことになる。このことは，多国籍企業による現地適応的行動という自己の「修正」による行動の正当化という口実を与えることでもある。しかし，このことの問題は，例えば，企業の社会市民性との関連で，「極端な例えであるが」として第1章において引用した，AEG-Telefunken 社について研究した Hautsch, G. の指摘で明らかである。第1章注48参照。

24 環境適応思考は，文化・社会に対する相対主義的な捉え方を基礎にするのであり，この相対主義の克服も，市場・競争主義の超克と同時に組み合わせ，融合させてこそ為され得るということでもある。従って，多国籍企業の企業倫理についてよく述べられる，例えば，人権に関わる普遍的原理を拠り所にしようとする「相対主義から普遍主義へ」（普遍主義への重点移行）の主張も，それだけを中心とする限り，経済合理性と倫理性の矛盾した緊張関係からの真の解放はなし得ないばかりか，具体的レベルでは，やはり相対主義の制約を超え得ず，場合によっては，一種の「倫理帝国主義」（Ethical Imperialism）の可能性も否定し得ない。この点では，詳細は別に譲るが，例えば特に経営学の基本に立脚すると思えない Donaldson, T. らの哲学者的な倫理（Donaldson, T., *The Ethics of International Business*, 前掲書），（また特に Donaldson, T./Dunfee, T., Toward a Unified Conception of Business Ethics: Integrative Social Contract Theory" in: *Academy of Management Review*. 2/1994）には一定の克服しがたい限界があるように思える。

25 Boddewyn, J. J., Political Aspects of MNE Theory, in: *Journal of International Business Studies*, Fall/1988）彼の主張は，それ自体は主に政治経済学を中心とした諸学科の総合的援用による Dunning, J. H. の「国際生産の折衷理論」（eclectic theory of international production）の拡張の試みに過ぎない面はあるものの，基本的な方法論として，経営過程を（社会的要因をどのように考慮するとしても），市場的諸成果を最終的な尺度とすることを超えた枠組みの中に位置づけようとした点で評価できる。

26 Boddewyn, J. J., 前掲書，358f.

27 この点は，経済学においても「市場を社会との関わりでとらえることを要請されてきている」（杉浦克己・高橋洋児編著『市場社会論の構想——思想，理論，実態』，社会評論社，1995年，3頁）という流れが見られることに一致すると言ってよいであろう。

28 高山岩男『哲学的人間学』，玉川大学出版部，1971年，146頁。

29 第2章注23，及びそれに関する本文参照。

30 Gehlen, A., Der Mensch, 前掲書，S. 391ff..

31 この点は別の側面から見れば，まさしく西岡が経営倫理の問題を解決する重要な鍵とし

て注目，展開する，物事に意味付けする人間，ホモシンボリカスとしての存在に関連した論述（西岡健夫，前掲書，特に 206 頁以下，232 頁以下）に一致する。この点の強調は，真に企業倫理の本質の解明に関わるものとして参照されたい。

32 ここで言う「環境」は企業倫理にとっての体制的な環境であり，従来の純粋な経営戦略的，かつ体制内的な視点からは，当然，その要素としての「環境」は，制約的なものだけでなく，偶然的，可変的なものに分類され得る。Thompson, J. D., *Organization in Action*, New York 1967（高宮晋監訳『オルガニゼーション・イン・アクション』，同文舘，1987 年）。

33 Gerum, E., *Neoinstitutionalismus*…, 前掲書，S. 150.

34 市場・競争関係ついて論じるには，社会的な観点から見て市場・競争が本質的に持つと思われる欠陥，限界，問題性そのもの，及びそれとの関連ついても考察すべきである。これに関しては例えば特に以下が示唆に富むが，ここでは紙幅の関係上，その検討は別の機会に譲りたい。Perelman, M., *The End of Economics.*, New York 1996. ただ，ここで付言しておくべきことは，一般的に経営学において「市場の超克（あるいは克服）」が問題になる場合は，また，そのために，例えば，第 2 章でもふれた Weick, K. E. 等の社会心理学的な理論が応用される場合でも，個別企業の戦略としての自分たちの「意味づけ」(sensemaking) だけに終わり，その内実は，実体として，また結果として，あるべき社会関係からは遊離し，基本的に経済合理性に偏し，本来の倫理性とは論理的にも無関係な場合が多い。

35 本章とは異なった視点からの出発であるが，鈴木も特に経営者の役割を中心に同様の指摘をしている（鈴木辰治，『企業倫理・文化と経営政策―社会的責任遂行の方法』，文眞堂，1996 年，87 頁以下）。ただ，この点に関連した経営者，あるいはそのリーダーシップの役割そのものについては，Alvesson, M. の考察（彼の一連の著作，例えば同，*Communication, Power and Organization*, Berlin 1996 参照）が重要であり，その基本は第 2 章の当該論述の基本に一致する。

36 以上の点については，Schmookler, A. B., *The Illusion of Choice: How the Market Economy Shapes Our Destiny*, New York 1996（河田富司訳『選択という幻想―市場経済の呪縛』青土社，1997 年）及び，藤田省三『全体主義の時代経験』，みすず書房，1997 年，を参照。基本的には，「市場の自由とは本当の自由か」ということでもある（西岡健夫，前掲書，47 頁以下）。

37 藤田省三，前掲書，197 頁。

38 Hamel, G./Prahalad, C. K., *Competing for the Future*, Boston 1994（一条和生訳『コアコンピタンス経営：大競争時代を勝ち抜く戦略』，日本経済新聞社，1995 年）

39 本来，人間や社会の多様性とその広がりのまとまりのために「人格的統一や文化的統一として道徳性が必要である」のであり（藤田健治『哲学的人間学 体系と展相』，二玄社，

1981 年，321 頁），その部分的なだけの，あるいはましてや特定の利用目的のためだけの何らかの統一化は，それ自体が，本質的に道徳性・倫理性に反し得ると言える。

40　Krell, G., *Vergemeinschaftende Personalpolitik: Normative Personallehren, Werks-und Betriebsgemeinschaft, Betriebliche Partnerschaft, Japan, Unternehmenskultur*, München 1994.

41　同様のことは，本質的には，エンパワメント，チーム経営，ダイアローグの思想等は勿論のこと，「知識創造」に関わる戦略論的な研究やアジル経営等の考えに広がる一連の米国流経営学の「潮流」についても当てはまると見るべきである。それらはむしろ，市場・競争主義という全体主義を助長している面すらある。これに関連しては，特にその基本思想に関して第8章でも述べることになる。

42　日置弘一郎『文明の装置としての企業』，有斐閣，1994 年，259 頁以下。

43　Group of Lisbon, *Limits to Competition*, Cambridge 1995 年，p. 97ff.，西岡建夫，前掲書。

44　Group of Lisbon, 同上書，p. 105. 傍点筆者。

45　Buarque, C., *The End of Economics?: Ethics and the Disorder of Progress*, London 1993, p. 9ff.，市場自体は，時と場所による多様性を有するものであり，現代の問題は，市場自体が社会政策的に如何に構築されるべきかということでもあり，それ自体重要な研究領域であることも勿論であるが，この点は本論の脈絡とは別の問題でもあるので，ここでは言及しない（これに関連しては，例えば Mulberg, J., *Social Limits to Economic Theory*, London 1995 参照）。

46　Porter, M. E., On Competition, Boston 1998,（竹内弘高訳『競争戦略論』，ダイヤモンド社，1999 年），Porter, M. E., What is Strategy, 前掲書。

47　Porter, M. E., *Competitive Advantage*…，前掲書，同，Changing Pattern….，前掲書，Porter, M. E./der Linde, C. v., Green and competitive: ending the stalemate, in: *Harvard Business Review*, Sep.-Oct./1995, 他。彼の社会的責任に関する論については，第8章で取り上げることになる。

48　Alvesson, M./Willmott, H., Strategic Management as Domination and Emancipation: From Planning and Process to Communication and Praxis, in: Shrivastava, P./Stubbart, C.（ed），*Advances in Strategic Management, Vol.12A: Challenges from Outside the Mainstream*, Greenwich 1995.

49　Kohn, A., 前掲書，前掲訳書 129 頁。

50　Gilbert, D. R., The Thrill of Victory, and the Agony of Having to Compete: An Ethical Critique of a Myth about Competition, in: Shrivastava, P./Stubbart, C.（ed），前掲書。

51　Moore, J. F., *The Death of Competition: Leadership and Strategy in the Age of Business Ecosystem*, New York 1997.

52　Kakabadse, A./Rozue, C., Corporate Social Responsibility: Contrast of Meanings and Intents, in: Kakabadse, A./Kakabadse, N.（ed）: *CSR in Practice, Delving deep*, New York, 2007, p.

10ff., Frederick, W,C., *Corporation, Be Good!: The Story of Corporate Social Responsibility*, Indianapolis 2006, 特に Part V, p. 258ff..

第5章　企業倫理と企業文化

1. 序

　前章において，企業倫理の実現に向けては，社会合理性の達成という目標を基本理念として考える必要性が明らかにされた。社会合理性を達成するとは，結局，企業自らの実体と行動も含めて，その時々に様々な社会構成要因・要件の調和と統一性の保持を実現しようとする行為に他ならない。そのような行為の核心として考えられるのが道徳性であり，藤田の言葉を借りれば，それぞれの時代における社会の「文化的統一として道徳性が必要である[1]」とも言えるのである。別言すれば，社会合理性の達成とは，本質的な筋道において道徳性の確立の作業であり，同時に文化的統一性を模索し形成する過程でもあると言える。―そしてそれは，言うまでもなく，グローバル化の時代にあっては，「世界産業文化」に通じるグローバルな多国籍企業文化を模索し形成する過程である――。

　従って，企業倫理を企業の経営実践において実現するためには，前章までに既述のことから，多様な社会構成要因・要件の部分的な一面に過ぎない経済合理性に囚われた市場主義と競争主義を超克すべく，倫理性と経済合理性の調和と統一をもたらす道徳性を実現し生かすことに一体化した文化の醸成が根幹的な意味を持つことにもなる。それが故にまた，企業倫理と経営実践の統一を達成するためには，企業文化の問題そのものについても検討する必要がある。つ

まりは，企業文化について，それが基本的に「如何にあるべきか」という根源的な問題領域にも踏み込まざるを得ない。

基本的に先ず言えることは，目差されるべき企業文化とは，既に見たような市場主義と競争主義に囚われた，単に従前どおりの市場での競争を至上とする，いわゆる「競争上の最強の企業文化」には必ずしも一致しない，あるいはそのような最強の企業文化の達成に第一義的な意味が与えられるべきではないということである[2]。そのような企業文化を目差すことは，既に見たごとく市場・競争主義的発想に囚われ本質的には経済合理性を中心に文化を形成しようとすることを意味する。しかし，そのような文化の形成は，結局，社会と人間「生活」の部分的，一面的な要素・要件の偏重，あるいはその特定の利用目的に囚われたものであって，文化的統一性としての道徳性と，それに一体的な社会合理性の達成には一致しないことになる。そのようないわゆる「競争上の最強の企業文化」は，少なくとも現在のグローバルな体制下では，本質的には——例えば特に Hymer, S. によって論じられた米国多国籍企業にその典型が見られたと考えられるように，市場主義と競争主義，経済合理性至上の意識に囚われた——本社が位置する国の一国的な企業利益を追求する手段としての意味しか持たないものであると考えられよう。それが故に，そのような企業文化の実践，その広がりと支配は，グローバル化の時代における「新しい帝国主義」としての「文化的帝国主義」(cultural imperialism) として形容され得るものであるとも言えよう[3]。それはまた，特に価値，あるいは価値観との関係を中心に形容すれば「倫理的帝国主義」(ethical imperialism) とも呼べるものである[4]。そのような企業文化は，社会合理性に裏づけられ一体化した企業文化ではなく，本質的に経済合理性の意識によって支配された企業文化として，一種の全体主義としての市場主義と競争主義に表象されている現代の「経済的帝国主義」(economic imperialism) と形容される状況[5]に支配され，それに一体化した企業文化であるとも言えよう。そのような企業文化は，むしろ，本章で既述のことからして，「経済的帝国主義」を広め強化する中心的な役割を演じる面も有していると言えよう。

目差されるべきは，企業自身が，自らの文化を変革しながら，そのような「経済的帝国主義」の状況を克服すべく，それに替わる社会合理性に支配されたグローバルな文化状況を実現していくことである。このことは，同時に，企業自らにとっての環境を一層道徳性の支配する方向へと変えていくことになることも意味するであろう[6]。

究極，企業は自らの文化の醸成において，既にふれたごとく，企業そのものの組織的のみならず制度的な変革をも視野に置き，同じ脈絡と意識の中で捉えていくことが必須であろう。何故なら，社会合理性を真に追求しようとするならば，その論理からして当然に，現状の企業組織や企業制度に替わるものについても考えざるを得ないであろうからである。またそうした過程そのものが，企業倫理の実践，あるいは企業倫理の内実そのものであるとも言えよう。

いずれにせよ，確たる倫理的意識によって基礎付けられ醸成された企業文化[7]によってのみ，企業と，企業に所属する多様な者たち全員の行為が倫理的で責任ある方向へ導かれ得るとも言えるのである[8]。

2. 市場主義・競争主義の超克と道徳性の発展

企業倫理の確立に向けて論を展開しようとすることは，当然に，企業をいっそう道徳的な存在へと発展させようとすることでもあり，このためには，道徳性の発展についての認識が先ず得られておかれねばならない。この点に関しては，企業倫理の研究分野，とりわけ企業倫理の教育に関わる研究分野等でも理論的のみならず実践的にも一般的によく手掛かりとされ，基本的枠組とされることにもなった研究として，Kohlberg, L. による道徳性の発達理論がある[9]。彼によれば，人間の道徳性と道徳的な認知の発達過程は，外的強制や利己主義による段階から社会的基準や秩序の理解・遵守の段階を経て原理や良心に従う段階へ至る全3レベル，各レベル2段階で全6段階から形成される。その概略は，人間の道徳性の発達が，処罰への恐れ，服従（第1段階）や他者との相互関係での利己主義のため（第2段階）に方向付けられた第1のレベルである

「前慣習的レベル」を出発点として，既存の社会的理想型の同調的受容（第3段階）や権威や秩序への適合（第4段階）に方向付けられた第2のレベルである「慣習的レベル」を経て，法律的な契約的関係の遵守（第5段階）や良心，原理に従うこと（第6段階）に方向付けられた第3のレベルである「後慣習的レベル」へと至るというものである。

　――従って，ここで若干付言しておくと，一般的に企業倫理の実現のために提唱される倫理コードやコンプライアンス，倫理法令遵守マネジメントといった発想に基づく行動は第5段階（契約的関係の遵守）までの性格しか得ていないと見ることができる。そして，同様に，企業倫理論で多く依拠される「社会契約説」に基づく発想も本質的にはそうした限界を有していると見ることができる。勿論その一定の有用性は認めないわけではない[10]。しかし，とりわけ米国のように徹底した市場主義と競争主義，そして契約万能主義が一体となっている経済合理性の支配の強い社会においては，またその理念に支配される「（意識の）世界」においては，その第5段階までとしての性格は一層「硬直的」で「（段階）上昇阻害的」なものとなり得る。つまりその段階での多様な実務的対応への専心努力に終始せざるを得なくなることから，本著で主張するような社会合理性の実現には達し得ない，あるいは一層高度な企業倫理が支配すべき社会へ到達できない状況が「構造化」される可能性と危険性が大きいとも言える。第1章でも述べた如く，如何に企業倫理論が興隆し栄えても，今日まで問題が全く尽きない状況がそれを物語っているとも考えられよう（その根本的な理由や問題点については第8章で考察することになる）…――。

　しかし，この第6段階として，Kohlberg, L. によって道徳性の最高の発達段階とされた段階も，カントの提言的命令にみられるような，個人の良心による純粋な思考行為によるいわば「独白的」な道徳実践の段階であって，そうした思考行為に基づく対等な個人間における現実の社会的な合意を目差す行為，つまりコミュニケーションを通じた道徳的行為までは道徳性の発達段階の図式には入れられなかった。この点における Kohlberg, L. の理論的不足部分を正し補うように，Habermas, J. は，コミュニケーション倫理という第7段階を示し付

け加えたのである。これにより，社会合理性の達成につながる，まさしく人間関係で成り立つ社会的存在としての企業という組織の倫理の実践の可能性が与えられ得たと，あるいは，企業倫理の目標と意味を社会合理性の達成に求める重要な論理的根拠も与えられ得たと言える。同時に，Osterloh, M. の言葉のように，この「道徳発展の拡張された段階図式の助けにより，企業文化と企業倫理の関係が明確に定められることができる」とも言い得ることになったのである[11]。──そのことは，Ulrich, P. の論にあるように，産業革命以来発展してきた，企業行動についての経済合理性中心の社会経済的な倫理基準が「コミュニケーション倫理の次元において止揚される」「パラダイムの転換点[12]」へ達したと表現されることと共通の脈絡にある──。

つまり，企業文化とは，基本的に，道徳性発展の最高の段階である第7の段階におけるコミュニケーション行為に基づく社会合理性の達成を可能にする役割を持つべきものであり，それに向けた段階的な道徳性の発展を促進すべきものとして理解できよう。そしてこの意味において，理想の企業文化とは，一定にして相当の普遍性をも有するものとしてとらえることができよう。つまり，企業文化は，確たる倫理意識によって基礎付けられ規定されておられねばならず，その意味で，企業文化は企業倫理と一体的な関係としてもとらえ得ると言えるのである。

以上の道徳性の発展段階の説明に沿って述べれば，市場主義と競争主義に囚われた企業戦略，あるいはその意思決定行為とそれに関する理論は，それが，前章でも既述の通り，本質的には相対主義的思考に基づき特徴づけられているが故に，道徳性発達のたかだか第2レベルからせいぜい第3レベル前半の第5段階までに留まっているものであると言えよう。つまり，そうした企業戦略の下では，社会的基準や秩序の理解・遵守を行うこと以上の，普遍的な原理や良心に即した行為可能性を積極的に求めるという第3レベルの完遂される域には至っておらず，グローバルには，本質的に，むしろ各国で相違する社会的基準や秩序を「競争で勝つため」に「最大限に利用する」ことだけが意図されているからである。まさしく Harris, C. と Brown, W. は，Kohlberg, L. の理論と共

にその他の論者の理論も整序しながら，経営者の意思決定にとっての上記の第2レベルの意味と特質を，利己主義から出て第3の上級レベルへ至る過渡的な「中間段階」としての「相対主義」として定義している[13]。

かくして言えることは，経済合理性の支配を受け，それを容認する市場主義と競争主義の意識の中では，相対主義を超えた，倫理に統合的な戦略は策定し得ないということである。そして逆に，市場と競争を至上とする思考を超えることにより，相対主義から離脱して，真にグローバルな，あるいはグローバルに受け入れられる普遍性を持った統一的な企業文化を構築する途も開けるということであり，これらはまた一体的な関係にあるということである。市場主義と競争主義の超克の試みられることが，倫理と戦略の真の統合にとって，またそれに一体的な企業文化構築にとっての必須の条件であり，道徳性発展の最高段階への進行・上昇とそこでの議論に真に現実的可能性を与えることでもある。そのことはまた，後述するごとく，企業行動を導くべき未来に向けた新たなパラダイムを形成することにも通じよう。

いずれにせよ，基本的に企業が為すべきことは，日置の言葉と概念を借用して述べれば，自己の置かれた社会的なあらゆる面に関わるコンテクストが「如何に社会全体のコンテクストと整合的でありうるか」を判断し，その整合性を保つべく行動していくことなのであり，この行為は，まさしく「市場の中でなされると考える必要はない」のである[14]。その行為は，結局は，自己の文明的なコンテクストを判断し行動すると言うことでもある。加えて言うならば，この「コンテクストの整合性を保つ」という行為は，単に既存の関連諸条件を所与として社会的コンテクスト適応的に為すだけでなく，新たな一層良い社会的コンテクストを創り出すことによっても遂行していくという可能性も視野に入れたものである必要があるであろう。

このような一連の認識は，一見，既に，特に現実的な必要性と不可避性から，プラグマティックには様々な経営理論や実践において，「企業の社会的責任」，「企業の社会貢献」，「企業の社会成果」，「企業の社会戦略」等に関わる議論を通じ，企業倫理及び企業倫理に関わる諸要素も含めながら深められてきた

2. 市場主義・競争主義の超克と道徳性の発展　　107

ように見える[15]。しかしながら，その基本は，第2章でも述べた如く，特に米国の場合，企業権力の拡大は容認した上での，それに見合う責任の遂行の必要性が説かれ模索されるという，伝統的な「企業の社会的責任論」における「権力と責任の均衡」を図ろうとする発展の脈絡の中にあり，倫理性の達成は，経済合理性の追求に加えて，企業の社会的な存在にとっての「2つの責務」のひとつとして理解されていると見ることができるのである。それ故，その状況下では，既に第2章でも述べた如く，本質的には，「企業倫理を利潤原理の単なる状況的調整として縁辺的に規定する[16]」だけであり，Homann, K. たちが結論づけるように，真の意味で「企業倫理の理論的位置づけが優位的に問題にされているのではなく，企業の中で倫理を媒介するために何が為され得るかが問題になっている」に過ぎないと言えるのである[17]。

　それ故，「倫理と社会的責任が戦略的意思決定の文献において考察されるほど，この題材は，戦略的計画から離れて別々に考慮すべき事柄のように思われることになる。……道徳的適切性についての熟慮は，もし為されたとしても，二義的な考察のように見える[18]」とも語られる。そして，例えば，この根本的な克服が試みられたとしても，戦略策定における2つの要素についての熟慮がまさしく「並行的」に行われる過程（「並行的計画プロセス」= parallel planning process）によって為されることが結論的に提案される[19]といったことが，問題の性格を象徴的かつ典型的に物語っていると見ることもできよう。

　現在の倫理的諸問題をもたらす企業に関わる「体制」それ自体の在り方は基本的に当然のこととしてそのままに容認され，その「価値」については一様に確信されているのであり，そうした枠組みが所与とされる中で議論が進められているに過ぎないのである。

　企業の社会性の強調の下に諸利害関係者グループ・諸環境との調和的関係の達成の必要性について語られたとしても，それはあくまでも上記の枠組みの中での既存の価値観を基準とした利害の調整の域を出ない。問題の本質は，このような枠組みでの単に利害調整的な「合理的なコンフリクト克服」を超えた領域にあることが忘れられてはならない[20]。つまり，基準となる価値自体につい

ての考察と検討を含めてこそ倫理についての議論は真の妥当性を有するのである。企業文化についても，そのような脈絡の中で一体的に論じられない限りは，如何なる企業文化の在り方が主張されようとも，それは単なるイデオロギーとしての意味しか持ち得ないと言えよう。

「体制」およびその諸関連を所与として問題の解決を図ろうとする点は，基本的な理論と実践の流れとして従来より一貫して変わることがなかったものであったとも言える。既述のごとく，経営戦略論においては，既にその最初の論者たる Ansoff, H. I. が，企業の経済的役割と共に，その制度的存在理由を犠牲にしないための社会的適応を企業の「2つの責務」と捉えていたと理解出来る。それ以来，倫理問題は企業にとって必要な「別個の2つの要素のうちのひとつ」として意識されてきたのである。また経営組織論においては，Barnard, C. I. は，経営者の「組織道徳の創造」（creation of organization morality）の重要性について論じた[21]が，その基本的かつ中心的視座は管理の対象となる者に対する管理する側の者のそれであり，少なくとも結果的には，「体制」によって所与とされ規定された枠組みとその価値基準で形成され妥当性を与えられた組織構成員のその時々の主観が管理，あるいはそのための調整の対象とされることになるに過ぎないと理解できるのである[22]。つまり「組織道徳の創造」の役割は，結果的かつ本質的には上述の所与とされた価値基準に基づく利害調整と，それを通じて組織経営を合理的に行うためのものに他ならず，それ以上の，道徳性の真の確立に必要なその全社会的な意味での普遍性あるいは普遍的な在り方やその追求の可能性を中心的に視野に入れたものではないのである。従って，それがまさに企業経営に適用されれば，当然の結果として，企業経営者の立場から，「体制」の基本的価値基準に即した枠内でのみ「協働」という人間や社会的関係の在り方が経営者の，企業管理者としての「個人的意思あるいは究極的には信念・信条（faith）」によって決せられ支配されることになる[23]。それ故，ここでも，本質的には経済合理性の基本的な優位性は保たれたままに倫理的な問題がその手段として見られることになり，さらにそのための操作の対象ともされ得る，あるいはされざるを得ないのである。

2. 市場主義・競争主義の超克と道徳性の発展　109

　このように，現下の体制の諸関連を所与としながら，従って，そこでの経済合理性と倫理性について基本的には両者を別個の要素として理解することになる，あるいはならざるを得ない諸問題の捉え方は，本質的に経済合理性と倫理性という2要素についての2元論的性格を有しており，両要素の統合とそれによる真の倫理的行為の追求の可能性においては一定の限界を有していると言わざるを得ない。このことは，例えば典型的には，「国際経営におけるインテグリティー（integrity＝高潔性）を備えた競争」(Competing with Integrity in International Business) と題し，グローバルなレベルでの企業倫理の追求について語るDe George, R. T. の見解に象徴的に表れていると見ることができる。彼は，多国籍企業の倫理的行動の必要性を唱えながらも，結論においては，上記の2要素を統合する可能性の道には直接ふれないで，国際的に全てのレベルで不可避と思える「市場，自由企業体制，そしてそこで認知される私欲による不公正さへの趨勢」の中で，「放っておけば抑制されることのない多国籍企業の権力を相殺する」枠組みとしての社会的，政治的，経済的諸策たる国際経営の「背景的制度」(background institutions) の構築を必要なものとして述べるに留まるのである。そこでは，そのような枠組みの構築に企業が積極的に取り組む「高潔性」を持つことが主張されたとしても，あるいはそのことが主張されながら，「高潔な企業」も含めて企業を直接に倫理的に律することは，最終的には，企業に対抗的な「外からの力」に委ねられることが目論まれるのである[24]。

　これでは，如何に企業の「高潔性」が主張されようとも，既述の道徳性の発展段階論からすれば，実質的にはやはり第3のレベルである「後慣習的レベル」以下の，「相対主義」として定義される第2の「慣習的レベル」までに中心的に留まるものであり，もはやそれ以上のレベルへの到達へと向かうことを放棄している感すらある。このような状況の見られる根本的な原因は，既にふれたごとく，企業行動の枠組みとなる基本的な価値基準の体系の在り方そのものが本質的に問題とされることのないことにある。

　倫理とは本来，価値そのものを考察の対象とすることから出発するべきはずであり，それ故企業倫理も，Nill, A. F. L. も言うように，「既存の規範の批判的

考察を要求する[25]」はずのものであり，その要求が本質的に満たされて初めて企業倫理の議論も議論足り得，道徳性の発展も真にあり得ると言えるのである。

3. 環境，体制の変化・変革と企業文化

1 企業倫理と環境，体制の変化・変革

既存の規範の批判的考察は，既述のことから，社会合理的観点を基礎としてこそ意味があり，また本質的に可能であると言える。企業は，社会合理的な観点から社会あるいは世界と市場や競争の在り方，あるべき姿について，そしてそれとの関連で自らの未来の在り方，あるべき姿について絶えず自問自答してみる必要があり，その脈絡の中で現状の問題点の克服を図っていく必要がある。従ってまた，このような問題点の克服とは，当然に，「企業自らも含めた」従来の社会経済体制そのものの変革あるいはその可能性も視野に入れたものとなるはずである。

別言すれば，相違した既存の価値や利害の間の単なる調整と妥協だけを目差すのではなく，価値や利害関係，それ故また社会経済的な諸条件の在り方そのものの見直しをも含意することこそ社会合理性の追求の眼目であり[26]，逆に言えば，社会合理性を目差す限りは，Brewing, J. の言うように，それを達成しようとする者は，「我々は，全く違った経済や全く違った企業を考えていくべきではないかと自問せねばならない」ということでもある。従って，企業倫理とは，本質的には絶えず現状に批判的な姿勢を貫くものでもあらねばならず，「十分に基礎付けられた批判以上に実践的なものはない[27]」との認識と現実性を有するものでもあるはずなのである。従って，企業倫理にとっては，社会経済体制そのものの変革あるいはその可能性を視野に入れることは，その本質からして当然の帰結であるとも言える[28]。

Schumpeter, J. は，経済の動態的な進化過程こそ経済学の中心的な研究対象とすべきと考え[29]，その線上でまた，その進化過程にとっての，政治的情勢に

具現化される社会的環境・条件が体制変革に及ぼす力の根源性をも明らかにしようとした[30]が，今や経営学，そして企業にとっては，そのような脈絡を勘案しながら，既述のことからまさしく企業倫理的に，体制変革に及ぼす根源的な力である社会環境・条件の変化過程への参画の可能性を中心的な研究対象とし課題とする必要があると言えよう。企業戦略の視点もこの点が基礎とされ出発点とされるべきであり，Porter, M. E. の論に代表されるような，既存の体制下における「競争」及び「競争優位」の戦略に関わる諸問題についての研究や考察は，むしろ第二義的な問題とされてしかるべきであろう。この点の理解無くしては，企業倫理の問題は真に企業倫理の問題として取り扱われ得ず，経営「学」として論ぜられ教えられる企業戦略論も，前章の結に述べた如く，単に「反教育的」で「反社会的」ですらあり得るのであり[31]，克服不可能な限界に阻まれることになるのである。

　グローバル化の時代においては，企業は，まさにグローバルな社会合理性の達成を目差すべく，グローバルな社会環境・条件の変化と変革の過程に参画するという視点と実践こそが自らの存続と持続的発展あるいは成功にとって必須のことと理解すべきであろう。以上の点を，前章より既述の諸点も総合しつつ，「経営学21世紀の課題」について論じる岡田の言葉を援用して別言すれば，企業の「経営活動は本来現状打破的・環境創造的な主体的活動であり，そのようなダイナミックな側面への注目が重要」だということである。そして，社会において解決されるべき様々な問題は本来政治的でかつその解決は政治的可能性に依存しており，企業経営活動を研究対象とする「経営学は，実は，まさにそのような『可能性』の相当部分が今や意識的かつ積極的に実現されてゆくべき重要な《戦略的現場》に，直接，宿命的に関わっている[32]」ということである。個々の人間の自由と主体性を尊重し，それを社会・経済にとっての基礎価値とする限り，そしてその上に社会合理性を行動基準とする限り，岡田が「宿命的に関わっている」と表現する経営学にとっての《戦略的現場》である企業経営活動の「現状打破的」で「環境創造的」な，それ故まさに「社会創造的」とも言うべき役割は，積極的に認識，認知され，活かされていくべきでも

ある。そして，究極，そのような企業経営の役割は，またそれを支えるべき経営学の役割は，社会の未来の発展のために，まさに倫理性という点における経済学的な発想の限界[33]を超えた極めて重要な意味を持つことにもなろう。

　今や眼目とされるべきは，既述のごとく，「企業の社会的責任」，「企業の社会貢献」，「企業の社会成果」，「企業の社会戦略」等に関わる従来の主要な議論や実践に見られたように，体制の基本的社会環境・条件を所与として，単に既存の価値基準に沿って利害調整を行うことではなく，価値基準そのものの在り方を議論の対象とし，それに即した実践的行為の可能性と方向付けを模索していくことである。このことは，究極的には，企業にとって倫理的な社会環境の創造に参画し携わっていくということ，つまりは倫理的創造の営みが経営の要点として認識されるべきということである。あくまでも企業による社会合理性の遂行と達成としての倫理的創造が問題の要諦なのである。それ故，例えば，企業倫理について語りながら，最終的には企業の行動的枠組みを企業の自律性よりも企業に対する社会・経済的な諸策という他律性に求める DeGeorge, R. T. や Homann, K. に代表的に見られるごとき論理[34]は，基本的にミクロに対するマクロあるいはその内容たる社会環境・条件の優位性を当然視する観点に束縛された旧態然たる論理であって，倫理性と経済合理性の対立関係を本質的に止揚するに足るものではない。従ってまた，なんら現状の問題の根本的解決の可能性に結びつくものでなく，真に未来創造的発想を可能にするものでもない。そのような論理の本質的な問題については既に見た通りである。

　企業倫理についての議論や実践が既存の体制そのものの在り方に関わる検討を視野に入れて為されない限りは，企業倫理は，むしろその時々の企業の対社会的な存在の正当性を主張するための象徴的で化粧的な面（symbolic and cosmetic aspects of ethics）[35]として利用されているに過ぎず，現実の問題を解決する本質的な意味は有しないことになる。それは結局，多くの場合，社会的な「責任」や「貢献」，また例えばその基礎の「人間愛」や「隣人愛」と言ったことを売り物にしながら，Dierkes, M. と Zimmermann, K. の言葉を援用すれば，「ビジネスの倫理」（ethics of business）を説きつつも実体は「倫理のビジネス」

3. 環境，体制の変化・変革と企業文化　　113

(business of ethics) とも形容できる事態を招来しているということでもある[36]。それ故，こうした情況に対して，Karmasin, M. は，企業倫理を中心とした経済倫理の問題として次のように結論づけている。「……総括すれば，経済の本質的な正当性の問題と新たな方向付けの必要性を蔽い隠し，そして現状の延命を美味しそうにする『倫理的なソース』を調製するだけなら，単に時事性やそれに結びつけられた社会的評価にだけ合わせた経済倫理のそのような潮流は，批判的に拒否されるべきである[37]。」

即ち，企業は，真に道徳性を高めようとし社会との倫理的な関わりについて最善の在り方を希求するなら，自らも含め体制そのものの正当性を絶えず問いながら新たな方向付けの可能性を追い求めつつ，その中で，自らの変化と変革について考えていくことが肝要であろう。企業と社会が相互対応した連続の関係にあることを考えれば，そのような変化と変革は，不可避で必然的でもあり，これに積極的に取り組むことこそが，むしろ企業という経営体にとって，実践的な意味でも，制度的な存在としても，自らの安定化と安定的な環境をもたらすことになろう。かく考えれば，倫理性とは経営体の存在にとっての安定化の重しのようなものであり，その持続および持続的成功の基礎となる意味も持ち得るものである。

この意味においては，企業倫理の追求は，企業の「競争力」，「競争優位性」の持続にも貢献し得るものであろう。この点に限って言えば，高の企業倫理についての見解は前章よりの考察にも通じるものがある。高は，企業の効率と倫理が対立し相反すると思われる関係を止揚すべく，企業の効率にとっての倫理の役割を，両者の関係を互恵的に創り上げることによって意味あるものにでき得るという視点から，倫理を企業の行動動機にまで高める可能性について語り，倫理と企業効率の「因果連関が高い蓋然性をもって成り立つような社会を建設することができる」点を指摘している。そして彼は，そのような社会の建設を「企業の新しい社会的責任」としているが[38]，まさしくこの見解は，企業と社会の関係を倫理を機軸としながら動態的に把握する，前章より既述の基本的視点に一面において通じるものであると言えよう。ただ本著では，高の言う

企業の「効率」と「倫理」の関係を一層かつ本質的に「一体的なもの」と捉えるべきものと考え，両者の「統合」と，企業と社会，体制の変化と変革の必要性と必然性の積極的認識を骨子とし強調するものである。この意味からは，企業倫理を，「企業と社会の〈社会合理的な〉変化・変革を視野に入れ，それに動態的に即応し一体化しながら，またそうする方向で，企業のコア・コンピタンスの蓄積およびその過程の形態に最も基礎的な枠組みを与えるもの」として理解することもできよう。

企業と社会の関係を相互対応的かつ連続的で動態的な関係として捉え，企業経営の社会的な在り方，あるいはそのための変革の可能性とその道を提示しようとする立場は，既に山本によって哲学的に極められ整序，体系化され一定の確立性を得ていると言える。山本は，既に1960年頃に「価値判断とか，倫理的要求とか，…それは経営の現実認識であって，これなくしては今日の経営は根本的に問題とし得なくなった[39]」と指摘し，企業経営について，その「基体」を，本来的に社会性を有し，合理性と人間性の一体化を内実とする「事業」経営であるとして，そのような経営の主体性と自立性を主張しながら，経営と環境の相互応答の動的な循環過程の中で両者が相互に作りあい，その存在を「高めあう」こと（企業経営から事業経営への発展・転換）[40]の意味を本質的な「経営学」の論点として説いた[41]。谷口は，これを基礎にし出発点としながら，環境を，「短期的な思考」と「原子論的自己充足原理」により「『利用的』価値」において捉えながらも，さらに「長期的思考」と「相互依存原理」により「『相互依存的』価値」において捉え，前者のいわば「現在的な」環境を後者のいわば「通時的な」環境の中に，つまり「過去」と特に「未来」の統一としての環境の中に位置づけることの重要性を説いた[42]。この位置づけを通じて経営は自らの存在にとって環境を「共生ないし協働環境」として意識せざるを得ず，そのことがまた企業の経営文化を「環境志向経営文化」へと醸成していくことになると主張される。経営存在にとっては，通時的な環境への応答能力を高めることが必要であり，そのためにはまた，必然的に，「環境主体をもその具現化へと巻き込んでいくことが，肝要」となる[43]のである。このことは，結

局，本章でも主張する，企業利害関係者とのコミュニケーションを機軸とした体制の変革への参画を視野に入れた，社会合理性の追求による企業倫理の遂行，およびそれに一体化した企業文化の構築に通じると理解できるのである。

2　開かれた企業倫理と企業文化

　そのような企業文化によっては，企業と環境は動的な変化と変革の中で相互に一体化し発展的に「高められていく」関係を形成する可能性が得られることになろう。このような意味における企業文化とは，従来のいわゆる米国流の一般的な「企業文化論」で語られた企業文化とは本質的な違いがあることが認識されておかれねばならない。従来のそうした企業文化論で語られた企業文化とは，市場主義と競争主義に象徴的に具現化された近代の「体制」およびその合理性へと企業を適合させ，その意味での最大の成果を得るための企業文化であった。つまり，「体制」そのものと同様に企業の中の非近代的とされる，あるいは「近代性」にはそぐわない「残滓」とされる部分を「体制化」する意味を有する文化であったと見ることができる。それは企業というものの「文化的な体制化」であったとも，また体制の条件に即して文化を経営管理の対象とすることであったとも形容できよう。これに関連する研究が，先駆的に，また最も盛んに，それも企業競争力に資すること自体のために展開された国が，まさしく徹底した市場主義と競争主義の体制維持をいわば国是とする米国であったことは，様々な他の重要な要因もあるにせよ，それなりに十分理由のあるところであろう。そのような，——本章で明らかにした既述の視点からは社会や企業に対して一面的で硬直的なパラダイムで構築されると言える——企業文化は，むしろ本来は社会病理学的な対象とされるべきものであるとさえ形容でき，Ulrich, P. が指摘するように，「体制文化」(Systemkultur) に適合させられ，その一翼を担うことになる文化でもある[44]。

　しかしながら，今やまさに，例えば地球環境問題に象徴的に見られるように，「体制」自体の在り方が問われ，その「合理性」が問題にされ，体制を真の意味で「文化的」にすることが論議されることにもなっているのである。つ

まり，今や，企業の「文化」について問われることそれ自体は，実は現代の体制の支配下で，体制そのものの「失われた文化」，あるいは「文化的に重要なもの」を探し求めることにも一致した意味を有しているのであり，従って，この意味で，根源的には企業そのものを「文化的にする」ことこそが問われるべきなのである[45]。この「文化を探し求める」行為，企業を「文化的にする」行為は，社会の構成員の「自由」と「理性」と，その「参画」があって初めて一般的な正当性を持ち得て，それにより基礎付けられ得る性質のものである。企業の立場に立ってみれば，諸関係者の参画による民主化を基調とした経営を出来得る限り可能にする，本来あるべき社会民主性に即応した，多様性や変化への受容的対応が必要となり望まれるのである。この企業の社会民主的とも言える受容的対応を円滑化ならしめる，企業組織およびその構成員に共通の「価値観」，あるいは「規範」，「理念」といったものこそが企業行動の基礎に置かれるべきであり，その基礎の上にこそ「企業『文化』」と呼ばれるに真にふさわしい個々の企業の特性も実現されると言えよう。別言すれば，「企業文化」は，社会民主的な価値に根差しているべきであり，企業の社会合理性を実現せしめることが本質となるべきなのである。そのことがまた，企業文化の社会的な存在理由でもあり，またそうであるべきとも理解することができよう。

　要諦とされるべきは，既述のごとく，企業倫理と企業文化を一体的な関係において捉えることであり，企業文化の研究に際しては，鈴木の言葉にもあるように，「企業文化と企業倫理を概念的に分離し，それぞれ別個なものとして論じることは企業文化に対する『邪道』であるといってもよいであろう[46]」という点である。そして，そのような認識から主体性と理性に根差した企業文化の再構築が図られるならば，その行為は，もはや単に最適な「企業文化」の形成の意味だけには留まらず，それを超えて，いわば「文化的企業」への道を意味することでもある（「"Corporate Culture"から"Cultured Corporation"へ」）[47]ということであろう。

　「企業組織と社会全体とは本来連続的な関係にある故に，企業だけが社会全体と違う合理性を追求できようはずがない」という認識が基本におかれるべき

であり，この認識に立てば，Nill, A. F. L. の論じるように，企業による社会合理性の追求の妥当性と正当性の下に「内にも外にも開かれた企業倫理」(Eine nach innen und außen offene Unternehmensethik) と「内にも外にも開かれた企業文化」(Eine nach innen und außen offene Unternehmenskultur) の理念と実践が必要となるのであり，そして，その脈絡の中で必然的に「両者の一致」が目差されるべきことになると理解できるのである[48]。

これに関連して，Jeurissen, R. は，「企業倫理の社会的な機能は，代表的な企業倫理の基礎理論において暗示されてはいるものの，体系的な方法で明示されたことは決してなかった[49]」と指摘し，企業倫理を通じての，企業と社会の双方向的な関係について論じている。その中で，彼は，企業を「開かれた社会的システム」(open social system) と認識すべき点を強調し，企業倫理の課題を「ビジネスのコンテキストにおける正当性の問題についての思考の開放性を守ること (to safeguard the openness of thinking) である」としている[50]。それにより，彼は，企業倫理が社会における多様なイデオロギーを（そして自らをも）正す「批判的理性」の使命を分担することになるとし，Albert, H. の言葉を借りて次のように言っている。「（企業倫理のその使命は），批判的な思考の結果と方法が社会の意識や公衆の意見の形成のために実り豊かなものにされ得るように，社会生活の非合理性を減少させることである[51]。」

企業の「倫理」や「文化」を明確に意識し議論するか否かは別として，またそう意識しないまでも，経営学においては従来より，現代の企業についての多くの議論の中で，暗黙裏には企業組織の社会的な一定の「開放性」が認知されてきたと見ることが出来る。つまり，周知のごとく，現代の企業については，その社会性・公共性が様々に多くの論者によって指摘され議論されてきたのであり，Karmasin, M. がそうした議論を総括して述べるように，現代の企業は，その社会的に様々かつ複雑な関わりからして，もはや単純に私的な事業ではなく，「（少なくとも一定規模以上については）もはや私企業については語られ得ない」とされ，——その詳細かつ本質的な点については依然議論があるとしても——「公の〈少なくとも公にさらされた〉，移ろえる，社会的な組織」(eine öffentliche（zumindest jedoch öffentlich exponierte), temporäre, soziale Organisation）として理解されていると言える[52]のである。あるいはまた同様に，例えば「疑似公的制度」(quasi-öffentilche Institution) と形容されもする[53]。またとりわけ組織論的研究を中心にして，社会的価値との関わりやそうした価値や関係の創造，それに適合する自己変革の可能性等との関連を重視しながら，企業の社会性や政治性，それが故の「社会との対話」，「組織の開放性」，さらには「社会との協働（コラボレーション）」が重視されている。そして，それらを動態的な関係の中で実践し発展させる，例えば「ソシオ・ダイナミクス型企業」といった企業像がひとつの理念型として描かれもしてきた[54]。こうした研究の発展は，一面において，現実の諸問題へのプラグマティックな対応の過程で，その結果として，本章で論述してきた企業倫理と文化の在り方に向けて必然的に方向付けられざるを得なかったことの現れとしても理解できよう。谷口は，地域社会関係を中心としながらではあるが，こうした方向と軌を一にしつつ，既述のごとき山本の経営学の本質に関わる主張を基本に据えて，「環境の主体化」について語りながら，山本が企業経営の在り方としてのその「基体」と論じた既述の「事業」経営を，企業自らの自己変革を前提とする社会との「開かれた協働」の成果であるとして捉えるべき点を強調している[55]。

　以上に述べてきた諸点を勘案すれば，Alvesson, M. らも指摘するごとく，従来の企業文化論の在り方に一体的に，従来の一般的な経営戦略論，あるいは経営戦略論的発想の多くも，とりわけ現状の個々の企業とその経営者の視点と権力の正当性を前提としてきたが故に，あまりにも非民主的な方法と内容に支配されていたとも言える。このことは，単なる目的合理性重視の戦略論のみならず，プロセス重視の戦略論についても，技術的側面に偏しているとして同様に言えることであり，この点を形容して，Alvesson, M. らは次のように述べる。「(戦略論の) 正統派の文献を調査すれば，工場労働の設計を合理化するというTaylor, F. の任務と，競争優位の地位を特定し維持する技術的方法を生み出そうとする Porter, M. E. のような戦略経営の理論家の努力の間にある連続性に思い当たることになる[56]。」突き詰めれば，従来の戦略論にとっては，民主性

による交渉や妥協から生じる，科学的に分析困難な「非合理性」による不確実性や非予見性を排除することが暗黙裏，あるいは無意識の「『学問的』命題」であったとも表現できよう[57]。

4. 結

　以上に論じてきたごとく，今や企業倫理の確立を目差しては「開かれた企業」が望まれるのであり，その実現のためには，従来の企業や経営の権力概念やそれによる意思決定形態とは異なる，組織と個人，各関係者間の民主的な関係を中心にした意思決定形態へと重点を移行していく必要性が高まっているのである。この脈絡においては，例えば企業組織自体の在り方を中心にして，「非抑圧的で非エリート支配的社会形態 (non-repressive, non-elitistic social form)[58]」の可能性が追求されることにもなる。

　要するに，企業にとっては，内外の円滑にして開かれた，社会的正当性を主張できる諸関係を実現しつつ自らの存続や発展を可能にするために，民主性の尊重の下に，何者にも妨げられない出来得る限り真摯で理性的なコミュニケーションの機会を確保することが，そして正にそのための企業文化が必要となるのである。その際また同時に，多様な利害や思考をまとめ方向付けていくためには，出来得る限り多くの者に受け入れられる将来に向けてのビジョンを構築し掲げていく必要があり，これを可能にするためにも，企業組織構成員の，社会的諸問題に対する感応性を培っていくような一層開かれた企業文化が必要になるのである。つまりは，開かれた企業関係と，その中での自由で民主的なまとまり，そしてそのための共通のビジョンを可能にする組織の感応性を高める企業文化こそが，企業の倫理性を確立することに一体的な企業文化と言える。

　このような企業文化の意味と内容は，究極，社会経済体制全般の諸問題に関わることになる最広義の意味におけるいわゆる「経営を超えた共同決定」(Überbetriebliche Mitbestimmung) を実践的に可能にするごとき社会の文化の意味と内容[59]にも連なっていくことになるようにも思える[60]。――勿論その場合

の「経営を超えた共同決定」は，一国的な意味だけではなく，グローバル化を前提とし，その枠組みの中で再考されるべきこととなろうが──。

いずれにせよ，そのような企業文化が十分実践的であり現実的な意味を持ち得るためには，そして，それに期待される真価を発揮していけるためには，それに見合って，それと軌を一にしながら，同じ論理的な脈絡の中で，今後未来に向けて企業が指針とすべき企業行動そのものについての「新たなパラダイム」が見出され確立されることも必須の条件となろう。

──そうした「パラダイム」の問題に関連しては第8章で検討することになる──。

以上において，企業倫理にとっての企業文化の重要性について明らかにしたが，その企業文化が醸成されるのは，あくまでも企業の組織において，また組織を通じてであることを考えると，企業倫理問題との関連において企業組織の問題が検討されなければならない。それが次の章の課題である。

注

1 藤田健治，前掲書，321頁。
2 第1章，注10の De Gerge, R. T. による，企業の卓越性と非道徳性は両立し難い旨の言葉参照。同じ第1章で既述のごとく，倫理的価値の追求をなおざりにすれば，「最強の文化も無力になる」とも言える（Holleis, W., 前掲書，S. 351）わけである。
3 Hymer, S. によって，多国籍企業による「新しい帝国主義」の体制として「軍事的帝国主義」に替わる，企業による「組織的（構造的）帝国主義」の段階が指摘されたが，グローバル化の段階が「文化的帝国主義」へ移行する傾向と危険性が見られるとも表現されよう。既に1973年に，UNESCOによって，帝国主義とは「文化的かつ社会学的領域」を含むものとして定義されている。
4 Donaldson, T. は「文化相対主義」に「倫理的帝国主義」を対置させ，その中庸な実践を支持してる（Donaldson, T., Values in Tension: Ethics away from home, in: *Harvard Business Review*, Sep.-Oct./1996）が，根源的には，文化的，倫理的な基本的立場が，経済合理性と如何なる関係にあるかの認識が重要である。つまり，グローバル化の時代に必要となる「グローバル倫理の実現，あるいは倫理のグローバル的普遍性の達成」に向けては，単にそれを「文化相対主義」に対立させるのでなく，より根源的に，それが経

済合理性中心の思考にどう対立するかを明確に認識する必要がある。

5 これについては以下参照。Nutzinger, H., Untrernehmensethik zwischen ökonomischem Imperialismus und diskursiver Überforderung, in: Forum für Philosophie Bad Homburg (Hrsg.), *Markt und Moral: Die Diskussion um die Unternehmensethik, Bern* 1994。それと共に Radnitzky, G./Bernholz, P.（ed.), *Economic Imperialism: the Economic Approach applied outside the Field of Economics*, New York 1987 も参照。「経済的帝国主義」とは，一言で言えば，人間の生活領域が即物的な経済的諸関連の支配を受け，また本来経済外の事象の評価・判断にも経済的思考・方法が適用され，その意味での文化的・精神的一面性を生じせしめることであると理解できる。

6 社会合理性の実現を提唱する，現代の主要にして代表的な中心人物である Habermas, J. 自身は，現代の体制を構成する経済的生産組織を，それ自体「近代」(Modernität) そのものと前提，あるいは所与とし，本来の人間の「生活世界」(Lebenswelt) と分断し，それに対立させているために (Habermas, J., *Technik und Wissenschaft als "Ideologie"*, Frankfurt 1969，長谷川宏・北原章子訳『イデオロギーとしての技術と科学』紀伊國屋書店，1970 年，同著，*Theorie des kommunikativen Handeslns*, Frankfurt 1981，河上倫逸・平井俊彦他訳『コミュニケイション的行為の理論』未来社 1985-87 年)，生産組織そのものと生活世界の交わり・融合の改善や，その中での，特に前者そのものの具体的な批判的検討と改革の問題は捉えきれないでいると言えよう。例えば以下参照。Brewing, J., *Kritik der Unternehmensethik: An den Grenzen der konsesual-kommunikativ orientierten Unternehmensethik*, Bern 1995，特に p. 35f. 参照)。この問題点の解決が，本著の目差すところでもあり，後の章でさらに論述を展開するが，まさに経営学的考察の課題であると思われる。

7 この意味の企業文化とは，倫理という一層普遍的で根源的な規律に従うことを第一義とする意味では，従来の企業文化の定義からは「弱い企業文化」とも言い得るであろうし，その観点からは，「企業文化」そのものが不要とされ，むしろ（一見社会合理性の達成に向けた）「合意形成」といった「グランド・ルール」こそ「企業文化」に替わるべきものだとするような見方も可能であろう。そのような観点は，例えば Pastin, M. の説（Pastin, M., *The Hard Problems of Management: Gaining the Ethics Edge,* San Francisco 1986，永安幸正訳『考える経営者―高収益・高倫理企業への途』NTT 出版，1994 年）に代表されると思われ，米国の，一般的に倫理を重視する研究の主流の中に位置しているとも見られる。しかし，一面において，管理思考中心的で，それ故基本的には経済合理性至上の発想の枠組みからは抜け切れていない面がある。こうした点に関連しては第 8 章を参照されたい。

8 Reidenbach, R. E./Robin, D. P., *Ethics and Profits: A Convergence of Corporate America's Economic and Social Responsibilities*, Englewood Cliffs 1989, p. 57。

9 Kohlberg, L., Stages and Sequences: the cognitive-developmental approach to socialization, in: Goslin, D. A.（ed.）, *the Handbook of Socialization Theory and Research*, Cicago 1964, p. 347ff., 376。これに関して，例えば以下参照。Wright, M., Can Moral Judgement and Ethical Behaviour be Learned? A Review of the Literature, in: *Management Decision*, 10/1995, Snell, R. S., Complementing Kohlberg: Mapping the Reasoning used by Managers for their Own Dilemma Cases, in: *Human Relations*, Jan./1996, Harris, C./Brown, W., Development Constraints on Ethical Behavior in Business, in: *Journal of Business Ethics*, 9/1990, Maclagan, P., Management Development and Business Ethics: A View from the U. K, in: *Journal of Business Ethics*, 11/1992, Carroll, A. B., 前掲書，108ff。また特に本章との関連では Logsdon, J. M./Yuthas, K., Corporate Social Performance, Stakeholder Orientation, and Organizational Moral Development, in: *Journal of Business Ethics*, Sep./1997。田代義範『企業と経営倫理』ミネルヴァ書房，2000年，特に175頁以下。

10 社会契約説は，とりわけ国際的な諸問題の倫理について語る時には，（国際）社会の中心になり得る相当の権限機関が無いがゆえに，（解決すべき問題も多いが），むしろ継続的に強力な「国際的」倫理思想・理念たり得るとする見解もある。Mapel, D.R., The Contractarian Tradition and International Ethics, in: Nardin, T./Mapel, D. R., *Traditions of International Ethics*, Cambridge 1992, p. 180ff.

11 Osterloh, M., *Unternehmensethik und Unternehmenskultur*…, 前掲書，S. 159

12 Ulrich, P., *Transformation*…, 前掲書，S. 214, 267.

13 Harris, C./Brown, W., 前掲書，9/1990, p. 856.

14 日置弘一郎，前掲書，30頁以下，傍点筆者。

15 この脈絡については，例えば以下文献等を参照。鈴木辰治「企業倫理の方法試論」『経済学年報』（新潟大学），1991年。李正文『多国籍企業と国際社会貢献』文眞堂，1998年。森本三男「『企業社会責任の経営学的研究』白桃書房，1994年。水谷内徹也『企業の社会戦略と経営者の役割』日本経営学会編『現代企業と社会』（経営学論集65），1995年。土井一生「企業の社会的成果に関する諸理論の検討―グローバル企業の社会的貢献」，早稲田商学，1992年。Freeman, R. E./Gilbert, D. R., *Corporate Strategy*…, 前掲書，Paine, L.S., Managing for Organizational Integrity, in: *Harvard Business Review*, Mar.-Apr./1994, Carroll, A. B., 前掲書，他。

16 中村義寿「国際ビジネスの倫理的境界 ...」，前掲書，109頁。

17 Homann, K./Blome-Dress, F., 前掲書，S. 173.

18 Reindenbach, R. E./Robin, D. P., 前掲書，p. 43.

19 Reindenbach, R. E./Robin, D. P., 前掲書，p. 121ff..

20 Kötter, R., Unternehmensethik-Ethik oder Theorie der rationalen Konfliktbewältigung, in: Forum für Philosophie Bad Homburg（Hrsg.）, 前掲書，S. 141f.. この点では，対話倫理に

よる問題の解決を目指す，ドイツ（語圏）での研究のひとつの代表的位置を占める Steinmann, H./Löhr, A. らによる企業倫理についての議論の内容も，前章の〈2. 相対主義的な環境適応志向の克服〉で既述の問題点と共に，米国的な研究に1面においては共通の問題点を持つと考えられる。類似の哲学的基礎を出発点とした Ulrich, P. の研究（例えば，同著，Transformation der ökonomischen Vernunft…, 前掲書，他）が，本章の立場に近いものであり，本テーマの研究の今後の展開に意味があると思われるが，その詳細な検討は別に譲る。

21 Barnard, C. I., *The Functions of the Executive*, Cambridge 1938, p. 258ff. （田杉競監訳『経営者の役割』ダイヤモンド社，1956年, 276頁以下）。

22 この点の解釈，脈絡については，鈴木幸毅『バーナード理論批判』中央経済社，1984, 特に116頁以下参照。これに関しては，第8章2-1でも詳述することになる。

23 体制の構造によって得た，管理者としての権力を持った優位な地位に支えられ，守られながら，しかもその個人的な信念や信条（faith＝論理や理屈以前の心根による思い込み）によって他の人の「リーダー」たらんとすること，およびその「（経営者の）役割」は，独白的（独善的）で，エリート主義で，宣教師のようだと表現する説もある。Calas, M. B./Smircich, L., Voicing Seduction to Silence Leadership, in: Calas, M. B./Smircich, L. (ed.), *Postmodern Management Theory*, Aldershot 1997, p. 305, 321. これに関連して第8章注25も参照。

24 De George, R. T., *Competing with Integrity in International Business*, New York 1993. 以上は，既に前章の〈2. 相対主義的な環境適応志向の克服〉で述べた，Hymer, S. や Friedman, M. にマクロの意味の捉え方で共通の「自由主義信奉に関わる同じ米国的な発想に囚われている」ことの結果としても理解できよう。また，ここでは，De George, R. T. の議論には，（彼の研究経歴からして）社会主義的な要素への親和性が認められるという点も付け加えておく必要があろう。

25 Nill, A. F. L., *Strategische Unternehmensführung aus ethischer Perspektive*, Münster 1994, S. 65f.）

26 そうでなければ，如何に社会合理性を掲げた対話や談話・コミュニケーションに基づく倫理の実践も，単に非実践的でイデオロギー的な意味しか持ち得ぬばかりか，企業意思決定に関わるプロセスを逆に「非」合理的にして，企業の存続を危うくする方向に働く危険性すらあると言える。この点は，米国のステークホルダー論が Habermas, J. の理論を取り入れて展開されている多くの場合に当てはまり得る。これに関連しては，第8章での検討に委ねたい。cf. Stahlberg, M. O., *Unternehmen im Überlebensparadox: Zum Beziehungsgeflecht von Ökologie und Wettbewerbsfähigkeit,* Bern 1996, 270ff.。

27 Brewing, J., 前掲書，S. 232.

28 この点および以下の論述に関連して，山本は，経営学にとって価値とか倫理は不可欠の

要素であるとして,経営の現実の構造を把握するためには,「特に新段階―非資本主義的,反資本主義的なもの―の研究が大切となる」としていた。山本安次郎『経営学本質論』森山書店,1961年,82頁。

29 Schumpeter, J., *Theorie der wirtschaftlichen Entwicklung,* Leipzig 1926（初版 1912年）（塩野谷祐一他訳『経済発展の理論』岩波書店,1977年）

30 Schumpeter, J., *Capitalism, Socialism and Democracy,* 3d. ed., London 1950（初版 1942年）（中山伊知郎・東畑精一訳『資本主義,社会主義,民主主義』東洋経済新報社,1951年）

31 前章の結参照。Gilbert, D. R., 前掲書。また第8章4結参照。

32 岡田昌也『経営学の基本問題』森山書店,1994年,238頁以下。

33 上述の岡田の言葉に加えて,西部が言うように,「今の…経済学は,国家と社会とを,そしてひょとして人間までをも,考慮の外におくことによって「科学」であり得てきたような学問だからである。」,西部邁『経済倫理学序説』中央公論社,1983年,88頁。

34 De George は米国の企業倫理（Business Ethics）学界の先駆者としての代表的研究者として,Homann, K. はドイツにおける企業及び経済倫理（Unternehmens- und Wirtschaftsethik）の代表的な研究者（企業倫理についても語るが,本来的に経済学的視点を中心とする）の一人として,この研究領域の方向付けの一端を担う者として参照に値すると言えよう。特に後者については彼等の論文（問題提起）とそれを巡るドイツの重要な諸論者の批判的投稿（議論）を掲載した *Ethik und Sozialwissenschaften*（H. 1/1994）誌が,ここでの論点に関した研究上の多くの示唆を与えてくれ興味深い。以下参照。同誌所収,Homann, K./Pies, I., Wirtschaftsethik in der Moderne: Zur ökonomischen Theorie der Moral., dazu: Kritik.

35 Jackson, N./Carter, P., 前掲書, p. 23.

36 Dierkes, M./Zimmermann, K., （Hrsg.）, *Ethik und Geschäft: Dimensionen und Grenzen unternehmerischer Verantwortung,* Frankfurt 1991, p. 5.

37 Karmasin, M., *Ethik als Gewinn-Konzepte und Perspektiven von Wirtschaftsethik, Unternehmensethik,* Führungsethik, Wien 1996, S. 98f..

38 高巌「企業に置ける倫理と効率― H. A. サイモンの利他主義モデルを超えて」『組織科学』,2/1996年,同著,「企業の新しい社会的責任―社会契約による倫理的公正の実現を目指して」『日本経営倫理学会誌』,4/1997年。

39 山本安次郎,前掲書,117頁。

40 山本の主張の骨子はあくまでも「『企業』経営から『事業』経営への転換」であり,その定義からすれば,本章で「企業倫理」とする概念は厳密に言えば山本の認識からは矛盾した意味を持つかも知れず,本章で企業倫理が達成されると仮定する場合の,本章での「企業」と山本の言う「企業」には使用法上でのズレが生じると見られ得るが,この

場合の本章での（倫理的と言える）「企業」は，山本の言う「事業」と「経営主体的統一」を為した組織としての，〈社会的に高められた企業〉として理解されたい。
41 山本安次郎，前掲書，73，82頁。
42 谷口照三「環境志向経営への主体的変革」山本安次郎・加藤編著『経営学原論』文眞堂，1982年，278頁。
43 谷口照三，前掲書，278頁。
44 Ulrich, P., Systemsteuerung und Kulturentwicklung: Auf der Suche nach einem ganzheitlichen Paradigma der Managementlehre, in: *Die Unternehmung*, 4/1984., S. 309.
45 Holleis, W., 前掲書，S. 337ff., 346.
46 鈴木辰治『企業倫理・文化と…』，前掲書，72頁。
47 Holleis, W., 前掲書，S. 352.
48 Nill, A. F. L., 前掲書，S. 61, 196.
49 Jeurissen, R., The Social Function of Business Ethics, in: *Business Ethics Quarterly*, 4/2000, p. 821.
50 Jeurissen, R., 同上書，p. 839.
51 Jeurissen, R., 同上書，p. 839ff..
52 Karmasin, M., 前掲書，S. 205.
53 Ulrich, P., *Die Großunternehmung als quasi-öffentliche Institution*…，前掲書。
54 森田道也・遠藤久夫「経営戦略における新たな視点—社会性と政治性」『組織科学』，1/1992年．田中康介・松本尚子・中西晶「21世紀の企業とマネジメント像—ソシオダイナミクス型企業と社際企業家へ—」『産能大学紀要』，1/1994年，Chattell, A., *Managing for the Future*, London 1995.
55 谷口照三「地域社会関係」稲別正晴編著『ホンダの米国現地経営— HAM の総合的研究（新版）』文眞堂，1998年。
56 Alvesson, M./Willmott, H., Strategic Management…，前掲書，p. 105.
57 Alvesson, M./Willmott, H. は，上述の（注56）の言葉に続けて，Fischer, F. の次の言葉を説明に用いている（前掲同著，p. 105）。「技術主義者たちにとって，問題解決とは，……民主的政策の『非合理的』な決定プロセスを科学的意思決定の『合理的』な経験的，分析的方法論で置き替えることである。……技術主義的理論家たちにとっては，民主的な交渉や妥協との関与の結果である意思決定の分断的で拡散的な形態以上に非合理なものは無いのである。」
58 Alvesson, M., *Communication, …*, 前掲書，p. 208.
59 これに関連しては，以下の文献が示唆に富む。Offermann, V., *Überbetriebliche Mitbestimmung und Gesellschaftssteuerung: Eine Betrachtung im Lichte der Theorie des kommunikativen Handels*, Regensburg 1994。

60　最終的には，両方の文化が連結・連続し一致されるような，また一致されるべきことに一体化した社会経済体制，それもとりわけグローバルな社会経済体制が目差されるべきであろう。勿論その道は困難を極め，完全な成就は望めないまでも，理念としての一定の可能性は与えられており，その可能性の実現に向けて努力すること自体に意味があると見るべきであろう。

第6章 企業倫理と企業組織

1. 序

　グローバル化の進展は，国境を超えた企業組織の広がりと一体的な関係にある。そのような企業組織の発展を見据えながら，既に第3章のはじめでも述べたように，1970年代の初頭，Hymer, S. は，国境を超えて展開される企業の体制を「新しい帝国主義」の体制になぞらえた[1]。その理由は，国境を越え伸展する企業の組織が，各国の生産手段や経済主体に対する所有と支配の関係を拡大し構造化しつつ，また深めることにより，グローバルなレベルで自由や平等，民主性や分配の公平性といった基本的な人権に阻害的あるいは抑圧的な性向を有するというものであった。Hymer, S. は，その組織がヒエラルキーな形態によって展開されると見て，それを「権力のピラミッド」(Pyramid of Power)[2] と形容した。そして，それはまた，各国の伝統的な社会や文化，価値観までも変化させ，時には歪めながら，各国の自律性までにも影響を及ぼすものであると理解された。それ故に彼は，多国籍企業を，Keynes, J. M. が資本主義について語った言葉を借り―「美しくもなく，正しくもなく，道徳的でもない」と論じたのである[3]。

　Hymer, S.. がそのような論を展開した背景には，当時既に，多国籍企業の存在と行動が，現実に幾多の倫理的な問題を生じせしめるとして世界的に大きな関心と議論を呼んでいた状況があった[4]。そのような，Hymer, S. によって描

かれ，論じられた諸問題は，その後，まさしく企業倫理の研究領域においても様々な観点から重要なテーマとして多くの論者によっても取り上げられてきたが，その際に共通の出発点ともなった基本的な問題認識の核心は，多国籍企業の有する「権力」及びその不都合な社会的諸作用への危惧であったと総括できる[5]。この権力の問題の本質，あるいは基本概念が，Hymer, S. によって企業組織の「権力のピラミッド」という図式あるいは理念型として提示されたと言うこともできよう。

　企業の倫理と組織の問題は，かくして，原理的には，企業の権力の問題に中心的に関わることであると言える。

2. 企業組織と企業権力

1. 企業倫理・組織と企業権力

　企業の権力の問題は本来，多国籍企業に限らず，現代の企業倫理の問題を生じせしめている最も根源的なものであるとも言える。それが故にまた，企業の権力の問題は，言うまでもなく，今日の企業倫理研究の興隆に至るまでにも，それにつながる「企業の社会的責任」の研究を触発し盛んにしてきた。これらの研究への関心における一貫して基本的な視点は，Epstein, E. M. の言葉を借りれば，「如何なる制度も社会的意思決定過程を支配し得るようなことがあってはならないという民主主義の基本的信念から生じている」のであり，企業の権力が民主主義的な生活様式に対する脅威であるという認識の上に成り立っていると言えるのである[6]。

　既に1930年代の米国において，Berle Jr. A. B. と Means, G. C. は，近代株式会社は「単に社会組織の一形式とのみ見なされるべきではなく，むしろ近代世界の支配的な機関としてみなすことが出来よう」として次のように予想していた。「…自身の利害が関するところでは，会社は国家を支配しようとすら企てる。…将来は，今日会社によって典型化された経済組織体が，国家と対等の立場に立つのみならず，社会組織の支配的な形態として，国家にとって替わらん

とすることもあろう[7]」。この予想は，まさしく戦後における企業の多国籍化の急速な進展と拡大によって，企業が従来の国家主権の枠をはみ出し，一国家的な主権の及ばぬ行動領域を得ることによって，そして国家そのもの及び各国家での活動上の諸条件を選択する自由をも得たことから，グローバルなレベルで一層明瞭で実質的な現実味を帯びるに至っていると言えよう。

　Berle Jr. A. B. と Means, G. C. の上述の予想の後，第二次大戦後間もなくドイツでは，当時の代表的な新自由主義者のひとり，Böhm, F. が，企業権力について次のように述べていた。「その市場影響力が強かろうが弱かろうが，それは，それが存在する限り，制度的な性質を持ち，…社会的な恒久的従属関係をつくり出す。このことは，…単純に社会的学的な断層現象（構造変化）ではない。そうではなくて，…我々の社会秩序における，そして政治的制度における変化である。即ち，市場戦略家（Marktstrateg）とその仲間による，卑劣にカモフラージュされた封建社会への変化である[8]」と。Epstein, E. M. は，現代の企業が「他の如何なる社会的制度以上に…，その規模，偏在性，機能的重要性，そして過去の活動の故に，…（「私的な政府」となり得る）権力の性質と程度に関する疑念と不安を喚起してきた」と指摘し，問題となる権力として，1. 経済的権力，2. 社会的・文化的権力，3. 個人に対する権力，4. 技術的権力，5.（自然）環境に対する権力，6. 政治的権力の6つの権力を挙げ詳細に論じている[9]。

　上記の Berle Jr. A. B. と Means, G. C. は，企業権力の問題について，「未だ解決されておらず，また完全に認識すらされていない」旨を述べたが，その詳細な検討の後に，「過去，会社権力について語られ，かつ書かれてきたこと全てをもってしても，我々は未だこの現象についてごく僅かなことしか知らない」と結論づけている[10]。そのような不透明・不確実な状況は，この問題が現代社会全体を被い尽くす広範さを有し，同時に社会の将来という未定・未決の在り方自体に密接不可分に関わっているからでもあろう。

　いずれにせよ，企業の権力の問題は，企業の多国籍化の進展と共に，既にふれたごとく，企業が今やその戦略によって国家そのもの及び各国家での活動上

の諸条件を選択する自由をも得たことにより，一層顕在化していると，あるいは増幅されていると，さらに，それを超えてむしろ新たな段階に到達していると言える。従来は各国内でそれなりに一定に保たれてきた，企業権力とそれに対する国家の在るべき民主主義的な力の均衡，あるいはその在り方が，各国の社会経済条件の相違を利用する多国籍企業の戦略と勢力拡大によって崩れ，また歪められ，民主的な公正さの損なわれる危険性が大きくなっているのである。この状況は，今や企業組織のグローバルな広がりによって，各国家の在るべき民主性が脅かされていることであるとも形容できよう。つまりは，Epstein, E. M. が挙げたごとき企業の諸権力は，企業組織のグローバルな広がりを通じて，Hymer, S. が提示した「権力のピラミッド」の実体ともなり，それを成立せしめるものであると理解することができるのである。

　しかしながら，1970年代初頭にHymer, S.が唱えた「権力のピラミッド」とそれにまつわる諸問題の指摘は，まさに「ピラミッド」という言葉が使われることからも理解できるように，多国籍企業の組織を基本的に「ヒエラルキー」としてとらえる発想と立場を出発点とし基礎とするものである。ところがその後，1980年代頃から後においては，企業の国際的な組織，あるいはグローバルな組織としては，ヒエラルキーではない，「新しい」平らで水平的な，またネットワーク的な組織が盛んに提唱され，その方向への移行の現実についても語られることになった。国外子会社の自律性の重視や経営参加的運営が主張され，それを通じての進出先国での多面的な環境適合性，適応性，さらに順応性，それが故の，多国籍企業組織の内部的また対外的に協調・共生的な性向が強調され，その重要性と必要性が指摘されることがますます一般的となってきた。これがためでもあろうか，今日ではHymer, S.の「権力のピラミッド」の概念図式は，国際経営論の研究分野ではもはや忘れられたかの感すらある。あるいは，あたかも国際的な企業組織の変容が，「権力のピラミッド」が有する問題を緩和し解消しつつあると受け止められているかにも見受けられる。

　はたして，今日主張される国際的な企業組織の変化，ヒエラルキーでない「新たな」組織への移行・変容は，「権力のピラミッド」という図式による国際

経営問題の理解を無効なものとするのであろうか。また，グローバルなレベルにおける企業権力そのものの問題を変質させるものなのであろうか。あるいは「新たな」組織の下で，企業権力の問題は「新たな」理解の仕方を要求しているのであろうか。

2. 国際経営の組織発展

一般的な企業組織の研究においても，1980年を前後して，それまで支配的であるとされたヒエラルキー的で官僚的な組織に替わる別の組織の必要性が強調され，また現実にもそうした組織への移行について語られることになっていった。「古い組織」から「新しい組織」への変容が論じられることになったのである。この変化を触発し推し進めたものは，戦後の急速な国際化の進展と自由化，民主化の流れの中での社会環境の変化の速さ，複雑性，多様性，不確実性，そして無秩序性，予測困難性への柔軟な対応の必要性の高まり，コンピューターに代表される通信技術の発達，それによるコミュニケーションの広がりと速度・強度の飛躍，それと共に促進もされる「知識」あるいは「知識経営」の形成及びそれに基づく革新機能の社会的，産業的な重要性への着目，またその推進への要請等であった。

この「新しい組織」は，現代社会の「パラダイムシフト」の流れについての観念[11]に沿ったものとしても理解でき，その出現は「組織革命」(organizational revolution)とまでも表現され，周知のごとく，「古い組織」に対照的に「ポスト官僚制的」，「ポスト・フォード主義的」，「ポスト・モダン的」等と形容されることにもなった。この組織に最も一般的に認められた特質のひとつは，「コンピュータによる通信技術革命によって可能となった迅速で緻密なフィードバックにより支援される緊密で水平的なコミュニケーションと分権化された意思決定によって，情報が下から上へ，意思決定が上から下へと流れる官僚制の垂直的コミュニケーション・チャネルを置き替えること[12]」と表現される。これによりまた，階層は一層少なく，各部門間の仕切りは一層低いものとされる。意思決定は，その前提・条件及び情報の共有により非階層的（nonhierarchical）に，平坦（flat）で水平的（horizontal, lateral）な関係において，経営参加的（participative），チーム志向的（team-oriented）に為され，各部分は自律的（autonomous），自己決定的（self-directed），自己管理的（self-managed）なものとなる。この「新しい組織」は，ヘテラルキー（heterarchy），ラテラルキー（laterarchy）等とも名付けられるが，概念的に細かな違いは別にして，一般にも学術的にもますますネットワーク組織（network organization）と好んで形容されるようになってきたと言えよう[13]。

　この「新しい組織」は，国際経営の組織としては，Hedlund, G. によって提示されたヘテラルキー組織[14]や Bartlett, C. A.. と Ghoshal, S.. によって主張されたトランスナショナル組織等によって代表されている[15]。その骨子は，子会社への分権化を意思決定の分担化という形で進め，本社と子会社間，子会社同士間の相互調整を柔軟に行うというものである。グローバルな広がりを持った企業組織は，世界各地で多元的で多様かつ複雑にして予測困難な環境の中にありながら，同時にそれと共生的な相互関係にあると理解される。そこで，その関係をうまく保ち，かつそれを利用して競争上の優位性をもたらす革新的成果を生み出すためには，各地の部分組織に一定の主体性と自律性を持たせることが必須となり企業組織全体の構築にとっての大前提となるというのである。

　Hedlund, G. は，とりわけ Arrow, K. J. の論に依拠しながら，ヒエラルキー組織でのトップによる権力の行使に対極の概念として「コンセンサス」を挙げ，前者では組織各層を通じる縦の連鎖で為される意思決定が，後者では組織各部分・部門の横の関係で水平のプロセスとして為され得ることとその妥当性を示している。多国籍企業では，それぞれ相違した社会的環境に位置する部分組織がそれぞれの社会的「暗黙知」を生かすことが重要なのであり，これにより，組織全体の環境適応力も革新・競争能力も高められるとされる。理念とされることは，国際組織における権力の分散，及びそれによる経営参加を基調とする複数支配体制であり，その意味での，必要に応じて分散化された「民主的」とも理解される意思決定の達成である[16]。

　各国での環境適応の重要性が述べられるということは，現地での様々な利害

関係者との共生関係が主張されることでもあり，多国籍企業組織について，それ自体ネットワーク組織として捉えられることと相まって，各国子会社を中心とした，様々な他組織に対するオープンシステムとしての性格も強調され，またその方向に生存・競争力の維持の可能性が模索されることにもなる。このような組織の在り方の追求は，一面においてだけではあるものの，かつて Hymer, S. が「道徳的でない」多国籍企業の「権力のピラミッド」の問題を克服すべく提案した「反多国籍企業」(antimultinational corporation) の構築の試み[17]に近づき通じるようにも見える。彼は，世界各国，各地域が，それぞれの社会経済的な伝統や風土，諸特性・条件と一体性を保ちながら発展できるよう，それぞれの独自性と自律性が維持され守られながら，それぞれの間を技術や情報が自由に流れるグローバルなネットワーク組織の構築を理想とした。ただそうしたグローバルなレベルで民主的とも言える組織の構築は，直接投資を，従ってそれを通じての支配関係を廃するという政策の遂行が前提とされていた点においてあまりにも急進的に過ぎ，現実性の乏しい単なる理念としてしか見られず，その後の，一層の「実践性」を目差した「新しい組織」にまつわる議論の興隆の前に影を失っていったようにも思える。

　いずれにせよ，国際面においても主張されることになった「新しい組織」は，「権力のピラミッド」の組織的な構成要素とは逆で対立的と思われる様々な要素をとり入れることによって，またそれにより Hymer, S. も描いた倫理的問題解決の方向に一定の一致を示すことによって，それなりに倫理性を実現することへの関わりを得たものとも言えないことはなかろう——この点を中心に別の観点から論じたのが第3章の内容でもあった——。まさしく Jöstingmeier, B. は，ヒエラルキーな組織構造では各組織現場の倫理的な責任の感受性が損なわれることも指摘しつつ，シュタインマン Steinmann, H. らの研究に立脚しながら，「新しい組織」に特徴的な既述の諸要素を組み合わせて組織構築することを，国際的な企業倫理の実現にとって必要な「組織構造の倫理的な感応化 (ethische Sensibilisierung) の糸口」の基本として論じている[18]。

　現実の国際的な企業組織がどの程度まで「新しい組織」へと移行しているか

については様々な議論もあり，依然として実証的な研究も不足していると言わざるを得ないものの，既に現実の企業による国際的な組織展開自体が，ヒエラルキー構造による「新しい帝国主義」の体制，あるいは「企業植民地主義」(corporate colonialism) と呼ばれる体制を過去のものとしており，今やネットワーク構造による「国際経営領域の脱植民地化」(decolonization of international business) について語られるとする主張もある[19]。こうした主張によれば，過去の「新しい帝国主義」の体制を作り上げた企業を「多国籍企業」と呼び，その体制を根本から崩してしまう「新しい組織」たるネットワーク的な組織を展開する企業を「グローバル企業」として定義するということにもなる[20]。これによって，あたかも企業の存在自体が，そしてその権力自体が弱められ「変質」したかの感さえ与えられることになると言っても過言ではないであろう。しかしながら，果たして，そのような弱められ「変質」した企業権力について語ることができるのであろうか。

3. 企業組織の不変性

既述の「権力のピラミッド」の図式を想定するに際してHymer, S. が当時最も多く詳細に目にしたと思われる現実の多国籍企業は，まさしく戦後から1970年代の初頭にかけて世界を席巻し一般的にもその数量と影響力の大きさで世界の耳目を引き圧倒的優位にあった米国の企業であった。その後の「組織革命」をめぐる議論でも指摘されたように，確かに当時の米国企業は「権力のピラミッド」の図式にそのままに合致すると言い得るヒエラルキー組織の構造を有していたと見ることが出来よう。

しかしながら，Hymer, S. 自身は，その主要な論を展開した当時，既に，通信技術の進歩がコミュニケーションの形をフラットな多極的ネットワーク型構造にする可能性を指摘しその方向への発展を予想しながら[21]，それと共に進む企業組織構造の拡大とその変化についても，その後の状況を予見するごとく論じていた。彼は，「企業拡大の二面的性格は，国際企業の分析においてよく理解されていないことが非常に多い」と指摘した上で，そのような状況に対し，

次のような見通しを特に強調する必要性を述べた。「…企業内部における分権化は，しばしば集権化の反対物ではなく，むしろその補完物なのである。何故ならば，あるレベルにおける分権化は，しばしばより高いレベルにおける集権化を伴うからである。時と共に企業が成長するに従って，次第に長い時間を視野に入れ，次第に広範な地理的空間をカバーする一層高いレベルの抽象的な計画を行う能力も大いに成長した。このことは，より低いレベルにおいては，自律性を高めることも可能であるし，またそれを要求することさえ可能であるかもしれない。より低いレベルに対して独立性を与えるということは，決して戦略的な支配を放棄することではなく，計画能力の増大に結びついた戦略上の柔軟性が増大することを意味するのである[22]。」

このことからすれば，組織のフラット化，水平化，そしてネットワーク化によっても，国際的な企業組織内の上部と他の各部分の「権力の不均衡」(Machtasymmetrie)[23] には変わることがなく，新しいと言われる組織変化も，単に，従来通りの経済合理性に基づく行動による一層のグローバル化のためのものであり，肥大化する権力を支え温存するためのものに過ぎぬと見ることも出来よう。あるいは，むしろ権力の拡大を一層グローバルなレベルで可能とするものであると見ることも出来よう。いずれにせよ，企業権力の問題自体は本質的には変化するとは考え難いと理解できるのである。

別言すれば，国際経営のネットワーク組織は，諸条件が相違する各国，各地域での諸利害集団への相互的な適応関係の適時で柔軟な形成・維持への必要性からも構築されるものであり，またそのような適応を可能とする点が強調もされるが，その点自体が現地の諸利害を勘案した「現地適応」として，――企業権力の行使とは無縁の――倫理的な行動に結びつくものとは言えないのである。このことは，結局，一般的にも，「倫理的な組織」(ethical organization) の形成に際して，「ステークホルダーについての考慮は戦略的計画に際して経営者を助けるであろうが，それ自体は経営者の意思決定へと倫理的な考慮を導き入れることにはならない[24]」と言い得ることに同じである。

これと同時に認識しておくべきことは，ネットワーク構造における水平的で

緊密なコミュニケーションを可能にするとされる，あるいは今日ではそうしたコミュニケーションの実態でもあると言ってよい情報技術の発達や存在それ自体は，決してヒエラルキー構造を廃するものではないという点である。情報技術は，その本質的な性質として，多国籍企業内外の諸関係の数値化，抽象化を通じて企業組織自体を高度な「ヴァーチャル・オルガニゼーション」となし[25]，倫理の形成・確立にとって本来的に必須となる倫理豊かな人間関係，つまり全人格的，全人間的なふれ合いの関係が緊密化されることを阻害し得るとも言える。このことから，Mowshowitz, A. は，情報技術がむしろ倫理性を高めることとは逆の，別の質的内容を有していると指摘し，それは，組織的に，支配を行う権力の非人間的側面を増大させ，その非倫理的行動を誘発し，強める恐れすらあるとして，「抽象化からシニシズムへ，そして非倫理的行動と犯罪的行為への道は長くはない[26]」と述べている。

情報技術も含めて，「技術は本来，それ自体は中立的である」とする考えも一面において可能であろう。しかし，現実の環境や他者との「間接的」な関係が，直接的な体験を基にした関係の場合とは違い，倫理の形成・確立にとって重要な人間の感受性（Sensitivity）に対して，本来その機能の働きの前提であった環境や他者との「直接的」な関係とは違う事態への適応を要求することになることも事実である。それ故，Mowshowitz, A. は，この感受性こそが情報技術による「抽象化の最初の犠牲者である」とも述べている。このような脈略においてこそ，Barnet, R. の，「マンハッタンの摩天楼の56階では，その会社がコロンビアやメキシコで行なっているであろうことを自己防衛的に無視するレベルは高い[27]」といった言葉も一層よく理解されるであろう。

これに関連して，Gehlen, A は，多国籍企業によってもたらされるような，グローバルな，特定の地域には限られない世界産業文化へ向けて起こる出来事や現象は未曾有のものであり，従来の倫理の基である直接的な経験を超えたいわば「二次的経験」の領域に属するものであるとした上で，「人間の道徳的器官が世界の全体に及ぶ情報組織と同じ管轄範囲を持っているというのは正しくない」と指摘している。そして，彼は，この結果，誰しも，多国籍企業の経営

者もまた，グローバルな倫理的問題の解決に一層大きな責任を感じそれに立ち向かうほど，「道徳的過剰要求」に苛まれることにもなると述べ，それが故に，現代において新たに倫理について考え直すことに大いなる意味がある旨を主張している[28]。

　こうした問題に加えて，情報技術の発達との関連で組織経営的に最重要な問題は，多国籍企業が情報技術を組織構築と運営において如何に利用するかという政策的な問題である。ここで先ず要点となることは，この問題は政治的な意思決定の領域に属する問題であり，結局はその意思決定を行う者が組織の情報の在り方についての「情報政策」(information politics) の最終的な権力を握り組織を支配するという点である。そして一般的に，企業組織における情報政策については，本来は，決して単純に，組織各部分に均一的な情報のネットワークの形態が基本となるわけではなく，例えば，Davenport, T. H. らも指摘するごとく，権限の配分やその強度や内容の違いに応じて多様な形態が可能なのである。それらの形態とは，「技術主義的理想主義」(Technocratic Utopianism = 情報共有至上的)，「無政府主義」(Anarchy = 情報無統制的)，「封建主義」(Feudalism = 職能・部門別的)，「君主制」(Monarchy = 中央集権的)，「連邦制」(Federalim = 分権統治・統括的) と形容できるような様々な形態である。現実の企業組織においては，そうした諸形態のうちから，なんらかの形での情報の統括的なコントロールを前提とした政策を基に，それに最適合な選択が行われる[29]。そして，たとえ組織構造が水平的で，ネットワーク的でも，情報面でのヒエラルキー構造，つまり「情報ヒエラルキー」が形成され得るのであり，むしろそれに基づく一層強い権力行使もあり得るのである。

　かく考えれば，ヒエラルキー組織と「新しい組織」に属するとされるネットワーク組織は，単純に2つの別の，あるいは二者択一的な，また対立的な概念として考えられないことは当然と言えよう。両者をそのような概念として考えることは，組織関係を垂直方向にしろ水平方向にしろ平面的に捉え表現しようとすることによっても条件付けられているように思える。明確に3次元的な枠組みの中に捉えれば，例えば，円錐形（ヒエラルキー）の中に左右・前後そし

て上下にも浸透し立体的に広がる緊密な関係の構造（ネットワーク）がなんら違和感無く調和的にも想定することができる。例えば，ある経営者が現実の経験からとりわけ強調するように，グローバルな複雑性に対応する組織としてネットワーク組織の重要性と必要性が認められ現実に採用され実践されるとしても，その組織の透明性と機能を明確で一貫したものにする目的で，成功の鍵として「同時に」，「マネジメントは強力なヒエラルキー的なラインに沿って構造化されねばならぬ──この要点は今や全く一層重要になっている」とまで語られる[30]。そのような組織は，ヒエラルキーとネットワークの2つの概念がひとつになった「ヒエラルキカルなネットワーク」（hierarchical network）ということになる。

　このような意味での，ネットワーク組織をとりながらもヒエラルキー的である構造は，国内組織以上に複雑性への対応を強いられる国際組織において一層意味を持ち得ることが，従ってまた，権力の実質的な分散を少ないものに留まらせることが考えられる。グローバルに広がる企業組織の各部分は，まさに様々な発展格差を伴った相違した環境を利用しながらその複雑性の中に位置するのである。加えて，これによりまた，ネットワーク構造自体が，その結節点同士の関係において，グローバルに不均衡に築き上げられることにもなる。そして，その関係は，例えば多くの場合，発展度が高く環境の似通った特に先進国同士間で同質にして太く緊密になり，発展度が低く環境の相違する国々の間では多様に離散しつつ細く空疎となる傾向にあろう[31]。これによって，国際的な企業組織における各部分のネットワークの不均衡な関係が，結局はHymer, S. が唱えた「権力のピラミッド」の図式にみられるヒエラルキー的な関係に合致する形で構造化されることになってしまうと考えられもしよう。この構造においてHymer, S. が想定した状況と違う点がもしもあるとすれば，各部分間の関係が（3次元的な）ネットワーク構造によって（2次元的な）「権力のピラミッド」の図式には一面的には表わし難い一層の複雑性，あるいは不透明性を帯びる傾向があるということであろう。逆に，グローバルな組織の広がりと共に一層の複雑性・不透明性に直面しかつそれを内包することにもなったが故

に，基本的には変わることのない従来の組織構造の枠組みの中に「新しい組織」の構想が取り入れられたに過ぎないと見ることも出来よう。つまりは，Westney, D. E. によってその論点が整理，類型化され指摘されるように，多国籍企業の組織進化についてのひとつの見方として，「新しい組織」への移行について今日「我々が見ているのは組織形態の全面的変化よりも，むしろ主に組織のサブシステムにおける変化である」と言えるということであり，あるいはまた，「…我々が見届けているのは組織における変化というよりマネジメントのレトリックの変化である」とまでも表現され得る[32]ということでもある。

　以上の考察を踏まえれば，「新しい組織」への移行が主張され，ヒエラルキー組織よりもネットワーク組織が強調されるようになったことは，組織のグローバルな広がりと競争激化のなかで単に企業経営の新たなレベルにおける効率化の必要性が増したことの結果に過ぎないのであり，従来の企業組織そのものの本質的な変化には直接に結びつくものとは言い難いと言わざるを得ない。従ってまた，当然のことながら，ネットワーク組織を，ヒエラルキー組織を廃しそれに替わる企業組織として捉えた場合，企業本来のグローバルな行動と組織活動の統一性の保持という点では，本質的に曖昧で不安定なものでしかあり得ないとも考えられる。それ故，ヘテラルキー組織の主張を行うHedlund, G. 自身も，現実に構築しようとする実践的な組織については，「ヘテラルキーのような」(heterarchy-like) であろうと表現し，ヘテラルキーの世界がヒエラルキーの「実践的な代替案であるには混迷しすぎている (too messy) と思える」可能性自体を否定しようとはしなかったのである[33]。

　Vernon-Wortzel, H. らは，上記の Hedlund, G. の組織理論を，他の，例えば Bartlett, C. A. や Ghoshal, S.，また Doz, Y. や Prahalad, C. K. らに代表される，トランスナショナル組織やそれに類似したネットワーク的組織の理論と共に，それらが，「理論的な正確さよりも経営的な現実性を優先した」と論評し，十分理論的枠組みを提示することに失敗したとしている[34]。そうした組織モデルは，「構造」としてのハイラルキーそのものに論理的に替わる実践や実質であったとは言い難く，「多国籍企業の機能や能力を強調するものであり，構造

形態を強調するものではない」ともされる。いずれにせよ、多国籍企業の本部が組織をデザインすることには変わりがないのであり、その意味ではまた、彼等の研究は、その本部の基本かつ本質であるハイラルキー組織のデザインの機能円滑化のために、組織構成員のマインドセットをコントロールするためのものであったに過ぎないとも言える[35]。その意味では、既述の、Hymer, S. による組織発展の本質的な内容の予想に関わる言葉の意味は失われていないと言えよう。

　Drucker, P. は、こうした問題に関連して、情報化時代におけるヒエラルキーの重要性を強調し、次のように語っていた。「情報化の時代になると、…ヒエラルキーは死語になると多くの人が口にする。まったくナンセンスだ。『フラットな組織』という言葉は、私が50年前につくった…だからといって、ヒエラルキーがなくなるわけではない。階層はますます必要になっている…素早く動くことが重要であって、それ以上に決定を下すことの方がもっと大事だ…[36]」

　因みに、Hedlund, G. は、ヘテラルキーというネットワーク型組織の必要性を説くにあたって、人間の脳神経の発達の仕方を例証的に用いて説明している。つまり、個々の脳細胞間には上下の関係が無く、ただそれらのネットワークの構築が情報処理や意思決定の能力を高め人間を一層高等なものとするという論理である。これに対して、Hymer, S. は、同様に脳神経の発達を取り上げながらも、それを人間の成長と関連付けながら、逆にヒエラルキーの意味を説いている。つまり、神経細胞の発達による、身体各部分の分化、独立性の高まりが活動の可能性を一層豊かにしながら、同時に、それら部分を意識的にコントロールするための一層高度な統合が頭脳の成長と複雑化によって起こる点を指摘している[37]。

　Forsgren, M. は、Hymer, S. がかつて指摘したごとき問題が、今世紀に入っても変りなく存在していると言い得る点を、論理的、統計的に明らかにした後に、次のように決論づけている。「Hymer, S. が30年から40年前に思っていたことが消え去ったと論じることは、そして、今日の状況がネットワーク企業

によって支配されていると論じることは間違っているだろう。たとえネットワーク企業が最近まで我々の多国籍企業についての概念づくりを支配してきたとしても，そうした企業は，今なお『グローバルな相互依存についての神話』と呼ばれてきたことに属するものと認められるようである[38]。」

3．企業倫理と組織の民主性

1　倫理問題の増幅可能性

既述のことからすれば，「ネットワーク組織」について語られる時，その基本として各部分組織・組織構成員の自律性や参加の尊重・推進，チームワークといったエンパワメント的な要素が強調されるとしても，それらも，結局は企業権力のヒエラルキー的な支配の枠組みの中にあるか，あるいはそれを機軸にしていると言うべきものである。エンパワメント的発想によって目論まれることは，時には民主性についてまでも語られるほどに，自律的・自発的で主導的な行為を重んじながらも，それが出来なければ組織から去らせる（"lead or leave" = 企業のために lead できる人を増やすことによって一層多くの lead する人を解雇もしやすくする）[39]という方針に基づきつつ，人間を企業の仕事のために「全人的」に開発し形作ることでもある。この意味で，グローバルなネットワーク組織の展開とは，究極的な形態としては，「24時間地球を被い包む労働プロセス」の連関の中に全ての国民国家，人間生活を巻き込む「全面競争」（total competition）の状況までも生み出す危険性[40]を有していると，そしてそれを通じて企業権力にまつわる倫理的な諸問題を一層大きく深刻なものとする危険性を有しているとも言えよう。

そもそも，ネットワーク的で一見したところ民主的な組織の構築は，既にグローバルな「全面競争」の結果破壊したもの（いわゆる労働疎外の結果等＝自らの組織の内実も含めて）を，出来得る限りの人間の全人格・生活の投入による「新たな『全面競争』」で修復している面もあると見られるのである[41]。そして，各国の労働環境条件の相違という効率性の制限要因を抑え込み全組織の成

果を上げるべく,共通の価値や関係性を謳い操作の対象とし得る「軸」と成し,仕事への一層の負荷を可能にするべく「梃子」(leverage)をかけていると見ることもできるのである[42]。その中で従業員に要求される「努力」とは,その負荷に対する耐久性を高めることを意味する[43]。

　いずれにせよ,24時間地球を被い包む全面戦争がもたらし得る上記の倫理問題の拡大と深刻化の危険性は,ネットワーク組織が持つオープンシステムとしての性格によって一層強められることが考えられる。企業倫理実現の重要な条件として,権力に見合った責任を遂行すべしとする「権力と責任の均衡」の原則について先ず語られることが一般的であるが,ネットワーク化による企業組織の一層のオープン組織化は,一方で企業権力同士の結びつきと連鎖を拡大しつつ,同時にそれによる相乗的な増幅効果を通じて企業権力を一層強大化する危険性がある。そしてもう一方では,全ての関係者への開放性と関係性,双方向性を強調しながら,企業権力の実体を不明瞭にしつつ,とりわけ企業倫理にとっては重要かつ根本的な要素である「責任関係」を曖昧にし,同時に両者の関係をも不鮮明かつ不明確で見渡し難くする傾向を強める危険性がある[44]。従ってまた,ネットワーク組織の実践,あるいはその表明や強調は,企業倫理問題そのものを一層拡大するだけでなく,同時にそうした問題を隠蔽する手段やレトリックとして,意識的,あるいは無意識的に,また意図せざる結果としても使われる可能性も考えられるのである。

　如何なる企業組織が構築されようとも,たとえそれがネットワーク型に類する「新しい組織」であろうとも,企業が倫理的に問題となり得る権力を握っているということには変わりが無く,あるいはむしろ「新しい組織」であるが故に一層問題は大きくかつ複雑になり得るのである。いずれにせよ,そのグローバルな広がりは,既述のことからも明らかなように,極言すれば,地球上の全ての人間的な生活関連を利潤に変えようとする飽くなき権力構造の拡張をも意味することであるとまで言えよう。こうした状況による現実の倫理的な不都合の様々な結果に対してはまた,企業が得た権力そのものへの人々の本来の権利を主張し,それを取り戻す主張が為されたり[45],同様に,グローバルな経済倫

理を実現するために，企業権力に対抗したグローバルなレベルでの「過激な民主主義[46]」の構想の必要性と緊急性が唱えられることにもなるのである。

2 倫理問題と組織の民主性

　以上の考察からは次のことが明らかとなろう。国際経営におけるハイラルキー的でないネットワーク的な組織への進化は，企業に，国際環境の複雑性への感応と対応を高め得るとされる既述の新たな組織特性を帯びさせることによって，Jöstingmeier, B. の論じるように企業の倫理性を改善する可能性は示しながらも，それ自体としては，Hymer, S. が指摘したごとき国際的な企業組織が生み出す企業の倫理的な諸問題そのものを本質的に変化させるとは言い難い。むしろ逆に，この組織発展は，その新たな特性によって企業権力にまつわる倫理問題を一層大きくし，あるいはその実体や責任関係を不鮮明にしつつ，場合によってはそれらを隠蔽する可能性すら有すると考えられるのである。このことは，逆に，そのような「新しい組織」が，一面においては，国際的な企業権力の一層の拡大と共に，まさに企業自らが生み出す倫理的問題によるコンフリクトの回避のために，また——意識的にか無意識的にか，少なくとも結果的には——その真因を覆い隠すためのプラグマティックな対応を通じて生成されてきた結果に他ならないと見ることすらも出来よう。

　かく考えれば，企業倫理の実現のためには，企業の組織形態の違いそのものは根本的な問題の解決にとって本質的に関係なく，それ以前に何よりも先ず当面は，組織の各構成員を，倫理関連の重要な情報提供とそれに関わる教育により，問題解決の知識と能力で装備させることが必須であろう。その上で，プラグマティックに得られることになったと言える，倫理問題のコンフリクト回避的な「新しい組織」の既述の特性の諸部分を必要に応じて意識的に生かしていき得ることが考えられよう。「新しい組織」が企業倫理にとって意味あるとすれば，この点において，またこの限りにおいてのことであろう。

　しかしながら，このような対応は，あくまでも部分的な問題の繕いであって本質的な問題解決でないことは当然であろう。国際経営におけるヒエラルキー

組織もネットワーク的な「新しい組織」も，企業権力の発達とその拡張の結果，それと軌を一にして生み出されてきたものであって，企業倫理問題が本質的に企業権力との関係で捉えられるべきものであるとすれば，当然に，企業倫理実現のためには，企業組織の在り方自体が企業権力の在り方そのものとの関わりにおいて考えられねばならない。別言すれば，企業倫理実現のためには，企業権力自体の在り方が先ず問題とされねばならず，これとの関係において組織が如何に在るべきかが問われねばならないと思えるのである。

この場合，とりわけ米国において典型的に見られるように，一般に言われる「権力と責任の均衡」の理念の脈絡の中で企業倫理を考える限りは，まさに権力そのものの存在と発展は認め前提とするということにおいて，「新しい組織」であれ如何なる組織であれ，権力の存在と発展と共に生成する組織そのものも，基本的にはそのままに単にプラグマティックに受容するということに他ならないし，現実にもそうであった。この限りにおいてはまた，今後も従来の脈絡の中では，どのような組織が生み出され考え出されようと，そのこと自体は，企業倫理の実現という意味にとっては，本質的な変化はもたらし得ないと言わざるを得ないように思われる。

「権力と責任の均衡」の理念によっては，基本的に企業権力に見合った責任の遂行が主張されるものであり，企業権力そのものが，つまりその生成や維持自体が本質的に問題にされることはない。その根拠は，基本的にあくまでも企業の自由な行動とその社会的価値を認める伝統的な自由主義の考えにおかれている。この考えが最終的に依拠するところは，Smith, A.の自由主義的な理論である。しかしながら，スミスが想定した自由な市場とは本来権力の支配を認めない前提の上に成り立つものであり，彼は，同時に，第2章でも述べたように，そうした市場がよく機能するために各経済主体が「同感的利己心」という「道徳的感情」を持った「公平な観察者」たることを前提とし期待していたと理解できる。この「公平な観察者」とは，権力及び権力を握ることには無縁の者であるばかりか，権力そのものを認めるはずのない存在である。またSmith, A.自身，権力に対して明解に批判的に論じていた[47]。従って，本来Smith,

A. 流の自由主義とは，倫理の遂行に一体的であり権力を否定して成り立つものであるというべきであろう。それ故，自由主義を標榜しつつ「権力と責任の均衡」を基本的枠組みとして倫理の遂行を唱えることには根本的な矛盾が存在する。

4. 結

　以上のように考察して来ると，企業倫理の実現を可能とする組織を創造しようとするならば，究極的には，権力と責任の関係の云々以前に，権力の存在と発展そのものを本質的に問うことから始めねばならないと言えるであろう。組織の問題はまた基本的に戦略の問題でもあるが，Alvesson, M. らは，現代の経営戦略及び戦略論はあまりにも権力そのものの受容と承認を前提にして組み立てられている点を指摘し，これを正すために意思決定の民主化を進めるべきことを，また，その方向での組織の在り方の見直しを為すべきことを主張している[48]。企業権力にまつわる諸問題あるいは疑惑や疑念を除くためには，現代の企業の「制度化された権力の構造」(institutionalized structure of power)[49] を変革すべく，社会民主的かつ経営民主的な組織の在り方が模索されねばならないと思えるのである。

　かくして，以下のごとく結論付けられるであろう。企業倫理に関わる国際経営の組織の在り方について考えるには，本質的には，ヒエラルキー的かへテラルキー的か，あるいはトランスナショナル的か等，如何なるものであれ，既存の基本的な権力構造の支配とその前提の下につくられ，また提案されてきた組織構造について云々するよりも，その権力構造の支配とその前提自体を問うことから出発することを基本とすべきであろう。その際，先ずは，権力に依拠して構造化される組織過程に対峙する真に社会民主的・経営民主的な意思決定の過程の構築が検討されるべきであろう。

　この方向への転換が成功し実践的な意味を持ち得るためにはまた，この脈絡に一体化した企業文化の変革も必要となるであろう。まさに，既述の鈴木の指

摘の通り，企業倫理と企業文化を別個に論じることは「邪道」であり[50]，企業文化の形成においても同様の民主性が望まれるのである。しかるに，まさしく既存の企業組織の理論や実践においては，企業文化についても，いわば「権力が客観性を装って為す文化的組織化」が中心的な課題とされ実体となってきたとも言えるのである[51]。

　企業組織のグローバルな社会・経営民主性を高めるという意識と理念を基礎にして初めて，企業と社会の関係を新たな倫理的な高みで均衡させる新しい構造とプロセスを持った企業組織の生成が期待される。

　そのような企業組織の生成が可能になるためには，企業文化も含めて，そもそも企業体制そのものの在り方が，企業倫理実現の可能性との関連において検討される必要がある。そうした視点を中心に倫理問題を検討するのが次の章の課題である。

注

1　第3章，序，参照
2　Hymer, S., Internationalization of Capital…，前掲書，p. 76f.. 同著，Is the Multinational Corporation Doomed?…，前掲訳書，391頁以下。同著，The Multinational Corporation and the International Division of Labor, in: Hymer, S. ., *The Multinational Corporation*…，前掲書，p. 141f.
3　Hymer, S. ., Internationalization of Capital…，前掲訳書，345頁。Keynes, J. M. による元の言葉は次の通りである。「知的でなく，美しくもなく，正しくもなく，道徳的でもない――そして期待に応えてもくれない」。前後の文については，Keynes, J. M., National Self-Sufficiency, in: Yale Review, Sum./1933, p. 766, cit. in: Hymer, S. ., International Politics and International Economics: a Radical Approach, in: Hymer, S., *The Multinational Corporation*…，前掲書，p. 260.
4　Servan-Schreiber, J.-J., *The American Challenge*, New York 1968, Vernon, R., *Sovereignty at Bay: The Multinational Spread of U. S. Enterprise*, London 1971（霍見芳浩訳『多国籍企業の新展開：追いつめられる国家主権』ダイヤモンド社，1973年），同著，*Storm over the Multinationals: The Real Issues*, Cambridge 1977（古川公成訳『多国籍企業を襲う嵐：政治・経済的緊張の真因はなにか』ダイヤモンド社，1978年）他。拙著，『西独多国籍企業論』第2章（45頁以下）参照。

5 Vernon, R. は, このことを別の一言で,「多国籍企業に関わる最も基本的な論点は, おそらく, 経済支配と経済依存関係というテーマに代表される」と述べていた。Vernon, R., *Storm over the Multinationals*…, 前掲書, p. 12, 前掲訳書, 16 頁。
6 Epstein, M. E., Dimensions of Corporate Power, in: *California Management Review*, Win/1973, Sum./1974. (「会社権力の諸次元」同著者論文集: 中村瑞穂・風間信隆・角野信夫・出見世信之・梅津光弘訳『企業倫理と経営社会政策過程』所収,), 24 頁以下。
7 Berle, A. A./Means, G. C., *The Modern Corporation and Private Property*, New York 1932. (北島忠男訳『近代株式会社と私有財産』文雅堂銀行研究社 1958 年), 訳書, 451 頁。
8 Böhm, F., Frankfurter Allgemeine, 27. 5. 1961 zit. in: Pritzkoleit, K., *Wirtschaftsmacht: Gespenst oder Wirklichkeit?*, Stuttgart 1962, p. 50f..
9 Epstein, E. M., 前掲訳書, 25 頁以下。括弧内筆者。また, 企業権力の諸相, 諸側面については以下参照。谷本寛治『企業権力の社会的制御』千倉書房 1987 年。
10 Epstein, E. M., 前掲訳書, 77 頁。
11 例えば以下参照。Schwartz, P./Ogilvy, J., *The Emergent Paradigm: Changing Patterns of Thought and Belief*, Menlo Park 1979, cit. in: Lincoln, Y. S./Guba, E. G., *Naturalistic Inquiry*, New Bury 1985. Hogner, R. H., 前掲書。
12 Westney, D. E., Organizational Evolution of the Multinational Enterprise: An Organisational Sociology Perspective, in: *Management International Review*, Spr./1999, p. 57.
13 同上書。また例えば以下参照。Galbraith, J. R./Lawler, E. E., Organizing for the Future, San Francisco 1993 (柴田高他訳『21 世紀企業の組織デザイン』産能大出版部 1996 年)
14 Hedlund, G., Assumption of Hierarchy and Heterarchy, in: Ghoshal, S./Westney, D. E. (ed.), *Organization Theory and the Multinational Corporation*, London 1993., Hedlund, G./Kogut, B., Managing the MNCs: The End of the Missionary Era, in: Hedlund, G. (ed.) *Organization of Transnational Corporations*, New York 1993., Hedlund, G./Rolander, D. (1990), Action in Heterarchies–New approaches to managing the MNC", in: Bartlett, C. A./Doz, Y./Hedlund, G. (ed.), *Managing the Global Firm*. New York 1990.
15 Bartlett, C. A./Ghoshal, S. (1989) *Managing Across Borders: The Transnational Solution*, Boston, 1989. (吉原英樹監訳『地球市場時代の企業戦略』日本経済新聞, 1989 年)
16 Hedlund, G., 前掲書, p. 226ff.
17 Hymer, S., Is the Multinational doomed…, 前掲訳書, 404 頁以下。
18 Jöstingmeier, B., *Zur Unternehmensethik international tätiger Unternehmungen*. Göttingen 1994, S. 173ff..
19 Mourdoukoutas, P., *The Global Corporation: The Decolonization of International Business*, Westport 1999.
20 同上書, p. 31ff.

21 Hymer, S., The Multinational…, 前掲訳書, 283 頁以下。
22 Hymer, S., *The United States Multinational Corporation and Japanese Competition in the Pacific*（「太平洋におけるアメリカの多国籍企業と日本の競争」）前掲訳書, 365 頁。
23 Kumar, B. N./Sjurts, I., Multinationale Unternehmen und Ethik…, 前掲書, S. 181.
24 Kitson, A./Campbell, R. (1996), *The Ethical Organization: Ethical Theory and Corporate Behaviour*, Basingstoke 1996, p. 111.
25 Mowshowitz, A., Ethical Dimensions of Information Technology in Global Business, in: Hoffman, M./Lnage, E./Fedo, D., 前掲書, p. 517.
26 Mowshowitz, A., 同上書, p. 525.
27 Barnet, R. J./Müller, R. E., 前掲書, p. 185.
28 Gehlen, A., *Anthropologische Forschung*…, 前掲訳書, 292 頁。
29 Davenport, T. H./Eccles, R. G./Prusak, L., Information Politics, in: *Sloan Management Review*, Fall./1992, p. 55ff.
30 Feneuille, S., A Network Organization to Meet the Challenges of Complexity, in: *European Management Journal*, Sep./1990, p. 300.
31 Ghoshal, S./Bartlett, C. A., The Multinational Corporation as an Interorganizational Network, in: Ghoshal, S./Westney, D. E., 前掲書, p. 99.
32 Westney, D. E., 前掲書, p. 62.
33 Hedlund, G., 前掲書, p. 233.
34 Vernon-Wortzel, H./Wortzel, L. H., *Strategic Management in the Global Economy*, New York 1997, p. 82f.
35 同上書, p.83ff. その後, Hedlund, G. の組織理論を更に展開して「ハイパー・モダンな多国籍企業」の組織を提示しようとする研究等もあるが，本章本文通り，本質的変化は無いと言えよう。Cf. Zander, I./Mathews, J. A. Beyond Heterarchy; Emerging Futures of the Hypermodern MNC…, 前掲書。
36 「コンピューターに騙されるな：ピーター・F・ドラッカー大いに語る」『日経ビジネス』1999 年 4 月 5 日号, 58 頁。
37 Hymer, S., The Multinational…, 前掲訳書, 269 頁, 同著, The United States…, 前掲訳書, 364 頁, 以下。
38 Forsgern, M., Are Multinational Firms Good or Bad?, in: Havila, V./Forsgren, M./Hakansson, H. (ed), *Critical Perspectives on Internationalization*, Amsterdom 2002, p. 54. ただ彼は，この結論に至る過程で，後述と関連するが，相違した組織の形態ごとに，相違した社会的福利の関係があり得ることを説いている。
39 Marcus, G., *Corporate Futures: The Diffusion of Culturally Sensitive Corporate Forms*, Cicago 1998, p. 25.

40 Hack, L.., Unternehmensinterne Organisation internationaler Arbeitsteilung, in: *PROKLA: Zeitschrift für kritische Sozialwissenschaft*, 4/1998., S. 613.
41 Marcus, G., 前掲書, p. 33f., 59f..
42 Pasternack, B. A./Viscio, A. J., *The Centerless Corporation: A New Model for Transforming Your Organization for Growth and Prosperity*, New York 1998, p. 58, 60ff. 参照。この意味からは，世界的に一気に広まったとも言える「人的資源管理」の手法は，労働力に一層の負荷をかけるための，労働契約に内在する労働の可能性と実働のギャップを埋めるためのコントロールの手法と性格づけられることにもなる。Townley, B., *Reframing Human Resource Management: Power, Ethics and the Subject at Work*, London 1994, p. 138f.
43 Townley, B., 同上書, p. 35ff.
44 西岡健夫, 前掲書, 文眞堂, 1995年, 325頁以下。
45 Korten, D. C., *When Corporation Rules the World*, West Hartford., 1996, 同著, *Globalizing Civil Society: Reclaiming Our Right to Power*, New York 1998.
46 Cortina, A., Weltwirtschaftsethik in radikaldemokratischer Perspektive, in: Maak, T./Lunau, Y. (Hrsg.), *Weltwirtschaftsethik; Globalisierung auf dem Prüfstand der Lebensdienlichkeit*, Bern 1998.
47 第2章3-1, 第7章3-2参照。
48 Alvesson, M./Willmott, H., Strategic Management…, 前掲書。
49 同上書, p. 101.
50 鈴木辰治, 前掲書, 文眞堂, 1996年, 72頁。
51 Alvesson, M., *Communication, …*, 前掲書, p. 4.

第7章　企業倫理と企業体制

1. 序

　前章までにおいて，企業倫理の実現のためには，企業の組織を民主的で内外に開かれたものとすることが肝要であり，そしてそれには，企業権力そのものの在り方の見直しをも含めることが本質的な意味を持つものであると論じてきた。つまり，先ずは企業の内外の利害関係者間の情報の透明性・公開性と共有を推し進めることが必要であり，その上で，対話，談話，ダイアローグ等と言った言葉で表わされるようなコミュニケーションを高めることを基軸としつつ，各利害関係者間の合意を目指すことを基本とすることが必須となる。
　この点は，近代の歴史的な発展の中で，社会の，またそれと共に社会科学，そして国際経営研究のパラダイムも変化する大きな流れの中[1]で，企業倫理に関わる，例えばいわゆるステークホルダー理論に関わるような諸理論が台頭，興隆してきた経緯とその理論の内容の基軸にも通じることである。つまり，現代の企業倫理に関する諸理論は，ステークホルダー論的な展開に典型的に見られるように，社会と企業経営のパラダイム変化の中で，共通の理念あるいは特色として，人間性の尊重と良き社会の実現のために，企業の公開性を高め，企業利害関係者のコミュニケーションに基づく合意あるいはコンセンサスといったことに必須不可欠で中心的な意味を与えてきたと言える。「影響を受けるステークホルダー集団との批判的対話や談話的な相互関係を促進することに経営

者の道徳的な責任が拘束されている」ともされ，そのことは「社会における全てのレベルでの社会的協働」を可能にもすると強調される[2]。ただ，その方法や内容，対象とする範囲，意図する方向や強度，形式，あるいは明文化・公式化，また規則化についての概念や認識，その程度等の面においては，各論者の具体的な主張や論述においては相違が見られると言えるであろう。

とりわけ企業のグローバル化が進展する中にあっては，コミュニケーションに基づく倫理の意味は一層増すものと思われる。何故なら，一方で，ますます多様化するステークホルダーとの関係が調整される必要があるためであり，同時にもう一方では，一国家内では可能であったようには，国家の権力を背景として不都合な企業行動を政治的・制度的に倫理に見合ったものに導くことが一層困難になるからである。グローバルには国際的に共通の，企業を統制する権力も枠組みも無いに等しいが故に，現実的かつ実践的な対応策としても，先ずはコミュニケーションを主体とした倫理に頼らざるを得ない傾向が強まるわけでもある。それ故にまた，Steinmann, H. は，「企業倫理は国家の機能不全への答え（でもある）と理解する[3]」のである。

コミュニケーションに基づく倫理に問題の解決を見出そうとする姿勢と努力は，近年ますます活発化しつつある「国際企業市民イニシァティブ」(international corporate citizenship initiatives) とも称される国際的な企業倫理実現のための諸々の行動規範策定の実践的な試みについてもあてはまる。それらに代表的で現在特に評価されているものが，企業の公開性を増すことを眼目とする，「ソーシャル・アカウンタビリティ，社会的説明責任 8000」(SA8000 = Social Accountability 8000)，「グローバル・レポーティング・イニシアティブ」(GRI = Global Reporting Initiative)，「アカウンタビリティー1000」(AA1000 = AccountAbility 1000)，「OECD 多国籍企業ガイドライン」(OECD Guidelines for Multinational Enterprises) や「国連グローバル・コンパクト」(UN Global Compact) 等[4]と考えられるが，Gilbert, D. U. と Rasche, A. が指摘するごとく「これらの全てのイニシァティブは，相互の相違にもかかわらず，いくつかの共通点を持っている」。第1の点が，国連の人権宣言 (Universal Declaration of

Human Rights) 等の規約への依拠であり，第2の点が，企業による環境や人権の保全の促進を確実にせんとする意図である。そして，第3の点が，「全てのイニシアティブは，ステークホルダーとのコミュニケーションの重要性と，国際レベルでのコンフリクト解決の手段としての対話の力を指摘している」ことである[5]。

　以上のような脈絡と状況の中では，今日の企業活動の国際化の進展と共に，一般的にも論理的にも，経験的にも規範的にも，企業利害関係者のコミュニケーションに基づく合意あるいはコンセンサスが国際的に達成されるべきことの重要性と必要性が一層強調され，それが必然であるともされる。例えば，Reed, D. は，企業倫理の問題について国際的視点が要求されるとして述べる。「何故なら，企業の活動は，それによって影響を受ける全ての者たちが企業活動のための規則を創り上げる談話に参加することができる場合に限ってのみ正当化されるからである。企業の活動がますます国境を越えるに従い，それにより一層多くの人々が影響を受け，コンセンサスの形成の過程に組み込まれる必要がある[6]。」De George, R. T. も，国際企業倫理を論じる中で，――ステークホルダーとの公正な交渉と合意は企業経営の長期の安定のためになる，とも指摘しながら――，「全ての利害関係集団が発言を許されておらねばならない[7]」と述べている。また彼と共に Donaldson, T. らも，同様の発想から，ステークホルダーとの交渉過程の公正性の保全に企業倫理にとっての基幹的な意味を与えるべく論じている[8]。加えて，企業倫理は経済秩序・制度の枠組みによって達成されるべしとし，コミュニケーションを基軸とする企業倫理の主張には批判的であった Homann, K. でさえも，グローバル化の進展に鑑みては，「談話責任」(Diskursverantwortung) による企業倫理の構築について語らざるを得なくなっているのである[9]。

2. 多国籍企業体制と企業倫理実現の可能性

1 企業倫理と相対主義的対応の限界

　しかしながら，如何にステークホルダーとのコミュニケーションの重要性に言及されたとしても，現実の状況を見れば，最も実践的な国際的展開を目差し具体的な政策を実現しようとする既述の「国際企業市民イニシァティブ」においてすら，ステークホルダーとの関係を如何に企業倫理の実現に結びつけるかについての方策の具体的で実践的な提案はおろか，そのための根拠づけに関わる基本的な体系的考察すら十分に為されているとは言い難い。この点に関連して，Gilbert, D. U. と Rasche, A. は，こうしたイニシァティブの既述の3つの共通点に加えて，第4の共通点として述べている。「ステークホルダー関係への共通の焦点にもかかわらず，どのイニシァティブにおいても，そのようなステークホルダーとの対話を実際に如何に達成するか，また如何にその規範的な基礎を正当化するか，についての練られたコンセプトが見い出せない。たとえ『国連グローバル・コンパクト』がステークホルダー・コラボレーションを明確に促進しようが，『アカウンタビリティー1000』が『ステークホルダー包括性』の主導原則の下に作動しようが，どのコンセプトも，良く組織されたステークホルダー参加過程を創り上げる際の十分な根拠付けと支援を用意していない[10]。」

　この問題を解決するために，例えば，積極的に，本章冒頭に指摘した現代のパラダイム変革の流れを代表するともされる Habermas, J. のコミュニケーション理論[11]に原理的な解決策を求め，その理論に依拠して論理的に最善の『国際企業市民イニシァティブ』を策定しようと試みられることにもなる。Gilbert, D. U. と Rasche, A. は，こうした試みにより，とりわけ「SA 8000」を現実的で実践性あるものにするための論を展開しようとしている。しかしながら，その方向と主張は，国境を越えて一律的に守られるべき規範的な国際基準を基礎としながらも，現実的，実践的な対応では，各地域のステークホルダー

との談話・コミュニケーションによる現地適合的に具体化された標準（locally specified standard）を策定することが眼目とされる。

国際企業倫理の実現に向けての議論では，グローバルに統一的な何らかの基準が掲げられながらも[12]，現実的解決としては「(文化)相対主義」の要素を取り入れざるを得ないことは，特に日々の経営実践にとっては致し方の無いことではある。従って，Steinmann, H. も，次のように語っている。「文化的な価値の増大する多様性を見れば，文化間の問題やコンフリクトの解決は，全く最初から一般的な原理を助けとすることでは，ますますほとんど達成出来なくなっている。むしろ，具体的で地域的な問題そのものから始め，そこから超主観的志向の解決を導き出すことが必要に思える。それ故，そうした問題の取り扱いは，何よりも最初に，地域的に妥当な諸要求から始めねば，そして，当面のコンフリクトが必要とするなら，それらの個別特定的な方向づけの超越を試みねばならない[13]。」

しかし，まさしくこうした議論の際に忘れてならないことは，企業は，各国，各地域の政治的，社会的，経済的諸条件の違いを利用するためにも国境を超えて多国籍化し，その過程を通じて，その諸条件の違いを固定化，構造化，恒常化させる面があることであり，そうして強められる各国間の諸々の格差をさらに利用しようとして，また利用することを前提として戦略を展開することである。この場合，問題となる諸条件の違いの中には，上述の Steinmann, H. も熱心に与する，「公正な」コミュニケーション，対話，談話，ダイアローグ，コンセンサスといった概念にとって基本となる「民主性」の内容や強度の違いが含まれる。しかも，この民主性は，その他の諸条件と同等，同列のものでなく，他の諸条件を決する基本的な要素とも言えることが忘れられてはならない[14]。

——既に前章で詳しく見たところであり，若干の繰り返しになるが，本章での論理展開のために要約して述べれば——，戦後，1970年代初頭にかけて，ハイラルキー型の組織を基本とした米国の多国籍企業は，各国間の発展格差を利用し，さらにそれを構造化する顕著な傾向を有する面があるとされ，多くの

批判の対象にもされた[15]。その後，世界の民主化パラダイムの強まりとも軌を一にしながら，また生産・情報技術の発展とも相まって，企業の「組織革命」について語られ，現代の多国籍企業の組織も，ハイラルキーからヘテラルキーへ，一層の分権化を伴う柔軟でフラットで水平なネットワーク型組織へ，民主的な要素を強めた組織へと移行しつつあることが，それがまた現代の多国籍企業の特質と理解されることが主張もされた。しかしながら，そのような組織，例えば，代表的には Bartlett, C と Ghoshal, S. 達の提示した理念型としてのトランスナショナル組織を志向する組織構造を有する企業[16]は，様々な形で各国，各地域に存在し蓄積されてきた専門知識，情報，技能，その他生産諸要素の諸々の特色や相違を，つまりはそれらを形成する諸要因となっている社会構造や文化の違いを，国境を越える企業組織の中で自らに最適に組み合わせながら利用しようとするのである。こうして多国籍企業によって利用される各国の相違は，Porter, M. E. が戦略論の展開のために，各国の競争力の違いや在り方について論じる際に基本とする，戦略立案者が着目すべしとされる各国の相違した諸々の要素の違い[17]に一致する。つまり，ここでの要諦は，多国籍企業組織の，時代と共に進展するかに思われる「組織革命」に向けての変化にも関係なく，各国の相違，従ってまたその発展の格差を利用しようとする性向にも本質的な変化は見られないということである。その際，それ故にまた，企業構造の民主的な要素を強めるかに見える組織的対応や変化も，結局は，各国の民主性の内容や程度の相違や格差をも利用していることに本質的に変わりなく，何らの変革も見られないと言えよう。

　多国籍企業の戦略にとって各国の相違や格差の利用が密接不可分の関係にあるとすると，個々の国に多大の影響を与えるグローバルな戦略を展開し，かつそれによりグローバルな社会変化の推進者として，一国家的な価値・倫理感を疑問なものとし始めた多国籍企業に対して，「相対主義」的な対応を中心的に進めようとすることは矛盾と危険をはらんだものとも言い得る。つまり，結果として，また本質的にも，相対主義的な対応は，一方で，まさに各国のステークホルダーが対応せねばならないことになる幾多のグローバルな問題をもたら

す多国籍企業の戦略を，既成事実として受け入れ前提とすることから肯定することにもなり，他方で，それを通じて同時に，多国籍企業による各国の相違を利用する戦略を一層進展させ，一層の問題拡大や，そうした問題への対応に対する多国籍企業の関与や支配を強めることにもなり得る。このことは，多国籍企業にとっては，自らがもたらす複雑な社会連関の変化を，さらに自らのために利用することにもつなげ得ることを意味する。ここで思い起こされるのは，まさに，Salomom, A. M. が1966年に米国上院の「反トラストと独占の小委員会」で多国籍企業を形容して語った「世界を自分自身の真珠を生み出す貝のように考え」ようとしている，という言葉[18]である。相対主義的な対応は，多国籍企業の意図に沿い合致し，むしろその意図の実現を推進し得，問題の本来的な解決を困難にするばかりか，それに反する面すらある。これでは，倫理的に不都合な結果を生み出す多国籍企業の戦略に対して，本質的に意味ある対応の展開を行い多国籍企業の倫理性を構築することを為し得るとは言い難い。

2 企業倫理と多国籍企業パラダイム

基本的に相対主義に重きを置くことになる，また置かざるを得ない動き[19]に対して，即ち，世界各国での「実践的な」コミュニケーションを基礎とする倫理実現の期待と，その実現への運動に対して，多国籍企業は，各国での社会システムの部分エレメントとして現地のステークホルダーとの対話を進める，また進めざるを得ないとになる。そこで，展開されるコミュニケーションの実態は「交渉」であるし，また企業としても「交渉」として対処せざるを得ない。けだし，多国籍企業はグローバルに構築された「制度体」であって，その意味は統一性が保たれるということにあり，統一性が保たれてこそ制度体としての組織たり得，Tavis, L. A. が説くように，その「組織の統一性の出発点は，その制度体が基盤と考えることについての定義である。このことは，多国籍企業にとっては，どのような局面で，企業文化の統一性が各現地の文化の多様性の内部の自発的な反応を抑え込もうとするかについての決定である[20]。」つまり，多国籍企業にとって，自己の制度体としての意味を保持するための術は，交渉

という形態で展開せざるを得ないのである。

　しかもその内容は，各国ステークホルダーに対して有する，国境を越えて組織された多国籍企業であるが故の不均衡な条件の有利さや，その重要な要素でもある，時として隠蔽された情報優位性等によって枠づけられることになる。従ってその交渉はまた，コミュニケーションによる企業倫理の実現や構築が標榜されたとしても，経営者にとっては，既に有する「権力をもって如何に交渉の『(社会的) 責任』をうまく管理していくかが問題なのである[21]。」そして，それにより，如何に一層の権力の拡大と維持を図るかが問題であると言えよう[22]。その際，勿論一方的に権力を誇示しながら交渉が行われるのでなく，企業倫理が問題にされるほどに，ステークホルダーの参加的な形態を強調した交渉の諸要素が加えられ，組み合わされることになる[23]。

　いずれにせよ，グローバル化によってもたらされる企業問題の解決を可能とする企業倫理の実現を目指そうとする時，多国籍企業とステークホルダーの不均衡な権力関係に基づきながら，また，そうした関係の構造の中で，それを前提としながら，本質的にも結果的にも，各国の民主性の格差や相違までをも前提にしてのコンセンサスに，一定の実践的な効果までは否定できないとしても，どれだけの意味が見出せるのであろうか。既述のごとく，民主化の高まりと，またそれを見据えたと思える世界の歴史的なパラダイムの変化が見られたとしても，多国籍企業自体に関わる基本パラダイムは本質的に変化しないのであって，その「多国籍企業パラダイム」に対する世界の対応だけが工夫され変化させられようとしているだけと見ることもできよう。果たして，そのような工夫や変化の方向は正しいのであろうか。むしろ，変化させられるべきは多国籍企業パラダイムそのものの本質とも考えられるのではないだろうか。

3. 多国籍企業体制と権力問題

1　国際経営と権力問題の認識

　かくて，多国籍企業がもたらす倫理問題への対応についての検討から始め，

相対主義的な対応の不都合な点を明らかにすることを通じて，問題は単に各国の文化や社会経済の相違に起因する諸事情にあるのではなく，本質的には多国籍企業のグローバルな戦略と組織の構造そのものにあることが一層明白になった。この戦略と組織構造の下では，各国，各地域における限られた条件の中で多国籍企業とコミュニケーションを持つステークホルダーたちの認識や知的能力の自由さや解放性が，客観的に満たされているとは言い難い。彼等の意識や精神は，諸判断に必要な情報アクセスの平等性の問題を含め，多国籍企業に関わる存在の強制連関に囚われざるを得ない条件の下に置かれており，結局は，企業組織の中で寡頭的に決せられる目的，あるいは目的意識に沿ったグローバルなシステムとしての効率向上に適ったものにされ得る。多国籍企業とステークホルダーによるコミュニケーションから導かれるコンセンサスは，それ自体が多国籍企業にとっての或る目的に沿い適ったものになり得る。Lyoard, J.-F. の言葉を借りて次のように言えよう。「コンセンサスは体制の構成要素である。体制は，この要素を，効率性を維持し高める目的で操作する。それは，Luhmann, N. の意味で，管理行為の対象である。この場合，その唯一の妥当性は，真の目標を達成することに向けて使われる道具としてのものである。その目標とは体制を正当化するもの，つまり権力である[24]。」

　この傾向は，国際的に一層自由な企業活動が進展，拡大するほどに強まり得る。また，さらに固定化，構造化され，加えてその複雑性の増大とともに結果的に，また意識的に隠蔽される可能性も強まり得る。企業活動の国際化について考察する際には，――この点は既に本書で何度となくふれたところではあるが――，単にそれが，各国，各地域の相違した社会や文化，生産主体，生産要素との関わりを，またそれら相互間の結びつきを拡大し強めるだけでなく，企業組織の連関の中に組み込んでいくことが十分に認識されておかれねばならず，そして，それらの諸要因が，その連関の中で統一的な意思によって新たに関係づけられ利用されることの理解，また分析が重要である。そして，まさに，そのような企業活動によって生ずる社会的に不都合な様々な事態が企業倫理の基本的な問題なのである。

従って，例えば，代表的な企業倫理学者のひとりである Bowie, N. E. のごとく，資本主義世界における国際ビジネスの発展そのものが民主性の広がりと確立に直結するかのように，そしてそれにより企業倫理までが実現する支えを得るかのように，さらにそのことが世界平和までももたらすかのように主張することには疑問を呈せざるを得ない。彼は，主に Kant, E. の哲学理論に依拠ながら，Mill, J. S. や Hume, D., また Smith, A. といった啓蒙主義者たちの言も参照しつつ，資本主義による国際的なビジネスの伸展が，各国民間の共通の絆や経験を強め，必然的に Kant, E. 的な定言的命令の実践の広がりと強化をもたらし，各国民間において相互の相違した文化への許容と理解を強めるであろうと，従って，結果として，企業倫理の達成へ向かう理想的な，民主的で平和な世界の実現をもたらすであろうとしている[25]。

こうした主張の脈絡では，上述の現代の多国籍企業の戦略と組織の特質は全く考慮されていない。当然ながら，Bowie, N. E. が依拠する Mill, J. S. や Hume, D., また Smith, A. そして Kant, E. といった啓蒙主義者たちは，現代のような多国籍企業の戦略や組織を，その規模を，そしてその社会に対して及ぼす影響の大きさを知ることも予想したわけでも，その可能性に気付いたわけでもなかった。多国籍企業がもたらす社会的な影響についての同様の認識の無さは，企業の多国籍化が急展開した 1960 年代においてなお，国際経営の研究者のほとんどについてすら見られた。Robinson, R. D. は同年代の国際経営研究における先駆的な著書で述べていた。「国際経営の研究のほとんどは，国際的企業の役割を著しく過小評価している。国際的企業活動の全体を表す人，商品，サービス，そして諸制度の巨大な国際的パイプライン網があたかも末梢的な重要性しか持たないように書いている。彼等は，このパイプライン網が国際関係の実質そのものであることを認識していない[26]」と。そのような国際的企業活動を推進した中心的な要因は，上記の啓蒙主義者たちが見ていた当時の世界から，経済合理性の論理が急速に発展・分離し自律増殖を遂げていったことでもあった。現代はまさに，問題となる多国籍企業の戦略と組織を生みだした経済合理性の論理の自律増殖の結果，経済合理性がむき出しとなり他を排して支配

を強め,それを通じて政治的民主性を崩している時代なのであり,その実質を多国籍企業が担っている時代と言えるのである。その論理は,また,過去の啓蒙主義者たちが慣れ親しみ中心的に考え哲学していた「生活世界」への支配を強めるに至ったとも言えるのである[27]。

2 企業倫理・権力問題と経営学的認識

以上の脈絡が,現代の経営学者である Bowie, N. E. によって十分に考慮されていない状況の根本には,――勿論 De George, R. のように,資本主義・社会主義といった社会体制そのものの評価に研究者としての一定の客観的な立場,あるいは姿勢を維持せんとするかに見える論者の存在も否定できないものの[28]――米国の多くの経営学者によく共通して見られる,資本主義への信心のようなものがあると思われる。同様に,例えば,Freeman, R. E. と Gilbert, D. R. は,企業戦略と倫理の問題を論ずるに際し必要なこととして「資本主義の長所の再解釈を試みる」と述べ,基本的な認識について「競争ではなく協力が資本主義の基礎である」などとしている[29]。また Hoffman W. M. と Moore J. M. は,企業倫理の最も基本的な前提として,「自由市場体制は,よい生活とよい社会の本性(nature)についての我々の確信の生み出したもの(product of our convictions)だ[30]」と述べている[31]。そのような最も根源的な問題の論理に関わる議論の等閑視に起因する基盤の無さも自ら意識してであろうか,Bowie, N. E. 自身,既述のような主張を,自ら「信じがたいほどに楽観的(incredibly optimistic)であるかもしれない」と結論づけている[32]。[33] また,Wood, D. J. たちは,米国の代表的な企業倫理学者である Donaldson, T. や Epstein, E. M. たちも賛辞を寄せる「グローバル企業市民」と題する著書において,企業倫理を果たすことにグローバルな市民性の意識と実践が必要であることを説き,その目的を,今のままでは多くの問題を生起し存続が脅かされている「資本主義を持続可能にする」ことでもあるとし,次のように述べている。「グローバルな企業市民性は,21世紀に資本主義の良心(conscience of capitalism)を持ちこむための概念的かつ実用的な伝達手段を提供する」と[34]。

かつて Vernon, R. は，1977 年に，多国籍企業問題の重要性と複雑性を指摘し，かつ解明しようとする著書において，「多国籍企業というテーマの分析は，近代社会における最も強力な指導者グループの価値観や富や心理状態と関わりをもつ」としながら，「過去の教育や経験，現在の所属組織あるいは利害関係というものが，知性の隙を求めては仕掛けてくる罠から完全に逃れることは，だれにもできない[35]」と述べ，研究者としての客観性を保つことの困難性を強調していた。またその後，彼は，1994 年に，「米国の歴史，価値，そして諸制度は，不可避に，我々の思考を支配し，そして我々のビジョンを狭隘にし続けている[36]」としていた。こうした点を考慮に入れて検討すれば，上述の啓蒙主義的な企業倫理についての見解は，少なくとも前世紀以来，現代までにおいて多国籍企業の中心的な母国であり，それに関わる政治的覇権や企業権力，そして富の中心であった米国の学者にはやむを得ない，あるいは避けがたい認識状況に基づいていると言えるかもしれない。

　Sullivan, D. は，1998 年に，米国における国際経営の研究の広範な検討から，米国での研究は，国際経営に関する多様な要素を広範に関係付けて複雑性を解き明かそうとする意識や傾向に欠け，実証主義に偏し，一方向的な因果関係を中心にしか見ない類似的研究が多すぎることを明らかにした。それにより彼は，Daniels, J. の論[37]における言葉を借り，そうした類似的研究を「既視感ある文献」（Déjà vu literature）と形容し，米国の学会ではそれが趨勢的になっていること，国際経営研究のパラダイムにおいては「狭隘なビジョン」（narrow vision）が支配的であることを指摘し，そのことが，国際経営研究の衰退の可能性についても語らしめ得るとした[38]。──この点は，現代の国際経営研究の歴史的パラダイムを明らかにした Hogner, R. H. による，「国際経営論：かつて実証主義者，ここに眠る」との墓標が立つのではないかという比喩の主旨[39]に一致する──。この危惧となる論拠の根源にあるものが，究極，上記の Bowie, N. E. の「信じがたいほどに楽観的である」と形容できる論理の根源に共通のものであり，本質的には変化なく継続しているものであると言っても過言ではないと思われる。Johnson, v. N. が結論付けるように，「アングロサクソ

ン系米国人の経験主義的な社会科学は，究極的に，啓蒙主義の希望と進歩への楽観主義に根差している[40]」ということの認識が米国の経営学を分析・理解する上でも肝要であるということであろう。

既述のごとく，多国籍企業が国境を超えて，グローバルに国家間の，またそれにより各国内の社会経済関係の構造と内容にまで影響を及ぼし，また形作り得る状況が見られる時，その企業を生んだ資本主義を一方的に賛美し，それが「民主的な諸制度を支援する」とまで結論付けることは，まさに「信じがたいほどに楽観的で」，かつ短絡的と言わざるを得ないであろう。「民主主義とグローバル秩序」を論じる中で Held, D. も指摘するごとく，一般的にも，現代においては，国家にとって，富を生む機構・体制や富をめぐる競争の中心的役割を担う企業への依存から，その政策は，「私企業と企業権力のシステムの発展に好都合な，つまり偏向した政治指針に従わざるを得ない」とも言えるのであり，その際，企業は，「政治に対する，そしてそれ故に，民主主義の結果の本質に対する不均等な『構造的影響力』を享受することになる。」そして，「民主主義は，特定の利害関係に特権的地位を認める社会経済体制の中に組み込まれる」とも述べられ[41]，こうした議論は，またまさに，「民主主義と資本主義の間の緊張の多くの源を強調する」ことでもあるとされる[42]。ここで，加えて，また重ねて強調されておくべき点は，民主主義に関わる議論が必要とされるのは，単に，あるいは第一義的に富や財の分配について考えるためだけではない。何故なら，それについて考えるだけであれば，既存の社会体制の構造に基づき作られた欲求を所与とする事になり，──欲求そのものを操作・管理の対象ともする──権力そのものに関わる構造と体制は直接的には不問に付され不変であり続け得るからである。

上において，自由主義経済の利点について説いた Smith, A. にとっては，今日のような形での多国籍企業の戦略や組織と権力に関わる問題について考えもつかなかったであろう旨を述べたが，しかし，彼は，経済権力が有する非民主的な性格そのものについては明確に気付き強い懸念を示していた。Jones, M. T. と Lok, P. は，Smith, A. が自由主義の利点の前提とした，競争に対する影響

での優位性を持ち得ない「小さな生産者」が，グローバル化の進展の中では，多国籍企業の形態を得て成長する大きな資本と比較して一層不利な立場に置かれることを，加えてその状況を改善する統制力を国家が失うことを指摘した。そして，彼等は，「Smith, A. 自身は，重要な社会的目的を促進する見込みある場合は，個人の自然的自由への制限や保護主義的な性格の規制に本来的に何ら反対するものでない」(Rosenberg, N.) との理解を引用しつつ，また，Smith, A. の言である「(経済権力を握る者達の) 利害は，決して公衆のそれと同じではない。彼等は，一般的に，公衆を欺き，そして圧迫さえすることで利益を得る。そして彼等は，それが故に，多くの場合，公衆を欺き圧迫してきたのだ」との主張を引用し，国際経営論とその教育のためには，とりわけ国際経営論における倫理教育のためには，企業権力の問題が有する「政治性」との取り組みが，決定的に重要な課題となる点を論じた[43]。

まさしく，社会科学史的な検討から国際経営論の将来の在り方について究明した Hogner, R. H. は次のように結論を述べている。「(歴史的パラダイムの変革の中に国際経営論を正しく位置づけると，)…国際経営論は，人間的で，社会的で，道徳的で，人情ある，そしてもっと政治的なものになるだろう[44]。」

4. 多国籍企業体制と自由市場主義

ところで，現代における多国籍企業の権力は，単純に，グローバル化する自由な市場での，あるいは世界市場の自由化の進展に即し，それを利用し尽くす戦略に基いてのみ形成されてきたものではない。その権力は，一方では，市場での優位性を多様な経営政策や規模拡大といった「市場での戦略」によって追求することから強められることになるが，それと同時に，またそのためにも，その権力は，もう一方では，「市場を回避する戦略」によっても一層強められている。つまり，多国籍企業の権力は，市場を「利用しながら同時に回避する」戦略を組み合わせることで強められていると言える点が肝要である。

市場を「利用しながら同時に回避する」，あるいはより正確にいえば，市場

を利用し尽くしながら,そしてそこでの自由を享受し,その維持拡大を主張しながらも,自らにとっての「『世界市場』の不利な作用を回避する」戦略のひとつは,多国籍化のメルクマールたる対外直接投資の本質そのものに一体的な,——世界市場を成立せしめている——為替相場メカニズムそのものを回避することである。為替相場メカニズム,即ち相違した通貨及びそのレートの存在と働きは,本来,「世界市場」の成立と一体となり,各国企業・産業の競争力を均衡させる作用を有し,競争力の劣る国の産業・企業を守り,競争力ある国の産業・企業の超過利潤を奪うものであるが[45],これを通じて各国,とりわけ競争力の劣る国々の自律的な経済発展が円滑化されることになる。対外直接投資とは,第一義的には,競争力ある国の企業が,この奪われる,あるいは奪われる可能性ある超過利潤を確保するために,また奪いかえすために展開する戦略であると見ることができる。戦後,特に米国の企業は,史上未曾有の多国籍化戦略を展開し,世界的な覇権を獲得しつつ,今日にも及ぶ幾多の問題をもたらし,またそれにより国際経営論をも興隆させたが,その戦略展開は,先ずは戦後の固定為替相場制の下で,同時にそれに条件づけられ支えられた,米国以外の各国の復興や発展と共に,それら国々との相対的な競争力格差が縮小する中で,米国企業の超過利潤が奪われていくことへの対抗策でもあった[46]。——こうした為替相場メカニズムに関わる基本的な理論的研究の主要な端緒はNeusüß, C. や Busch, K. らによって開かれた——[47]。この間の事情とその後のグローバルな展開も含めて,紙幅の関係もありここでは詳述しないが,この為替相場メカニズムの回避にまつわる諸事象・問題は,突き詰めれば,本来それ自体が,多国籍企業にまつわる国際経営・経済問題,またそれに関わる競争戦略にとって基幹的とも言うべき,極めて政治的な意味を有する重要かつ本質的なテーマでもある[48]。

　市場を回避するもうひとつの戦略は,上述の為替相場メカニズムの回避を基軸的な条件・枠組としながら[49],可能な限り市場そのものを内部化することである。つまり世界市場での取引過程を国境を超えた企業組織内の取引ネットワークに転換し組み込むことである。この「内部化」,及び内部化の理論をめ

ぐっては，さまざまな議論が展開されてきたものの，また「内部化」が市場回避の意味だけに限られるとは当然に言い切れないまでも，本質的には，内部化の戦略とは，競争上の優位性を得ることにより，そしてさらなる優位性のために，企業権力を確立あるいは拡大することを目指して展開されるものに他ならないと理解できる。従って当然にまた，内部化の戦略は，市場の「本来的」機能には反することになる，あるいは市場を通じての取引では在り得ない，また場合によっては，時としてまさに社会正義的には阻止されるべきはずの，当該の取引過程そのものの集権化，あるいは集権的管理を目指し実現しようとするものでもある。Rugman, A. M. がいみじくも指摘するごとく，「企業とは，階層的・集権的なものである」のであり，「内部化された中での資源配分のプロセスもまた，集権的なかたちで遂行される。…したがって，内部化の理論とは，意思決定の集権化に関する理論でもある[50]」ということである。Bornschier, V. は，多国籍企業というものの本質，そしてその生成と発展の動機を唯一「権力の獲得」として説明し，表面的な分権化の現象には関係なく，そのためのグローバルな展開を集権化組織の確立としてとらえ，その体制を「多国籍企業による産業封建制」と理解したが[51]，市場の回避も，まさしくそのための重要な手段であるとも言うことができよう。

　従って，グローバルな市場の自由化は，あるいは自由な市場のグローバル化は，多国籍企業の発展と共に，本来それに期待されたはずの諸効果とは別に，「それを回避する自由」という意味も含めて自由であるが故の企業権力の増大や構造化の問題をもたらすことにもなったと言える。Kell, G. と Ruggie, J. G. が明言するごとく，「自由化は企業経営の機会を拡大しグローバルな企業ネットワークを生みだすにつれて，多くの社会における交渉の力関係は私企業セクターに有利になり，発展途上国においては著しく多国籍企業へと移ったのである[52]。」市場は，その「有用性」が，「市場外の」「生活世界」の倫理基準から切り離された「経済合理性」で成立しているため，一方で，既述のごとく，自由化や規制緩和に即した企業戦略を通じて「市場を超える」権力が企業に与えられる結果となりながら，それに対抗するに見合った倫理的に意味ある

ものが社会に，人々の生活世界に与えられることはなかったと言えよう。別言すれば，市場の自由化で多国籍企業の権利と権力が多大に増大されたにもかかわらず，それがもたらす，人権，地球環境，貧富の格差，等々の社会的問題には「同等の」関心と関与が向けられて来なかったと言える[53]。この傾向は，まさしく市場の自由化とそれに即した多国籍企業の戦略の相互作用の拡大と両者の相乗効果によって恒常的に構造化を強めていくことになった。多国籍企業が自らの権力を得る足場であり源である市場はグローバルに一様であり，グローバルに広がるその組織は緊密なネットワークによって構築されているのに対して，多国籍企業の浸入を受ける各国の生活世界は，社会・文化的に分断され，連帯のためのネットワークも構築され難いばかりか，各部分の利害は相互に対立的でもあったり，またまさに多国籍企業の組織を通じて対立的な関係におかれ利用されることにもなっているのである。

5. コンセンサス志向の企業倫理の限界

　以上のような状況下では，既に本章の初めにも述べたように，個々の地域での多国籍企業とステークホルダーによるコンセンサスを重視し第一義的に考えることは，既に構築された多国籍企業のグローバルな企業体制[54]を所与とし既成事実として肯定することにもつながり，対応されるべき諸問題を生みだす根源的な部分は温存されたままになる危険性が存する。しかも，各地のステークホルダーにとっては，この根源的な部分についての情報やアクセス可能性は著しく限られているのである。逆に，多国籍企業にとっては，グローバルな組織構造が所与とされれば，各国の相違を利用する戦略を一層推進し，コンセンサスを通じての，またその結果としての経営環境や社会連関の変化を一層効率的に利用する可能性も，それへの関与や支配をさらに強める可能性と共に広がり得る。これが意味するところは，多国籍企業の倫理問題に対すべき政策が，本質的な問題を温存し，解決を困難にするばかりか，解決とは逆の結果を生むという，矛盾と危険を孕んだものとなり得るということである。

このような，コンセンサス重視の思考の問題点は，現代において，そうした思考に一般的な意味でも代表的とも言うべき，あるいは，そうした思考に最も多く依拠され，基礎にもされていると考えられる Habermas, J. の理論的見解に典型的に見られると，また，本質的な共通の特性として内在していると言える。Habermas, J. は，近代の経済合理性によってもたらされた現代の経済体制の問題の解決にとっては，その問題に関わるコンセンサスのための合理的な「コミュニケーション行為」こそが必須・最善の手段たり得るとするが，その前提は，Callinicos, A. の言葉を借りれば，彼が端的に指摘するごとく，「生産関係は，コンセンサスを志向する社会統合の構造に従属しその下位に位置づけられるものと考えられている」ことにある。しかしながら，本章でも何度かその関連についてふれたように，コンセンサスや，そのための合理的なコミュニケーション行為の基礎となるべき民主主義を標榜する国民国家の力は，まさに現代の生産関係の最高度の発展を推進する多国籍企業の統一的な戦略と組織によって侵食され，切り崩され，弱められているのである。民主主義の現実的な橋頭堡となるべき国家の内部では，「経済活動を制御する国民国家の力が著しく減少したことは明らかなのに，そのことがハーバマスの議論にはのぼってこないのである。」現実には，「生産関係は決して，…コンセンサスを目指すような規範的相互行為にも還元することはできない。…それは，むしろ逆に，権力関係の非対称性，富や収入の分配の不平等，階級利害の不可避的対立，そして社会闘争の非和解性というような還元不可能な領域を生みだし構成するものなのである[55]。」

　かく考えればまた，企業倫理実現のためのコンセンサス志向の提言や政策は，近代の問題解決のためのコンセンサスを目差す「コミュニケーション行為の最適化」を説く上述の Habermas, J. の目論見と同じ問題となる性格を有するとも言える。つまり，近代の限界を今日の時代的な状況・条件を所与とし前提として超えようとするプラグマティックな試みと論評されるのと同じ性格を，あるいは，それ故にまた結果的に，「近代に対して批判的でありつつもなお且つその擁護を引き受ける」と論評されるのと同じ性格を有すると言えるの

である。究極，その提言や政策は，現状の問題を対症療法的にプラグマティックに繕うことに終始し，そのことにより，現状に対する「一面的な弁護論に陥ってしまう[56]」とまで言われ得るのである。

　従って，この点からも，すでに論じたところではあるが，コンセンサス志向の発想と論理構成を第一義にして企業倫理の達成を目差し論じようとすることは，とりわけ多国籍企業の戦略と組織の特質を考えれば，基本的には現状肯定的であり，またむしろ現状擁護的でもあり，本質的な問題の解決にはなり得ぬばかりか，問題の認識自体を弱め，あるいは問題の本性を隠蔽し，問題となる諸関連をさらに伸展させ複雑化させる危険性を有するとも言えよう。Habermas, J. のコミュニケーション理論や同類のコンセンサス，対話，ダイアローグを基軸にした思想が，米国における企業倫理をめぐる議論で比較的好んで依拠される理由には，建前的な民主主義尊重の文化の再評価を目論むといった意味だけでなく，プラグマティックな問題解決意識と実践の支配に加えて，やはり既に見た，米国の学者に一般的に特徴的な資本主義体制の「価値」に対する擁護や楽観的な啓蒙主義者としての性格があると言えよう。けだし，紙幅の関係上ここでは詳述しないが，Habermas, J. の論理自体が，その骨子において Marx, K. への批判で成り立っていること[57]に着目すれば，これらの諸点は一層容易に理解できると言えるであろう[58]。

6. 結

　いずれにせよ，決定的に明確なことは，企業利害関係者間の真に民主的な対話や合意，あるいはそのための「最適なコミュニケーション」を目差すのであれば，そのために，企業内外の制度や規則，法律の改革・改善により彼等の立場や影響力，権利を企業に対して実質的に同等な意味あるものにすることが先ず目差されるべきであろう。しかるに，多国籍企業の倫理実現をめぐるコンセンサス志向の諸議論では，とりわけ米国流のステークホルダー理論的アプローチでは，そのこと自体はほとんど議論に上らないのである。この点は，一般的

にも，如何に最近の企業倫理学の発展について語られようとも，真の民主性という意味では基本的，本質的には何らの変化も見られないことに共通であると思われる。

　Steinman, H. は，経営者の社会的責任について高く謳いあげその後の経済界の実践やビジネススクールの教育の標準ともされた第3回ヨーロッパ経営者シンポジウムの「ダボス宣言」について，その支援者たちが利害関係者間の影響力，影響可能性の大きな違いについて何らの民主的で実践的な，そして制度的な対応についても語らなかったことを取り上げ，その「反企業倫理的」な性格を批判したが[59]，現実の状況においては，その後も，本質的には，ほとんど何らの対応の変化も見られなかったと言える。

　米国では，戦後の社会的責任論から現在の企業倫理論に至る実務界や学会の大きな，また目覚ましい認識や対応の変化が見られてきたとされ，時としてそれが時代的なパラダイム変化とまで形容し得るかのごとく語られたとしても，そして国家的には民主主義の実践を最大限に標榜するにもかかわらず，企業をめぐる，とりわけ多国籍企業をめぐる倫理の問題が，上述の意味で，企業権力とその民主化の関係で論じられることはほとんど無かった。「合理的な自己利益中心の経済的パラダイム」(economic paradigm of rational self-interest) や「当然視されたビジネス中心の世界観」(taken-for-granted view of the business-centered world) が大きく問題とされ議論されても[60]，基本的には，それらの関連に対して，またそれらがもたらす不都合な点や矛盾に対しては，利害調停役を担うエリートとしての権力を持った経営者を中心とした既存の経営理論の枠組みの中で論じ対応される試みがなされたに過ぎなかったのである。そこでは，当然ながら，現在の支配的なパラダイムの本質的な変革の可能性に関わる議論，例えば，労資共同決定といった経営民主化が企業競争力や経済合理性に対して持つ意味や意義についての議論[61]，またそれ故に当然ながら，それを基礎とする企業体制の変革そのものについての本格的な議論は起こり得なかったのである。

　企業倫理実現に向けて経営の民主化を推進するためには，既に前章までで何

度かふれたように，究極，企業利害者間の権力のでき得る限りの平等化を推進することの意味が認識されるべきと言えるであろう。現在の企業体制を維持している権力を平準化させ，権力の平等化を遍くいきわたらせることを決断することが肝要となるのではないだろうか。あるいは，何らかの形で，そのことが可能となり機能するような体制づくりが望まれよう。つまり，企業と各利害者間の権力の平等化，平準化を推進する，あるいはそれに順応した組織と意思決定の在り方を考案，工夫していくことが必須となるであろう。

　端的に言って，企業倫理のために権力を平準化させるとは，権力を握る側の権力の諦めを意味し，企業倫理のために権力を諦めるとは，現体制の在り方を諦め，体制を変革するということでもある。このことは，これに関係する者たちが，自らの意識を改革する必要があり，それを通じて，新たな企業倫理を創造していくことを意味するが，そのことは，如何にして可能となるのであろうか。それを探るのが次章のテーマである。

注

1　Cf. Hogner, R. H., 前掲書，このパラダイム変化の流れと共にあり，経営学の分野での倫理の議論の本質的な面にも影響を与えている重要な哲学的な研究として，Habermas, J., Lorenzen, P., Apel, K.-O., Rorty, R., Kelsen, H. 等々の著作があり，ここでの問題の一層十分な究明のためには，それらの徹底した検討も本来必要不可欠であるが，紙幅等の関係で別の機会に譲らざるを得ない。

2　Smith, J., Institutions and Organizations: Communicative Ethics and Business, in: Smith, J. (ed.), *Normative Theory and Business Ethics*, Lanham 2009, p. 147ff., 166f..

3　Steinmann, H., Betriebswirtschaftslehre und Unternehmensethik: Ein Ausblick, in: Scherer, A. G./Patzer, M. (Hrsg.), *Betriebswirtschaftslehre und Unternehmensethik*, Wiesbaden 2008, S. 339.

4　Cf. McIntosh, M. et al., *Living corporate citizenship: Strategic Routes to Socially Responsible Business*. Upper Saddle River 2003,

5　Gilbert, D./Rasche, A., Discourse Ethics and Social Accountability: The Ethics of SA 8000, in: *Business Ethics Quarterly*, 2/2007. p. 209.

6　Reed, D., 前掲書, p. 7.

7 De George, Richard T., *Competing with Integrity in International Business*, New York 1993, P. 34, 40.
8 Donaldson, T./Preston, L. E., The Stakeholder Theory of the Corporation: Concepts, Evidence, and Implications, in: *The Academy of Management Review*, 1/1995, p. 80.
9 Homann, K., Gesellschaftliche Verantwortung von Unternehmen in der globalisierten Welt, Handlungsverantwortung: Diskursverantwortung, Diskussionspapier Nr. 2006-1 des Wittenberg-Zentrums für Globale Ethik, Wittenberg 2006, S. 3f., 彼は，「談話責任」を，「新たに試験的に導入した」としている。ただし，それはあくまでも，本来の経済秩序と制度による企業倫理のグローバルな実現のためのようではある。第5章注34参照。
10 Gilbert, D./Rasche, A., 前掲書, p. 209.
11 Habermas, J. *Theorie des kommunikativen Handeslns*…, 前掲書, 同著, Moralbewußtsein und kommunikatives Handeln…, 前掲書, 同著, *Faktizität und Geltung*, Frankfurt 1998 (河上倫逸・耳野健二訳「事実と妥当性」未来社, 2002-3), 同著, *Wahrheit und Rechtfertigung : philosophische Aufsätze*, Frankfurt 1999。
12 第1章, 注22参照。
13 Steinmann, H./Scherer, A. G., Corporate Ethics and Global Business: Philosophical Considerations on Intercultural Management, in: Kumar, B. N./Steinmann, H., *Ethics in International Management*, Berlin/New York 1998, p. 39.
14 そもそも，倫理実現のための対話や談話，コンセンサスは不均等な権力関係に支配されない状況が作られることが第1の前提となるのだが，対話を必要とする問題自体が――まさに多国籍企業の各国のステークホルダーにとっての問題の本質のように――権力関係に起因する時には，対話や談話を成立させ得ると主張すること自体が論理的に矛盾したこととなる。この点は，既に第2章，注42にも述べたことに関連するが，Schneider, D. が対話倫理を批判した原理的な部分のひとつでもある。注42文献参照。
15 第3, 6章, また, 拙著, 西独多国籍企業論, 特に第1, 2, 8章等参照。
16 Cf. Bartlett, C./Ghoshal, S., 前掲書, また本著6章参照。
17 Porter, M. E., *The Competitive Advantage of Nations*…, 前掲書。こうした戦略の特質は以下に最も端的に表現されていると見ることができる。同著, On Competition…, 前掲書, 第9章, 前掲訳書「競争戦略論Ⅱ」第4章。
18 Hymer, S., The Multinational Corporation and the Law of Uneven Development…, 前掲書, 前掲訳書, 261頁。
19 注13参照。また，このことは，結局は国際機関の対応が一層不必要かつ拘束力の無いものになるということでもある。「現実問題」は各地で起こり各地での対応になる。
20 Tavis, L. A., 前掲書, p. 384.
21 同上書, p. 351

22 以上の点は勿論,一般的な企業のコミュニケーション志向の倫理政策（の限界）に共通の論理によっても成り立っている。その脈絡を中村は以下のように述べる。「しかし,このようなコミュニケーション志向の合理化にも事実上限界はある。かかる限界は,人間間の一般的なむずかしさという点以外に特に,先決された機能命令（Funktionsimperative）のために,今しがた仮定した「結果の解放性」が善意のマネジメントによっても提供されない〔制度化された経済システム（秩序政策と企業体制）という更に上位のレベルで創出され,またこのレベルにおいてのみ修正されうる真の物質的強制が問題であるが故に〕ところに存する。「所与の」市場諸条件下での市場の成果の強制という,事実上のこの物的強制に関しては,企業平面では（単にこの市場的前提の中でのみ存在する）企業政策的および組織政策的形成の議論の,現実に可能なあらゆる余地にたいする,強制的な戦略的成果合理性の事実上の優越が妥当する。…」中村義寿「経営経済的合理化の可能性と限界について—基本モデルを中心として—」『名古屋学院大学研究年報』第5巻第1号,1992,125頁。

23 Tavis, L. A., 前掲書, P. 372f..

24 Lyotard, J.-Francois, The Postmodern Condition: A Report on Knowledge, in: *From Modernism to Postmodernism : An Anthology*, ed. Cahoone, L., Cambridge 1996, p. 499.

25 Bowie, N. E., *Business Ethics: A Kantian Perspective*. Malden 1999. それはまた,カントが言う「目的の王国」（Reich der Zwecke）でもある。このBowie, N. E. の主張に関しては,何世代もの長期の哲学的な論証対象たる歴史的事象としての可能性までも否定できないとの見方は全く排除できないかも知れないが,少なくとも,国際経営論としては,現下の,現世代が直面する問題としての解決可能性について考える限り,受け入れるわけにはいかない。

26 Robinson, R. D., *International Business Policy*, New York 1964. 小沼敏訳『国際経営政策』ぺりかん社,1969,3頁。

27 もちろん,Hymer, S. も予測したように,多国籍企業に対する様々な「対抗物」の存在と対抗戦略によって,多国籍企業の力が制限されることはいたるところで起こり得るが,それによってその権力そのものの本質的な問題性が無くなるということではないということであり,Bubner, A. の指摘のように,「多国籍企業の勢力という企業伝説の衰退」については単純に語り得ないということである。Cf. Bubner, A., *The Might of the Multinationals: The Rise and Fall of the Corporate Legend*, New York 1990.

28 従って例えば彼の著作,De George, R., *Business Ethics*, 3d. ed., New York 1990（山田経三（初版）訳『経済の倫理』明石書店,1985年）は,内容的に独特な味わいを見せているように思える。しかし,それには,（欧州の思想的影響も帯びる）ソ連社会主義やMarx研究者としての（また哲学者として,だが本来の経営学者とも言い難い）姿勢が影響しているように思えると共に,やはり他の論者同様に,本質的には後続本文のような評価

から逸脱はしているとまでは言えないと思われる。これに関連して De George, R. の評価については，以下に詳しいので，ここでの詳論は避ける。宮坂純一「現代企業のモラル行動」，千倉書房，1995年，231頁以下。

29 Freeman, R. E./Gilbert, D. R., 前掲訳書，195, 257頁。その理論内容は，資本主義のどの側面に焦点を当てるかによって決定されることになるということであり，ここではその詳細の論述は避けるが，彼等は，まさに，米国流の焦点の当て方を行っていると言えるということである。

30 Hoffman, W. M./Moore, J. M., *Business Ethics, Readings and Cases in Corporate Morality*, New York 1984, p. 1. 傍点筆者。

31 そのように単純素朴に論ずることの問題は，「制度の理論」の関連で，既に第2章で述べたことから明らかである。

32 Bowie, N. E., 前掲書，p. 174. cf. この言に以下の文を著書の最後として続けている。「…しかし，また，Kant, E. も他の啓蒙思想家たちもそうだったのである。」

33 同じ Kant, E. の哲学に依拠しながらも，既に1世紀近く前に，ドイツの経営学者 Nicklisch, H. が，企業倫理に関わる研究において，現代の Bowie, N. E. が市場の道徳性を強調するのに対して，市場法則を物質的法則として批判的にとらえていたことは興味深い。Nicklisch, H., *Der Weg aufwärts! Organization,* Stuttgart 1920. 両者の比較について以下参照。永田誠「企業倫理，ニックリッシュとボウイ」 大阪府立大学経済研究，2002年，第45巻3号。

34 Wood, D. E. J. et al., *Global Business Citizenship: A Transformative Framework for Ethics and Sustainable Capitalism,* Armonk 2006, p. 54.（傍点筆者）

35 Vernon, R., *Storm over the Multinationals: The Real Issues.* Cambridge, 1977（古川公成訳『多国籍企業を襲う嵐』ダイヤモンド，1978，序文 vi 頁）続けて述べている。「現に，一部の社会学者によれば，その罠を避けようとする努力自体が，必ず失敗に帰するばかりか，誤った方向づけと歪んだ認識をもたらすとされている。したがって本書は，実は私にも読者にもリスクを負わせることになる。つまり私自身は徹底した客観性の維持を試されることになるし，読者はまた新たな罠に引きずり込まれる可能性をはらむ本書に対してその知性をさらすことになる。」

36 Vernon, R., Contributing to an International Curriculum: An Approach from the Flank, in: *Journal of International Business Studies,* 2/1994, p. 227.

37 Daniesl, J., Relevance in International Business Research. A Need for more Linkages, in: *Journal of International Business Studies,* 2/1991, 特に p. 180.

38 Sullivan, D., Cognitive Tendencies in International Business Research: Implications of a "Narrow Vision, in: *Journal of International Business Studies,* 4/1998, p. 837ff., 853f. この結論的な見解について彼は，上記 Vernon, R. や同 Daniesl, J. の論や，特に以下の論文等を

参照している。Toyne, B., International Business Inquiry: Does it warrant a separate domain?, in: Toyne, B./Nigh, D. (ed), *International Business: An Emerging Vision*, Columbia 1997, 特に p. 75. これに関連して, Stopford, J. M. は, 若手の研究者が, 研究職を得るためにも, 早く効率的に成果が上がり出版もできる, 短期的にデータを取りやすい数量的な実証研究に向かいやすい点を指摘し, 将来の国際経営研究の発展に「むしろ悲観的である」と危惧していた。Stopford, J. M., Studying the Multinational Enterprise, in: 小林規威・竹田志郎・安室憲一監修, 多国籍企業研究会編『21世紀多国籍企業の新潮流：New Dynamics of Multinationals in the 21st Century』, ダイヤモンド社, 2003年, 47頁。

39 Hogner, R. H., 前掲書, p. 128.

40 Johnson, v. N., Das Gehlenische Denken in der Angelsächsischen Welt: Überlegungen zu den Hindernissen auf dem Wege einer Rezeption, in: Klages, H./Quaritsch, H. (Hrsg.), *Zur geisteswissenschaftlichen Bedeutung Arnord Gehlens*, Berlin 1994, p. 771.

41 Held, D., *Democracy and the Global Order: From the Modern State to Cosmopolitan Governance*, Cambridge 1995, p. 247f..

42 同上書, p. 282.

43 Jones, M. T./Lok, P., Getting around the Impasse: A Grounded Approach to Teaching Ethics and Social Responsibility in International Business Education, in: *Journal of Teaching in International Business*, 1/11, 1999, p. 29f., cf. Rosenberg, N., Adam Smith and Laissez-faire Revised, in: O'Driscoll, G. (ed.), *Adam Smith and Modern Political Economy*, Ames 1979, p. 27. より正確には, 企業権力の認識の下に, 各国の人々の文化の違いによる政治的な判断基準及びその判断を考慮しつつ共通の政治的な意識と行動基盤を醸成すること, と理解できるであろう。

44 Hogner, R. H., 前掲書, p. 130. 括弧内筆者要約。

45 勿論, 個々の産業・企業においては, 競争力の格差に差異があり, 各国内の全産業・企業の平均的な相対的格差とは逆の関係もあり得るが, こうした場合も含めて, この論点の詳細については注47における文献を参照。

46 Hymer, S. と Rowthorn, R. によっては, この時期の米国企業の対外直接投資について, それが主に寡占的競争原理に起因する旨の論が展開され有力な代表的な理論とされたが (Hymer, S./Rowthorn, R., Multinational Corporation and International Oligopoly, in: Kindleberger, C. P. (ed.)., *The International Corporation: A symposium*, Cambridge 1970 (「多国籍企業と国際寡占」藤原武平太・和田和訳, キンドルバーガー編『多国籍企業：その理論と行動』, 日本生産性本部, 1971年), それとて, 為替メカニズムの原理を抜きにしては, またその政治性を抜きにしては成立しないものであると言える。この基本的な見方は, 紙幅の関係上詳解しないが, 変動為替相場制下においても変わりない。これ

について注47, 48, また49も参照。

47 以下において，本文上記に関わる基礎的な理論的解明が詳しい。Busch, K., *Die Multinationalen Konzerne; Zur Analyse der weltmarktbewegung des Kapitals*, Frankfurt 1974. この議論の基礎として以下も参照。Neusüß, C., *Imperialismus und Weltmarktbewegung des Kapitals: Kritik der Leninschen Imperialismustheorie und Grundzüge einer Theorie des Verhältnisses zwischen den kapitalistischen Metropolen*, Erlangen 1972. 為替相場メカニズム回避の意味としての，とりわけ戦後米国企業の多国籍化の歴史的かつ動態的な概要については以下参照。拙稿「利潤率の相違と対外直接投資」甲南経営研究，第17巻3号，1976年。これに関し，次の注48も参照。

48 この脈絡を勘案してはじめて，現代の国際的な経営戦略論も，例えば代表的にはPorter, M. E.の戦略論も，その意味が，特に米国の社会政治的な関連でも知れることになるのではないだろうか。次の第8章で，その極一端についてふれることになる。なお，Vernon, R.のプロダクトサイクル論は，この脈絡においてみると，米国企業の自己防衛動機を強調することにより，米国資本弁護論となって（Busch, K., 前掲書，S. 115），当時の東西対立下での米国の西側経済統合政策，つまりは一層の国際経済の自由化を推し進める政治性に合致することになり，現状にもつながったと見ることができる。

49 この点は，他の企業多国籍化に関する代表的な諸理論，例えば産業組織論的，伝統的貿易論的，帝国主義論的，プロダクトサイクル論的，内部化理論的，等々，様々な諸理論に対しても同様に言い得ることである。為替相場メカニズムが有する，多国籍化と多国籍戦略に対する作用と関連は，その「日常性」とともに，それを補完する関税他，通商上の諸規制，諸政策によって「覆われ」，現実の多国籍企業戦略の問題を理論的に考察する際に，認識外におかれてきた感があるが，多国籍企業問題の歴史的考察や，マクロとミクロの諸理論の統合との関連で，また特に企業倫理や経済倫理との関連で要とされ研究される必要が大であると考えられる。そのことは，多国籍企業に関する諸理論をパラダイム的に統合する，それら諸理論の結節点として真のグランドセオリーに到達する道にも通じると思われるが，詳述は別の機会に譲りたい。上記拙稿，Busch, K., Neusüß, C. らの文献，また以下叙述参照。Deubner, C. et al, *Die Internationalisierung des Kapitals: Neue Theorien in der internationalen Diskussion*, Frankfurt 1979, S. 258

50 Rugman, A. M., *Inside the Multinationals: The Economics of Internal Markets*, New York 1981（江夏健一・中島潤・有沢孝義・藤沢武史訳『多国籍企業と内部化理論』ミネルヴァ書房，1983年），訳書，10頁。

51 Bornschier, V., 前掲書。

52 Kell, G./Ruggie, J. G., Global markets and social legitimacy: the case for the 'Global Compact', in: *Transnational Corporations*, 3/8, 1999, p. 108.

53 このことは，近代の経済が有する2つの面の一面，つまり「生活有用性」

(Lebensdienlichkeit) と「生活敵対性」(Lebensfeindlichkeit) のうちの後者が，多国籍企業の戦略によって，強められ構造化されたとも見られよう。この２面をめぐる関係者の「対話」の促進と円滑化が企業倫理実現の基礎として望まれる。Cf. Wörz, M., 前掲書。

54 既述のことから理解され得ようが，「企業体制とは，基本的に，企業というひとつの経済組織の構造様式あるいはその支配関係の様式を意味している」(吉田修『ドイツ企業体制論』森山書店, 1994, 1頁　傍点筆者) と定義できる。勿論それは社会の在り方との不可分の関係で，従って，社会に対するその支配関係の在り方についても論じられる意味において理解されるべきである。

55 Callinicos, A., *Against Postmodernism: A Marxist Critique*, Cambridge 1986. 角田史幸監訳，田中人・梁田英麿訳『アゲインスト・ポストモダニズム：マルクス主義からの批判』こぶし書房, 2001年, 259頁。

56 同上書, 211頁以下。

57 この点を，筆者なりの解釈と言葉で，ここでの脈絡を中心に簡潔にまとめれば，「Marx, K. が，『モノローグ的』に資本主義の拒絶と社会主義への道を決定的とするのに対して，Habermas, J. は，その道の決定以前に，またその論理を否定して，『対話的』(談話的) に (プラグマティックに) 進むべき道を求めることに意義を見出そうとしている」と言えよう。

58 誤解を避けるために一言しておけば，本書の主旨は，資本主義そのものの批判や否定を目的とするものではない。何よりも，次章で詳述するように，将来の一層良い体制の創造に向かう筋道の在り様の探究が関心の的であり，その体制が資本主義で在り続けるか社会主義か，といったことを問うたり決めつけることには全く関心がない。ただ，安室が「多国籍企業の新しい理論」と題する論文の最後の節「今後の課題」を次の言葉で結んでいる点だけを紹介しておきたい。「われわれは，…新しい理論を展開しなければならない。その際，経済格差を含む労働問題・貧困問題は避けて通れない課題である。その意味で，19世紀のマルクス主義が新たな衣装を纏い，出現するであろう。」安室憲一「多国籍企業の新しい理論を求めて」*MNE Academy Journal*, 2/2009, p. 17. 勿論，問題はこの言に含まれるもの以外，グローバル化に伴う様々なものが含まれる。以下も参照。安室憲一編著『新グローバル経営論』白桃書房, 2007年, 305頁以下。

59 Steinmann, H., Zur Lehre von der "Gesellschaftlichen Verantwortung der Unternehmensführung" — Zugleich eine Kritik des Davoser Manifests —, in: *WiWt Wirtschaftswissenschaftliches Studium*, 10/1973. S. 470f. この点をめぐる議論について以下が詳しい。高見直樹「シュタインマンの『経営者の社会的責任』論批判と企業倫理」大阪市立大学経営学会『経営研究』第52巻第4号, 2002年。また以下も参照。Wittmann S., *Praxisorientierte Managementehtik: Gestaltungsperspektiven für die Unternehmensführung*,

Münster 1994, p. 16ff. 同著で，それは，真の意味での Verantwortung（責任：Ver = 強意・結果の前つづり + Antwortung = 答える），つまり，相手に「真摯に答える」ことに成っていないとされる。
60　Kakabadse, A./Rozue, 前掲書，p. 10ff..
61　中村義寿「共同決定批判の三つの中心的命題について」『名古屋学院大学論集：社会科学編』第 34 巻第 4 号，1998 年。

第8章　企業倫理と体制の変革
——新たな「予定調和」の実現に向けて——

1. 序

　前章において見たとおり，企業倫理実現のために対話，談話，またダイアローグといったコミュニケーションに基づく合意あるいはコンセンサスを基軸にしようとする政策には，まさに国際的な企業活動との関連において本質的な問題が存することが明らかとなった。そのような政策においては，如何に最適なコミュニケーションが目差されたとしても，その前提となる企業と各国，各地域の利害関係者相互間の知識，情報等に関わる諸条件の格差や，またそれも含めて特に民主的な意味での自由性や解放性の格差が存在する故に，企業倫理実現という本来の目的が達成できるとは言い難いのである。そのような政策は，むしろ逆に，問題の根源となる企業権力の構造を一層強固に恒常化する意味すら帯び得る。
　勿論，相違する各国，各地域の環境への適応という必要性の故に，企業にとっても，明確に企業倫理のためと謳うか否かは別にして，一見経済合理性に反すると思われたとしても，利害関係者とのコンセンサス志向の政策をとることには一定の意義があると認められることは理解されよう。一般にも言えることは，グローバルな展開を進めるに従い環境への適応は一層重要となるのである。ますます多様化する，結局は社会的圧力という意味での「環境の危険」を「管理する能力は，効率的なグローバルなネットワークを運用する上でカギと

なる制約要件となっている」のである。そして,「グローバル化が価値ある戦略手段である一方,その効力はますます外部の環境条件によって決定づけられることになっている。」その結果,将来の危険に対応するコストを出来得る限り少ない早期のうちに支払い,将来の一層大きなコストの発生を避けることが,そして場合によっては起こり得る撤退を避けるための変革が必要となるのであり,それを為し得る能力や政策は,「早晩,グローバルな競争優位性の中心的要素としてのグローバルなブランドを開発し,生産し,販売する能力に相当部分とって替わることになるだろう」とまで言われるのである[1]。

しかしながら,企業倫理実現にとって,コンセンサス志向の政策に既述のような問題が認められる限り,それに拘泥することは避けねばならないことは明らかであろう。とりわけ国際企業環境においては,そもそもコンセンサスを成立させるべき枠組みとなる所与の社会経済的,また文化的な諸条件そのものが極めて多様であり,前章で見た如く,それが故の,つまりそれを利用せんとする多国籍企業の戦略故の企業倫理の問題化でもあった。従って,特に国際経営レベルにおいては,環境条件の多様性を考慮すれば,むしろその多様性の総体をありのままに認め受け入れることを前提とし基本として問題解決を考えることも必要であろう[2]。この点に関して,Rescher, N. は,現代のコンセンサス思想の代表として Habermas, J. の理論を中心的に取り上げ検討し,そうした理論が究極的には一様性や画一性を強調することになるとして批判し,次のように述べている。

「Hegel から Marx を通じてフランクフルト学派,そしてさらに続くドイツの社会的な思想の伝統において,共同社会的に良き社会的秩序はコンセンサスへの参加を要求するという考えが台頭しますます重要性を増してきた。つまり,共同社会的な問題におけるコンセンサスの追求は素晴らしく良いことだという考えの公の共有ということである。…この見解には,しかし,大いに疑問の余地がある。これに反論する見解の好例として考えられることは,良き社会的秩序はコンセンサスの追求への参加を必要としないで,全く相違し,かつ削減もできない多様な方針に沿って造られ得るということである。結局,基本的

なことについてのコンセンサスが現実に得られるという考えは，実際には，ほとんどの大きく複雑で進歩した社会に関しては間違っているのであり，共同社会の諸状況における良き，そして『民主的な』経営にとっては（我々の主張では）何ら必要とされていないのである。そして，コンセンサスは望ましい理想であるという考えも全く疑問である[3]。」Rescher, N. は，基本となる同様の発想から，特に米国の企業倫理論の基礎理論としての哲学思想の代表のひとりともされる，——まさにドイツの Habermas, J. によっては，哲学者でなく「特殊な背景を持つ米国市民として語っている」とまで批判される[4]—— Rawls, J. の正義論をも批判する[5]。Rawls, J. は，社会契約論の現代的な再構成から，「全員一致のコンセンサス」の仮説に基づく正義論としての倫理理論を展開したことが問題だとされるのである。

　コンセンサス至上あるいは中心の政策思考に既述のような問題があるとして，それに対して，多様性を前提とし所与とし総体的に受容する方向での政策思考に優位性を認めるとしても，その議論は議論として，いずれの政策思考においても，それらは，いわば意思決定の手続き過程に関わるものであると言えよう。しかしながら，既に前章で検討したことから明らかなごとく，この手続きの諸条件自体が，多国籍企業の戦略と組織によって基本的また本質的に枠づけられ，企業権力の影響下の構造的な制約の中に置かれていると言えるのである。

　従って，コンセンサス中心あるいは多様性受容の政策について議論すること自体には，後にもふれるごとく一定の意義が認められるとしても，それより以前に，まさにそういう政策の障害無き円滑な策定・推進と実効性の向上を実現するためにも，問題となる多国籍企業の企業体制そのものを一層倫理的に意味ある内実を伴ったものへと変革することをこそ考えるべきではないだろうか。つまり，企業倫理をめぐる一般的な議論での Kötter, R. の言葉を借りれば，何にも増して，「合理的なコンフリクト克服の単なる一般理論への第一歩以上のものであらんとする企業倫理論は，如何に政治・経済的な諸関係が形成されるべきかという問いについての議論に集中するべきなのである[6]」とも言えよう。

企業体制の変革という論点に着目して考えれば，米国の企業倫理研究自体も，その当初より，明確に意識したか否かは別にして，あるいは少なくともプラグマティックには，宮坂が言うように，「今まで所与のもの⇒是として前提にされてきたこと」を，つまりは，資本主義体制・自由体制そのものを「モラル的に」検討の対象とし，また対象とすることを通じて，企業体制そのものの変革を——その目差す程度と内実は大いに議論の余地ありとしても——視野に入れようとしてきたとも言えるのである。またそのことが，企業の社会的責任論とは本質的に違う企業倫理論の基本的な特徴でもあるはずなのである[7]。

2. 体制変革の方向

1 問題となる現況

企業体制の変革自体が必須不可欠な意味を持つとして，重要なことは，その変革自体が既に前章で見た，倫理的な問題の根源となる企業権力そのものの変革に結びつき得るかということであろう。

米国では，企業倫理論の研究の広がりと進展，内容の多様化と共に膨大な関連文献の数とその一層の増加にもかかわらず，度重なる数々の企業倫理問題の発生によって，さらなる企業倫理の研究と教育の必要性が唱えられるようになってはいるものの，権力の構造自体を見直すことも含めて企業体制を本質的に変革することまでが意識的に視野に入れられているとは言い難い。

例えば，企業の意思決定過程に倫理的考量を組み込み制度化し，企業の社会性を高めるという政策を実現せんとする Epstein, E. M. の論においても，最終的には，企業の意思決定過程そのものの本質的な在り方にまで踏み込んで変革を唱えるものではない。「『個人ならびに組織の行動に関し，価値理念に基づいてなされる道徳的な内省（moral reflection）ならびに選択』を促進するような過程を組織内に制度化すること[8]」が目差され，それにより，「価値多元的な環境において…機関化された方法によって，企業にとって重要な社会的職能を遂行することが容易にできるようになる[9]」と期待されながらも，基本的には，

何よりも「個々の経営者による道徳的内省にまず焦点を当てる[10]」ものとされる。結局，最終的には，経営者個人の道徳的な内省が中心におかれることになるのである。つまり，「企業倫理は，経営者の行う体系的な・価値観に基づく内省に関係を持ち，経営者はそれを伝統的には個人として，しかし最近ではますます集団的な枠組のなかで，また，人格的ならびに組織的な企業行為と，それが全体社会の利害関係者たちに対して及ぼす影響とに関して行うのである[11]。」そして，経営者自身の個人的な内省と組織的な内省の相互作用があると理解すべきとされながらも，「最高経営層，さらに特定化するならば最高経営責任者（CEO）の倫理的な感受性と性向とは，企業の道徳的理念に絶大な影響を及ぼすことができ，また現に，及ぼしている[12]。」とし，むしろその「絶大な影響」に倫理実現の可能性を期待しているかのようですらある。

そのような期待は，まさに国際面においても，グローバルな舞台においても，大いに強調されることになる。前章において見たように，Wood, D. J. たちは，米国の代表的な企業倫理論者である Donaldson, T. や Epstein, E. M. たちも賛辞を寄せる著書において，企業倫理を果たすためのグローバルな企業の市民性の意識と実践の必要性を説き，その目的を，「資本主義を持続可能にする」こととしながら，続けて述べている。「そのグローバルな企業の市民性を実現することにおいて，経営者たちは最善の位置にいる。まさしく，経営者だけが，それを為すことができるのだ[13]。」

このような見解の根本には，やはり，管理論としての経営学の，経営者中心の発想があるものと理解できる。すでに第5章でもふれたように，かつてBarnard, C. も，その組織論において，「組織道徳の創造」について語ったが，それはまさに，上述の Epstein, E. M. の論にも通じる意味での「経営者の役割」である。即ち，Barnard, C. は，本質的には，「合理的な」組織運営のための，組織参加者の多様に相違する信念・信条ともいうべき相当に広義な道徳観の可能な限り包摂的な調整・調停の必要性を説いたものと理解することができ，何よりも，そのための経営政策は，究極，多様な価値観の調停者としての，それも権力を持った調停者としての管理者たる経営者の「個人的意思ある

いは究極的には信念・信条（faith）」によって決せられ支配されるというのである[14]。——このような「経営者の役割」と，制度としての企業の倫理問題との関係に関わる本質的かつ原理的な考察については第2章で行ったところである——

　本来，自由と競争を至上とする市場主義の経済体制は，その本性により結果的に，一方で倫理に関わる行動についての規制を抑制し，他方で，その結果としての倫理（適合）性排除による問題・コンフリクトによって自身の体制の存続そのものを危うくするというパラドクスの中にある[15]。この傾向と強度は，自由と競争を至上とする程度に従って相違し，一定の条件下，主要な国々の中では米国において最も強くなっていると言える。——この点に関する詳細については補論でふれるので参照していただきたい——それが故に，米国では，企業倫理への要請の相対的な強さから，倫理問題の合理的・科学的な分析と究明，それに基づく企業倫理実現の可能性の追求に向けた努力も強まり，企業倫理論の興隆も招いたと言える。しかしながら，自由と競争を至上とする市場主義の体制の本質に関わる変革を行うことなく体制自体は維持され続けたことにより，また既述のごとき従来の企業の意思決定の在り方にも変化なく，問題となる企業権力の構造も変りなく保持され続けた結果，企業活動をめぐる様々な倫理問題も変わりなく途絶えることがなかったと理解できるのである。

　このような，企業倫理に関わる取り組みにもかかわらず大して実質的な成果が見られなかったと言える点に関連し，Grabner-Kräuter, S. は，2005年に，「Business Ethics」誌の出版者 Kelly, M. が創刊15周年の2002年にエンロン事件の分析から「…システムがそのようにデザインされているからだ」と結論付けたことを取り上げ，将来は，制度的な枠組み自体の在り方についての考察が一層大きな意味を持つことになるだろうとしていた[16]。因みに，その後，2010年の「Business Ethics」誌の巻頭言として，創刊以来過去20年以上に渡って見られた企業倫理問題に関わる様々な変化や対応の指摘と共に，次のように書かれていた。「…（それらの対応が）本当の進歩を表すかには議論の余地がある。最近の経済・金融危機からもたらされた不都合な諸事象は，多くのシステムが

機能していないことを不断に思い起こさせるものである。…[17]」

　制度的な枠組み自体の在り方についての考察，つまりはその変革の可能性についての考察が一層意味を持つことになるとしても，自由と競争を至上とする市場主義の強さがこれを阻んでいる面が忘れられてはならない。企業倫理論は，とりわけ近年のステークホルダー理論的な展開においては典型的に，個々の人やグループの様々な利害に関わる多様な要求の尊重の下にその調整や調停・調和化を中心に論じる傾向にあるが，そうした要求やそれを構成する意識自体が強い市場主義の体制に条件づけられ体制の構成要素として組み込まれもしている面がある。Holleis, W. がその企業文化論で，Zellinger, A. の言を借り詳細に論じているところを咀嚼してまとめれば，例えば，相互に競争する企業の人々も，名前こそ違え同じような大学で，同様の基準で教育され，同様の教育的境遇の下，同様の知識や情報，それで得られた同様の動機を持ち，そして同様の競争・戦略理論でお互いに戦えと教えられており，敵対する企業間でも相互に即交換可能で即適応可能な人「材」として，同様の手段を手にして競争しており，そうした生活・存在条件を前提とした就職，昇進，消費や生活一般のモティベーションが構成され，またそれに適合されたマーケティングや雇用等に関わる政策が「合理的に」展開され支配的になっている。そこでは，個人や各集団のアイデンティティも価値観も，従って倫理体系までも基本的には体制の合理性や特性に一致し，個々に自律的かつ主体的な特性の発露を可能にする意味での文化，企業の場合には個々に自律発展可能な特徴ある文化，つまり経営学で一般的にテーマとされる多様に特色ある「企業文化」(Unternehmenskultur) は本質的な意味では存在せず，ただ体制を支配する「企業の文化」(Unternehmens-Kultur) だけが存在することになる[18]。

　Holleis, W. が極言的に表現するところによれば，本来の文化がそこに生きる各個性の発露による新たな発展への「意味に満ちた」(sinnvoll) ものとすれば，上述のような文化はそのような「意味の無さに満ちた」(unsinn-voll) ものとして，文化としては——そのままでは解決不能と思える矛盾に溢れる問題を抱えた——「狂気的な意味に満ちた」(wahnsinn-voll) 文化と形容され[19]，既に第5

章でもふれたように，社会病理学的な対象ともされ得るものである。そして，その文化が体制の価値の体系として企業倫理の在り方をも支配することになっている。

それが故に，このような状況下では，体制自体の有する問題に気付かれたとしても，また既述のように，企業倫理論の発展自体が体制の変革の方向を向いていると見ることができるとしても，その体制の主要な諸局面を含めて，その内容となり基軸となる，体制を維持するのに「合理的にデザインされた」意思決定の構造までは本質的に変革され難いのである。あるいは，そのような変革は容易には起こり得ないと言わざるを得ないであろう[20]。

2　企業権力関係の変革と民主化

しかしながら，それでも，もし変革が起こり得るとすれば如何にしてであろうか。本来，企業倫理問題が生じたのは，市場至上主義や経済合理性の支配故に，それと全人的な生活世界にあるべき原理との軋轢に因ってのことであると考えれば，変革が可能となるには，そのような原理に適った発想，思考，意識を，先ずは企業の意思決定過程に持ちこみ活かすことが必要であろう。

勿論，特に米国の企業倫理論においては，当然ながら，そのようなあるべき原理には気付き，問題の解決にそれを活かすために一定の対応は行ってきたと言える。しかしながら，そのことによる実際の提案は，倫理的な行為を継続的・安定的に保ち得るような内容で為されてきたとは言い難い。例えば，労働者の権利や人間性・人格の尊重にしても，そのために経営参加を促進するような様々なアイデアや政策が提案されたとしても，それは主に職場の共同管理的なレベルに限られ，何らかの形で，――その程度や内容の詳細については議論もあろうが基本的には――，一例としてドイツの労資共同決定制度に見られるように，企業の意思決定への参加を明確な権利そのものとして，つまり権力の平準化と平等化を図る一定の実質的な民主化として，制度的に客観的な基準として認め与えることまでは為されなかったのである。

従って，労働者の人間性や個性，知的，創造的な能力が参加の名の下に尊重

され活かされることが目論まれたとしても，それらは，──既に第2章や第5章，第6章でもふれたように──本質的な意味では民主性とは無関係に，結局は管理され利用される従来の枠組みの中に，それも場合によっては従来以上に全人的に管理され利用される危険性の中に置かれたままだったのである。──この危険性は，上述のごとき「企業の文化」(Unternehmens-Kultur) が支配する限りは，各論者あるいは各経営者の主観的な意識の中の純粋な道徳的使命感や善意の有無に関係なく存在する──。同様にして，一見経営参加的かつ民主的と思える諸提案が本質的には従来以上の問題を孕み得ることは，ステークホルダー理論における諸利害関係者の立場の尊重に関わる多くの主張についても当てはまる[21]。その根本原因は，既に何度もふれたことから明らかなように，従来の企業の意思決定に関わる権力的な構造自体は本質的にはそのままにされてきたことにある。盛んに推奨・喧伝・研究されている社会的責任の実践にしてさえも，Griffin, J. J. と Vivari, B. が指摘するごとく，全国レベル，各産業レベル，また同企業の中でも不均等に実践・採用されているのであり，「米国におけるCSRの実践は，市場に駆られた経済の中の選択の問題（matter of choice within a market-driven economy) で在り続けている[22]」のである。

　企業のそのような構造は，それ自体歴史的に，社会の富の拡大に貢献することを通じて有用性を有してきた面もあるのだが，その成功と評価の故に一種の絶対視とその恒常化，固定化によって倫理的問題を，あるいは既述のHolleis, W. の言葉を借りれば「狂気性」を拡大してきたものと言える。企業がその中心的な実体である経済についての一般的な言葉で別言すれば，Kerber, W. やWörz, M. の言うように，市場主義を基軸とした「『経済』自体は自らの目的を設定し得ない[23]」が故に，その客観性によって，歴史的に「社会のサブシステムとしての経済は分離され専門化されることを通じて『生活有用性』(Lebensdienlichkeit) が根拠づけられている（のだが，しかし），経済的合理性の絶対化と，それとともに生じた倫理的かつ政治的合理性の隔絶化の中に『生活敵対性』(Lebensfeindlichkeit) の原因が見てとれる[24]」のである。

　かくして，既述のことからすれば，経済領域を支配する経済合理性に一体的

な，歴史的にある種の純化を遂げた理論理性に，全人的な生活世界にあるべき，人間性に適い社会合理性に一体的な実践理性を対置させることが必要になるのであり，そのために，関係する各人が自律的かつ主体的な意思を発揮し反映し得るような意思決定過程の客観的な基準の整備・制度化によって，企業における価値や規範の状況を十分な議論にのせることを可能にすることが不可欠となるのである。このことが意味するところは，企業の意思決定の最終的な拠り所を，――如何なる程度と広がりを持ってかの議論は別に置くとして――，

基本的には，経済領域の，あるいは本来経済領域でのみの（それすらも迷信であるかも知れない）エリートとしての経営者の内省や，また経営者の個人的意思や信念・信条に求めるのではなく，むしろそれを排して[25]，「広く企業関係者の自律的かつ主体的な意思を民主的に活かす」ことに求めるということであろう。つまり，関係する人々の全人的かつ社会的な意識を企業の意思決定に取り入れることと，その継続性と確実性を客観的に条件付けるために，その手順・手続とその過程を制度化することが必要となる。単なる管理のための参加でなく，民主化の名に値する，一層の平等主義による参加が必要だということである。

Parkinson, J. E. は，「企業による権力の所持の当然の帰結は，それにより影響を受ける，個人，利害集団，地域が自ら如何に生きるかという自由を奪われることである[26]」として次のように言っている。「企業の中に置かれている意思決定の権力は，原則的に，それに影響される諸グループに与えられるか，あるいは少なくとも分けられ得る。」そして，「社会的目標としての富の極大化の基礎となる理念に代わる人間性の繁栄の理念は，物質的な福利の継続的な増大よりも自治・自決権を上位に置き，それ故，参加的でない組織の正当性を疑問なものとするのである[27]。」

上述してきたことが意味するところは，市場主義中心の発想と実践に対する民主主義中心の発想と実践の位置付けを，実質かつ制度的に高める必要があるということである。例えば，具体的には，労使関係を中心にして見れば，倫理の制度化を謳いながらも意思決定への参加を客観的にして「民主的な」「権利

として」労働者に与えることが中心的に議論に上らない米国流の発想と実践に対して，そのような参加の民主的権利を労働者に制度的に保障する，代表的にはドイツ流の労資共同決定の発想や実践に新たな企業倫理の時代の方向性を見出すべきようにも思われる。それは，米国流の，いわば「市場主義を前提とした民主主義」に対して「民主主義を前提とした市場主義」を対置することであるとも言えよう。このことはまた，米国の市場経済の基礎が徹底した自由主義市場経済の理念であることに対して，ドイツの市場経済の基本理念が「社会的市場経済」(Soziale Marktwirtschaft) であるという両者の違いの再考の意味にもつながることでもあろう[28, 29]。——ただし，本章の議論での「制度化」とは，上の脈絡から当然ながら，国家的，法律的な意味でなく，第一義的には，あくまでも企業の実践レベルでのそれである。とは言え，後の議論でもふれるように，その普及，一般化の結果としての，国際レベルも含めての何らかの法制的な可能性は視野に入れたものであるが——。

　ここで，付言しておくべきことは，共同決定とは，既述のParkinson, J. E. の言葉からも明らかなごとく，労使関係のみに限らず，何らかの程度と形で，全てのステークホルダーについて適応可能な概念と実践であり得るという点が肝要である。この点についての詳述は別の機会に譲り，その一般的な理解の参考に値すると思われる，中村がPhillips, R. の理論を受けて語る次の言葉を引用しておくだけにとどめたい。「ステークホルダーのインプットの方式については，未決問題と言うべきものであり，従来，取締役会におけるステークホルダー代表から，各ステークホルダーへの経営管理者の非公式的・一般的「配慮」に至るまで種々提案されてきた。ただし，どのような形であれ，組織のアウトプットをステークホルダーがどれだけ受け取るのかの決定にとどまらず，これらのアウトプットがどのように創出されるのかの決定への発言権が与えられることは，倫理，心理的福祉そして組織有効性にとって重要である[30]。」，ここで，まさに，既に第1章での論理展開の中で紹介したMüller-Jentsch, W. の言葉が思い起こされる。それは次の言葉である。「多極的な市民社会の政治的文化にとっては，全ての参加的に働きかける人々により形成され

た組織文化だけが妥当である。その文化の前提は，様々な形態と全てのレベルでの共同決定（Mitbestimmung）である。」続けて彼は，企業倫理実現のために主張している。「将来は，組織の研究と参加の研究は共通の道を歩まなければならない[31]」。

単に管理目的だけでの経営参加の推進に止まることなく，上述の意味で確たる制度的な民主化を整備・実践していくことは，そのこと自体，企業自身が，社会の倫理的水準を高めるという意味で，社会「発展」の一端を「構造的に」「一層」担っていくことにつながり得る。それも，現代にあっては，グローバルな局面におけるその可能性を高めることにも通じ得る。何故なら，既に第5章において論じた通り，岡田の言うように，現代の企業は，「(政治的)可能性の相当部分が今や意識的かつ積極的に実現されてゆくべき重要な《戦略的現場》に，直接，宿命的に関わっている」からである[32]。そして，そのことは，第1章でも述べた，Gehlen, A. による指摘にも重なりあう。つまり，人々の精神そして道徳に多大の影響を与える現代の「世界産業文化」に向かっての社会的変化のすべては，産業上の大企業から生まれてくる放散物だという指摘である[33]。この点は，またやはり，Hymer, S. が Marx, K. の言葉を借りて表現せんとした論理にも（ここでは批判的でなく客観的・建設的な意味で）重なりあう。つまり，現代の経営国際化の時代において「多国籍企業は，自分の姿に似せてひとつの世界を創造する」という論理である[34]。この論理はまた，Bornschier, V. の主張にもつながる。それは，「工業化社会においては，(多国籍)企業は，…社会の階層化（つまり民主性を規定する構造）の大部分をその内部ヒエラルキーの中に反映しており，それを再生産している[35]」という主張である。こうした脈絡を意識しつつ経営の民主化とその制度化に取り組めば，企業が真の意味で社会的に，グローバルに意義ある倫理的役割を果たす可能性が広がり強まることであろう。このことはまた，企業が自らもたらした倫理的問題や矛盾を自ら止揚することでもあると言える。

以上を簡潔にまとめれば，企業権力の在り方にまで踏み込むことになる企業の意思決定過程の確たる制度的な民主化は，単なる管理のための経営参加の推

進の域を出ない意味での意思決定過程の変革では達成し得ない倫理水準の高度化をもたらし得るということである。しかし，現実はこの方向を目差してはいないことが問題なのである。既に前節において，Grabner-Kräuter, S. が，米国における企業倫理問題・不祥事の変わりなく絶えざる点を指摘して，今後米国でも，「制度的な枠組み自体の在り方についての考察が一層大きな意味を持つことになるだろう」としたことを述べたが，その結論付けの主要な理由の根源は，米国の企業倫理論が「市場主義前提の民主主義」からは抜けきれないが故の「迷路」に入り込んだ状況にあることと解釈できる。つまり，米国の企業倫理論は，原理的には「既存の」経済合理性の許容の下に，従ってまた徹底した自由な競争関係の条件下に，そこでの個々人の一層個人主義的な思考や要求・動機を基礎とし前提にするが故に，そのあまりの多様性の理解や処理そして体系化とそれに基づく理論化・実践化において一種の袋小路，あるいは多岐亡羊の状況に入り込んだようだと理解されるのである。そのため，そのような「個人主義的な議論」を避けて問題解決の一層の客観性と社会合理性を達成する必要性が感じられるが故に，関係者の利害の調整と調停を，一層真に民主的な権利を認め実現する方向で，確たる制度的な枠組みの整備を中心にしてそれに託する必要性があると思われるということである。──このような，企業にとっての「民主化」の必要性の意味についての本質的かつ原理的な考察についても，上述の「経営者の役割」と企業倫理問題に関する同様の考察とともに第2章を参照されたい──

　このような意味で言わば共同決定的な制度に期待をかけることの意義は，例えば，Weitbrecht, H. と Fischer, S. によるドイツにおける労資共同決定制の役割についての指摘を手掛かりに知ることができる[36,37]。彼等の指摘に依拠し，またそれを敷衍すれば，米国における人事労務管理においては，──（徹底した市場主義，競争主義，自由主義の下で）──，コンフリクト回避のために労使の「協力的な経営スタイル」に頼らざるを得ないため，その実現・維持のために多くの広範な「管理的」課題を遂行する必要があるが，「共同決定的な制度」の存在によっては，そのような課題が相対的に少なく，またその一定の解決が

（客観的な規則として）既に与えられた状態にあると言えるのである。あるいは，そうした解決の積み重ねの上に制度が，まさに制度として構築されていくと言うべきであろう。つまり，一般的にも語られる経営参加政策の効果の一層の「安定化と向上」が期待されるということでもある。また，協力的な経営スタイルによる場合は，共同決定的な制度に対して，問題が生じた場合の安全弁としての役割において劣る，逆に言えば，共同決定的な制度においては一定の協力の水準達成の可能性が——その制度だけで協力自体やその内実が与えられるとは言い難いにしても——一定程度において客観的に保障されているとも言える。従って，彼等によれば，英米で開発された人的資源管理の実践でも，共同決定制のあるドイツにおいて「一層高度なコンフリクト制御の水準を基礎とし得る」と言え，本来目差される成果の獲得が一層容易に可能だというのである[38]。

　勿論，この問題は各国の歴史・社会・文化の諸事情が複雑に絡み合いもし，共同決定的な制度化の優位性や普遍性を，単に一方的かつ絶対的に主張できるというものではない。各国には各国の経営実践や理論を創り上げている社会経済に関係する諸事情・条件の違いが存在するからである。——この点については，補論を参照されたい——。また，共同決定的な制度化を意図するとしても，その内容や程度について，また他の手法との組み合わせの可能性等について議論は尽きないであろう。しかしながら，既述の脈絡からして，共同決定的な制度は，既述のごとく，労使関係のみにとどまらず全てのステークホルダーとの関係における可能性を含めて，権力の恣意的な行使を制限し権力の分布を平準化・平等化しつつ，そのことも含めて，客観的に一層高いレベルに向けての企業倫理実現の可能性を高め得るという点において評価に値すると思われるのである。

　逆に言えば，共同決定的な制度化が無ければ，関係者間の対立は止揚され難い状況から抜けきれ得ないとも言えるであろう。共同決定的な制度とは，そのような状況の問題を幾分なりとも解決するための可能性に賭けた制度とも解釈できる。それが故にまた，ドイツにおける企業体制は，「…共同決定の制度と

法によってその正当性に対する最も有力なひとつの根拠が与えられているということができる[39]」のである。いずれにせよ，企業倫理の実現には，構造的に，個々人それぞれの個人主義による特定の目的意識や利己主義，権力意識だけに支配されることなく社会合理性を達成する可能性を提供する制度が必要となろう。そのような制度を想定しつつ，Gehlen, A. による「制度」についての次の言葉を引用しておきたい。「…制度はそれが存続するかぎり，自由や正義といった理想は常に可能的であって実現を待ち受けるものである。かくして制度は理念が今そこにおいて働くことの幾分かを保証している。そして，もしも主観の底意ある領域から，理性的な事実や欲求そして関心の確固たる土壌へと導かれるのであれば，制度は理念に奉仕することになるだろう[40]。」

では，そのような，制度が理念に奉仕するようになる脈絡とは具体的にはいったいどのようなことなのであろうか。

3. 新たな倫理と文化の創造

　企業も含めて制度そのものの成り立ちについては，すでに第2章他において詳しく述べたので，ここでは詳述しないが，若干の補足を加えて簡略に言えば，次のようにまとめられるだろう。人間社会における制度とは企業も含めて，全人的な観念や行為から切り放されて，合理的で合目的的な行為や計画によってのみ創り出されたものではない。その合理性と合目的性はようやく後から生みだされるものである。制度とは，歴史的に何世代にもわたる，知性のみならず本能や感情，情念等を含めた全人的な行為の集積の結果であり，根源的には，安定した生活のための環境を自ら創りださねばならい宿命を負った生物としての人間が，不均等で不完全な知識の下に生活の不確実性を回避せんとする全人的な行為の試行錯誤の結果である。そして，この場合の環境とは，制度を含め，「混沌」の中から人間が自ら創りだしながら，客観化された「事実」として認識し，自らの思考や行動を適応させる対象とすることによって，逆に人間自らを――その人格を――創りだすものでもある。そしてそれにより新た

な社会の体系を,つまりは文化を創り出されていくことになる。

　従って,制度とは本来,多くの論者の研究成果からも知れるように[41],機能主義的には完全に理解し説明し難いものである。例えば,最重要な論点であるとも言えようが,企業に関しては中心的な行動基準とされる経済合理性も,その内容も,その要素の「費用」と「便益」を基に,その第一義性と共に,上の意味で「客観化された」「事実」として認識されようとも,本質的には「客観的に与えられたものではない」のであり,それ故「絶対化もされ得ない」,むしろ本質的かつとりわけ実践的には極めて可塑的なものと言い得る[42]。Volkert, J. B. は,企業の組織文化と戦略の関係を論じる中で,諸制度理論の分析から,結論的に,「制度理論は変化性と原動性という両方のコンテキストを含む」と論じたが[43],まさに制度は,その内実となっている諸要素を含めて,宿命的に可変的であり——自発的に——変動的であると言える。

　制度がそのようなものであるとすると,それはまた,「発展」し,「進歩」する過程をたどり得るとともに,発展と進歩に対して不安定化という意味も含めて「可逆的」でもあり得ると言える。とりわけ,一旦制度が創られその機能や「目的」が問われ,道具的な意識の下に利用されようとする時,本来の（全人的な）人間生活を安定化させるという役割が危険にさらされる場合が起こり得る。例えば,Gehlen, A. が論ずるように,制度は,現代の産業社会において,機能主義と目的意識だけの「組織」に置きかえられることにより,「それは,目的設定に対する歯止めをことごとく取り払い,いたずらに恣意を膨張させることになった。勢力争いのどさくさに紛れていったん優位に立てば,誰かれとなく己の気紛れを押しとおす。しかも効力の見込みがないから,不安定性（一貫性の無さ）のぶれはますますテンポを増す。…[44]」それはまさに,経済合理性が一辺倒に支配する結果,企業倫理の問題が多発し,その解決の必要性が高まるとされる現代の企業と市場の諸状況の多くの場合そのものでもあると理解出来る[45]。

　制度の発展が可逆的にも動的であるとするなら,その可逆性を防止し,過去に蓄積され構築された意味ある一定の水準を維持し確保しながら,その制度に

3. 新たな倫理と文化の創造　195

よってそれまでの環境創造から「負担免除[46]」された全人的な諸力を次の発展と進歩へと向けることが不可欠となる。つまり、その負担免除され余剰となった諸力は、一定水準の構築に達した制度の上に自由領域 (Spielraum) を得ることになるのであるが、その自由領域において、制度の可逆性を起こし得ない新たな全人的な関わりを確保することが次の制度の段階に向けて意味を持つことになる。そのような全人的な関わりは、出来得る限り民主的な、それ故共同決定的な意思決定の過程によって——つまり、上の Gehlen, A. の言葉を借りて逆に表現すれば、いたずらに恣意を膨張させない、勢力争いのどさくさを起こさない、誰かれとなく己の気紛れを押しとおさない、安定性ある過程によって——、あるいはそれによってのみ一層の確実性を持って可能となると言えるであろう。それにはまた、従来の権力構造を変革し、制度を、企業を出来得る限り「開かれた組織」とすることでもある。——この点については、より詳しく既に第2章や第5章でもふれたところである——。そのような意思決定の過程と構造を一定の形と水準において具体化し現実性あるものとしている一例が——依然多くの問題は孕みながらも[47]——例えば既に述べたドイツの労資共同決定制度と見ることができよう。

　別言すれば、制度の本質からして、その倫理的な最適化と言う意味での発展と進歩は、上述の「自由領域」での民主的で共同決定的な意思決定とその在り方に依存しているとも言えよう。それ故、この自由領域に対して、それ以外の形で、如何なる形であれ、直接的に一定の倫理規範や価値観を持ちこみ、またそれによる規制を行おうとする試みは妥当性に欠けると言わざるを得ない[48]。例えば、Werhane, P. H. は、Smith, A. の「国富論」と「道徳感情論」の両者、つまり自由主義経済原理思考と道徳倫理思考とを統合し体系化できるものと見て、それにより絶対的な基礎としての規範を「正義」概念だけに求めているが、これに対して、Abela, A. は、そのことが、「ビジネスを行うための新しくて一層人間的な方法を開発する能力を制限する危険を冒すことになる」と反論した。このことは、Smith, A. の2大著書の関係に関わる論争そのものの詳細は別にして、自由領域における最大限の発展と進歩の可能性が一元的に浸食・

制限されることの非妥当性を表明したものと理解することができる[49]。

かく考えれば,,ステークホルダー理論的に企業戦略と企業倫理の統合を唱えたとしても,つまり,関係者間のコミュニケーションの重視や経営参加的な発想を軸に一見民主的に見える政策によって倫理の実現が目差されたとしても,本質的な権力関係の構造自体に変化が無い限り,むしろ,その政策自体が特定の倫理規範や価値観を押し付ける政策に代わり得る危険性が存在するのである。あるいは,特定のイデオロギーの存続を目論む政策になり得る危険性が存在するのである。そのような危険性は,既述の「企業の文化」の支配の下にあっては,そうした政策を主張する論者自身たちが客観的と信じる意図や善意に関係なく結果的にあり得ることである。「個々人の良心は,制度の欠陥を補正することはできない[50]」のである。

上の意味からは,この自由領域においては,第2章でもふれたように,理性的,超主観的な対話あるいは談話を通じて客観的で民主的なコミュニケーションによる何らかのコンセンサスを実現することにより企業倫理の達成を目差そうとする Steinmann, H./Löhr, A. や Ulrich, P. に代表される,ドイツ経営学の伝統を汲む学派による主張には大いなる可能性があると思える。とは言え,その線上においても,Ulrich, P. のように現代の経済至上主義に対する決然たる批判を展開せんとし,それと共に倫理の重要性を説くあまりとは言え,「今日の時代の決定的な規範的方向づけの問が焦点である」との主張を掲げ,「影響強力な経済的思考方法に無条件に（vorbehaltslos）批判的に介入する」とまで論ずるに至ることは,――その基本的な方法論の理念や骨子は理解あるいは了解可能でも――,やはり特定の倫理規範や価値観を押し付ける危険性無しとはしないであろう[51]。

いずれにせよ,上の脈絡から知れるごとく,制度の次の発展の段階へ進むということは,「既存のコンフリクトの問題の単なる調整の試みや調停的な解決を超える」ことを意味し,何らかの新たな制度の形と内容を得るということでもあり,新たな共通の社会的認識や合理性の形と内容に達するということでもある。従ってそのことはまた,「当然に」人間の諸行為の「新たな段階での予

定調和」が実現されていくことでもあると言えよう．そしてその上にまた，新たに負担免除された人間の諸力にとっての自由領域が生みだされていくということでもある．——そこではまた絶えることなく新たなコンフリクトと問題の解決と格闘されることになるが——[52]．そして，その制度の発展を「可逆的」なものにしないためには，全関係者による全人的な諸力の自律的な発揮による民主的な意思決定過程が保証され確保されておく必要があるということであろう．

　新たな段階での予定調和が実現されていくとは，具体的には，宮坂が「展望してもよいのではないだろうか」とする，企業倫理に関わる「メカニズムの構築」であると理解してよいであろう．つまり自主規制としての企業レベルの倫理コード，産業レベルの倫理コード，政府等による何らかの社会規制——これらは，既述のことから明らかなように，全て「自由領域」を既存の一定の倫理規範や価値観で規制する目論見であり[53]，しかもそれらに対する違反こそ企業倫理問題の多くを占めている——とは別のものとしてのメカニズムの構築である．彼は言う．「個々の企業がモラルを高めていけばそれが一定の『利益』として自己の企業にもどってくることを実感できるメカニズム，あるいはその逆として，個々の企業が非モラル的行動をとれば社会全体が損をする，したがって，自分の企業も損をすることを体得できるメカニズム，の構築を展望してもよいのではないだろうか[54]．」既述の制度発展についての脈絡からすれば，ここで言う「メカニズム」を，新たな制度発展のレベルで支配的となる「実践的な社会合理性の認識体系」，とも言いかえることができよう．そのようなメカニズムの構築は，現実には一国内でも勿論，グローバルなレベルにおいても漸次的にも起こってくるものである[55]．例えば，既に現在においても，製品の環境親和性や安全性，社会性といった倫理的要素の重要性が認識され，部分的ながら，倫理コードや公的規制の対象とはならない領域でも，否，むしろそうした規制に関係なく，あるいはそうした規制に先駆ける形で倫理実現・向上に向けて企業競争が強まり，またそれが重要な競争戦略の要素となっている面も見られるのである．

結局，倫理の実現・向上とは，制度の発展の過程で，それぞれの段階で負担免除された人間の諸力が結集する新たな自由領域を土台として，またそれを出来得る限り高い位置へ移行させていくことによって達成されるといえよう[56]。そしてその過程が不安定であったり可逆的にならないように人間の諸力が最大限に生かされるためには，各人の自律性が高められ各人の意思決定の条件・能力が万全となるように，出来得る限り民主的かつ共同決定的で開かれた組織が必要となるということであろう。このことはまた，企業倫理の問題を，それに関わる諸要因の関連だけを静的に捉えるのでなく，総体として動的に，いわば4次元的な関係において捉えることを意味し[57]，全人的な関与に基軸的な意味を与えることでもある。

　このような脈絡を意識しつつ企業倫理の実現・向上を目差すということの意味は，結論的に述べれば，究極，我々の現段階レベルでの社会や経済，その合理性や，それとともに市場や競争についての一般的な認識の状況を超えて，──── Richter, L. W. が国際的企業倫理全般のあるべき姿について語った言葉を借りれば────「一層高いレベルでの認識上の調和的均衡[58]」へと向かうことであると言えよう。つまりは，あたらしい時代を開く新たな予定調和の実現へと向かうということであろう。

4. 結にかえて ──企業倫理，経営戦略論と経営学──

　かくして，企業倫理実現の意味からすれば，経営戦略論も以上のような脈絡に沿った内容を基本とすることが，あるいは少なくともそれに反しないことが根幹的な意味を持つことになるであろう。つまり，経営戦略論が基本的に社会との融和を図りながら企業の安定的持続と発展を目指すものであるならば，また当然に社会との融和を抜きに出来るものでないとするならば，経営戦略論にとってもまた，────倫理と戦略の統合が可能かどうかという論議を超えて────，企業倫理実現の脈絡に沿わざるを得ないと言えよう。このことは，経営戦略論にとって企業倫理の要素を統合していく必要があるということでもあ

る。そして，その際，倫理と戦略の統合を目指すならば，よく試みられるように倫理と戦略の各要素の融合性や親和性，結合性を静的なレベルで検討し論じるのではなく，両要素の関係を企業倫理発展の脈絡の中に可変的かつ動的に捉えて両者の統一の可能性を論じていく必要があるということである。

あくまでもこの点から見ればのことではあるが，既に第4章等でもふれた通り，例えば，国際経営面における現代の代表的な経営（競争）戦略論とされるPorter, M. E. の理論も真に経営戦略論と呼べるかは疑わしいであろう。先ず，市場と競争の原理と構造が基本的には企業にとっての所与の環境として一面的にとらえられており，企業による動的な社会政治的な環境創造機能及びそれと市場や競争との関係，つまり，環境創造機能が市場や競争そのものに及ぼす影響が，企業と市場・競争との双方向的な関係において，また何よりもその「関係そのものの『止揚の可能性』」も含めて視野に入っていない。──各国で歴史的，文化的・社会的に，そして民主的にも政府・国民の努力によって形成される諸条件も，基本的にはただ利用の対象とされ，不必要となれば条件の一層良い国への移転が功利的・即物的に全力を注いで斟酌される。つまり，「グローバル競争の究極の発現」(ultimate manifestation of global competition) としての「ホームベースの移転」戦略である[59]──。その結果，実践的な戦略の提言の内容自体も，企業自らの事業の位置付けと産業界の構造及びそれとの関係が将来にわたっても，一定期間は継続し認識可能で，戦略の遂行が戦略策定者からの一方的な視点からだけで為され成就までに至るかのごとく論じられており，必ずしも現実的であるとも言い難いものになっている。

とは言え，現況の市場・競争原理至上に対する近年の，とくに地球環境問題等に触発された世論による批判の高まりと企業に対する倫理要請の流れを受けて，Porter, M. E. も自らの理論にそうした要素を盛り込もうと努力を続けてきており[60]，その結果，例えば，「競争優位の企業の社会的責任（CSR）戦略」を可能とすべく，「事業とCSRを一体化する」ために企業と社会それぞれのニーズと可能性を双方向的な関係で生かすことを主張するに至っている。つまり，企業の価値連鎖（value chain）の要素や戦略的資源を社会的要請に生かし，社

会の要請を感知し価値連鎖の改善やさらなる効率化，最大限の活用を図るべく，「（企業の）『内から外へ』と『外から内へ』の一体化」を基軸とした，社会との共通の価値の構築，そして利益増加可能性の共有を標榜する，企業による社会問題解決の戦略の提唱が為されている[61]。

しかしながら，その視点はあくまでも，競争に勝ち抜くための要因としての社会問題への注目であり，その発掘であり，社会問題との取り組み自体は，その他の競争戦略の対象も含めた中の有望ながらもひとつの選択肢以上の意味を持つものではない。従って，企業戦略そのものの本質的な在り方として，市場と競争における実践的な社会合理性の新たな認識体系を創り，社会と，また関係者との「一層高いレベルでの認識上の調和的均衡」を目差す戦略とは似て非なる異質のものである。それ故，また，企業が対応することにより利益を得，競争に打ち勝つことになるとされる社会のニーズや諸条件なるものも，企業社会と言われる現代の企業活動によって，また既述の「企業の文化」によって，まさに行き過ぎた市場主義や競争主義によって生みだされ，構造化され，恒常化されたことに起因するかどうかといった本質的な問題とその全般的な解決そのものについては不問，あるいは無関心，また（無邪気に）不知（innocent）[62]のままである。こうしたことは，次の点に端的に表明されていると言えよう。即ち，Porter, M. E. は，「企業は，非常に多数ある社会問題に取り組むよう求められているが，しかし，社会を本当に変え競争優位をもたらしてくれる問題はほんのわずかでしかない[63]」と述べ，またそれが故になおさら，的確に社会問題を選びだし自身の核となる戦略に調和させ対応できれば他社との競争力格差をうまい具合に一層大きくできると強調するのに腐心するだけなのである。それは一言で言えば「道徳性の経済化」（economization of morality）ということであり，「道徳性への関心が市場の合理性に組み込まれる」ということであり，第2章での論理からすれば，むしろ現代の企業倫理問題を生じせしめている根本原因なのである[64]。

Porter, M. E. にとって，現況の市場・競争至上主義を前提とする発想はそのままであり，本質的かつ基本的には，戦略策定者の視点に立つ者以外の者は戦

いの相手であり道具であり，競争優位という目的に向かって自らの優位性，つまりは何らかの形で企業権力を行使する対象と見るものである。そこで中心となるものは，Horrigan, B. も総括するように，個々の企業の一方的な「自我の関心と自己の選択による統制・支配」であり，企業と社会そのものの相互協力的な関係が基礎となるのではない[65]。その意味ではまた，「企業の社会的責任」の概念そのものを極めて狭く「自己都合で定義している」とも言える。それが故に，本質的には，社会や，他社も含め関係者たちの自律的，積極的な創造的発想や創意工夫，発案，提言を活かし，相互に双方向的な関係のうちに，共存的革新や新たな社会関係の共創を目差すと言ったことは主要なテーマに成り難いだけでなく，むしろ競争の問題を強調するあまり，そうした発展の芽を摘む性向を持つと言っても過言ではない。

　このことは，本書で説いてきた企業倫理実現のための民主的で共同決定的な志向の経営学的発想には反することであり，その理論の主旨からして，──また彼の発想が本来経営学的というよりは経済学的であることからも──，当然とはいえ，企業と言う制度の組織的な「可逆性」の歯止めも考えないことから，むしろ「反教育的」で「反社会的」ですらあり得る[66]。加えてグローバルな社会の進展の中にあっては，社会進歩に対しては，「後進的」で「逆行的」ですらあり得る。何故なら，その理由の一端は既に第4章でもふれたが，現況の市場競争を前提・至上とする企業活動は，例えば，国境を超えての一層の低賃金，低労働条件，低い社会保障や環境，安全関連の規制の低さや無さの利用に関わる多くの問題，一言でいえば「世界的な『下方調和化』」（worldwide "harmonaization downward"）とも言うべき状況をもたらす危険性を示してきたのである[67]。その状況の中にはまた，国際的な労働組合の連携を阻むために分権化するといった戦略[68]も含まれる。それらはまさに，本書で主張せんとした「一層高いレベルでの認識上の調和的均衡」に対して，倫理水準と言う意味でも歴史的発展と言う意味でも後進的で逆行的な状況である。

　Porter, M. E. の理論では，結局，各国間の，また各国内の社会政治的な「格差」が，従ってまた「貧しさ」も，グローバル化を推し進める理論構成要素と

して組み込まれるということである。

　結局，そのような戦略論には，前章までにおいても明らかにしたごとく，社会の進歩についての啓蒙主義的な楽観論が支配しており，徹底した自由な市場主義，競争主義の信奉の下に，またそれと一体的に，企業活動の目的に向かっての予見可能性と制御可能性を求めることを最重要に邁進しようとする発想がある。――このことの理由と問題点は，既に第１章で，Donaldson, T. の言葉の引用によって，また第７章において，米国の経営学界の状況に関連しても述べたとおりである[69]――。

　Rivage-Seul, D. M. & M. K. は，一般論的に，自由な市場が最善の実現可能な世界をもたらすと信じることは「無邪気に空想的で機能主義者的な精神性（naively utopian functionalist spirituality）」によって導かれる考えであると形容し，「信心（faith）による，そして悲観拒否的心理による英雄的な行動を要求するものである」と述べている[70]。この点は，既にその関連には少しふれたが，Axford, B. が，Porter, M. E. の戦略論も含めて，そうした諸論が，戦略の対象となり舞台となるグローバル社会の世界史的な諸要素について（無邪気に）「不知」（innocent）であるとした[71]点に通じる。彼等によれば，その精神性を形成している基本的な要素は，イマジネーションに属するもので，経験されたものでも，現実に実証可能な裏付けのあるものでもない。そしてむしろ，そうした精神性が本書でも見てきたような倫理的問題をもたらすが故に，本質的に重要な意味での道徳的イマジネーションは逆に欠如していると指摘される。とりわけ，国境を超えた企業活動の，国境を超えた先で起こる諸問題の総体や関連，地球規模的な問題に対するイマジネーションの欠如が指摘される[72]。

　米国に特に当てはまると思われるそのような精神性は，強い啓蒙主義的な楽観論の支配によってもたらされているという面がありながらも，加えて，あるいはむしろ，従来の市場主義，競争主義の前提による経営者中心の権力関係の根本的な変化を忌避しようとするためのものとも理解出来る。その根本的な理由のひとつにはまた，ここでは詳述しないが，大学及び大学院という教育界と経済界の関係自体が作り上げている体制の在り方も関係しているであろう。既

述したように，米国の企業倫理論において，ドイツに見られるような共同決定的な，既存の企業体制の権力構造を根本的に変え得る方向に向けての試みの可能性がほとんど議論に上ってこない状況を見るとその感を一層強くする。Ackoff, R. L. は，「教育とは，長きにわたって，未来のための投資だと考えられてきた。今日では，しかし，ビジネス・スクールでの教育は過去への投資として考えることが正確である」とし，その主要な理由に，――基本は同じ動機の政府や資金団体と共に――大学のパトロンでもある経済界が自分たちの過去に構築してきた体制への批判を許さないことを挙げている。また，その体制の維持のためには，経営者の設定する目的を「急進的な体制の変化無しに」効率よく達成してくれる教育を受けた部下たちが必要でもあることも体制の変革を阻む要因であるとしている[73]。このことがまた，前章でふれた，米国の国際経営論における実証主義的な研究中心の「狭隘なビジョン」にも通じていたのであろう。

　ドイツに代表的な共同決定的な発想は，既にみたように，本質的には，制度の，それ故人間の倫理性の可逆性を意識することに根差していると見ることができる。共同決定の制度は，特に権力をめぐる問題による倫理的可逆性を抑えることに意味があり，その必要性がして成立させる制度とも理解できよう。そこには，補論でも少しふれているように，米国のようには単純に啓蒙主義的にはなれない社会や文化，国家の成り立ち，特にその歴史経験の違い，つまりは米国との間のそれら諸要因の違いが影響していると考えられる。

　そのような両国の相違は，現代を読み解き未来の社会を論じる，同じドイツの学界において無視できない代表的な哲学理論について見ても，一般的にも，例えば，Habermas, J. と Gehlen, A. のそれについて見ても，米国では，前者は比較的に好まれ，よく参照・引用もされるのに対して，後者は好まれず，ほとんど無視されているという状況が物語っていると理解出来る。つまり，その状況の理由のひとつには，両者の理論の基本的な性格が対照的であるという点がある。Habermas, J. は，既に前章でもふれたように現代の状況に本質的には肯定的・擁護的で，コミュニケーション行為により倫理問題の解決を得る一層良

い未来社会の建設の可能性について論じることを主眼にするのに対して，Gehlen, A. は，人間の本性としての倫理的な非固定性，不安定性あるいは脆弱性，それによる制度の可変性や可逆性を指摘し，人類の進歩，従って社会進歩の可能性について極めて慎重に，そして悲観的検討を排除せずに論じている。既に，Johnson, v. N. が，「アングロサクソン系米国人の経験主義的な社会科学は，究極的に，啓蒙主義の希望と進歩への楽観主義に根差している」と指摘したことを述べたが，彼は，Gehlen, A. が，そうした米国系の研究とは違う世界に属しているとして，続けて言っている。「この，人間存在の基本問題に対する非常に相違した見解に共通点を見出すことはできない。そして，両者の一致，あるいは歩み寄りですら，おそらく未だ長く待たれることになろう[74]。」

しかし，もしかして，米国における啓蒙主義的で楽観的な発想，あるいは精神性の支配は，その底流の根本においては，現在の企業体制を守らんとする「方法論的な無意識の自己防衛」なのかもしれない[75]。何故なら，制度の可逆性を認めることになると，現在の権力関係そのものを保持する限り，非倫理的な行為の排除の進展が保障されないことを意識せざるを得ないことにもなるからであり，またその保障を得るには，現在の権力関係の根本的な見直しと共に，それを前提として構築されている，その体系の合理性によって成立し存在意義が認められている，一定の目的，効率主義を前提にした経営学そして経営戦略論の体系自体の見直しについても考えざるを得ず，その体系自体が崩される恐れもあるからである。

——このことはまた，グローバル化が進展すると言われる現代において，「コスモポリタンな世界（経済）市民社会」の構築，つまり，国際的に統一的な，開かれた，民主的な社会体制の構築が目論まれるべきであるとも言われる時に[76]，現代のグローバル化の中心に位置しその原動力となってきたと言ってよいはずの米国が，グローバル化の中心にいながらも，あるいは，中心にいるが故にか，どこかコスモポリタンでない，米国中心主義的な理念，それもどこか宣教師的な理念を持っているように思えることにも関連しているのではないだろうか。——

以上の脈絡からすれば，企業倫理実現のためには，やはり，——好むと好まざるとに関わらず，また将来の実現を目指すか目差さないかに関係なく——，米国の企業倫理論もプラグマティックにはその可能性を模索しているかにも見えるように，現在の企業やその体制に対する何らかの明確なオルタナティブを意識する必要が大きいのではないだろうか。米国を中心に企業倫理の研究が喧しくなるより遥か以前，既に今から50年近く前に，山本は，経営学にとって価値とか倫理とかは不可欠の要素であるとする立場に立ちながら次のように語っていた。「『経営とは何か』を問題にするとき…それぞれの（経営）形態の歴史的意義と限界を明らかにし，経営の歴史に即しつつ同時にこれを越え，経営観の相対性を克服して絶対性に触れ，経営の現実の構造を把握することが中心問題となる。そしてそれには特に新段階—非資本主義的，反資本主義的なもの—の研究が大切となる[77]」と。

その際，基本的には，民主的かつ共同決定的な発想や論理構造が一層意味を持つことになると思われる。そして，経営学にとっては，企業倫理論は経営学の中の企業倫理論であるだけでなく，また，経営学体系のカリキュラムの一科目としての企業倫理論にとどまるのではなく，究極的には，経営学自身が，その体系自体が倫理的になる必要があるのではないだろうか。

注

1　James, B., 前掲書，p. 603f.
2　桂木は，市場経済そのものの在り方についての考察の脈絡においてであるが，多様性は人間の生物としての本性によるとし，「この多様性を否定することは人間性を否定することになりかねない」と述べ，多様性を認めながら秩序を実現する「寛容の戦略」を論じている。多国籍企業の倫理問題についての今後の研究にとって参考に値する。桂木隆夫『市場経済の哲学』創文社，1995，130頁，135頁以下。
3　Rescher, N., *Pluralism: Against the Demand for Consensus*, New York, 1993, p. 157. また以下も参照。Bessire, D./Chatelin, C./Onnée, S., What is 'Good' Corporate Governance?, in: Aras, G/Crowther, D.(ed.), *A Handbook of Corporate Governance and Social Responsibility*, Farnham 2010, p. 44f.
4　Dews, P. (ed.), *Autonomy and Solidarity: Interviews with Habermas, J.*, London 1986, p. 205. とは言え，Rawls, J. のコンセンサス理論が，「米国的」ながらも結局は，それを批判す

る「ドイツ的」な Habermas, J. の理論に一定の基本において同様と理解できることは興味深い。それは，コンセンサスの妥当性を複層化して理解しようとする考えに象徴的に表れていると見てとれる。詳述は別の機会にに譲る。Cf. Rawls, J. A., "The Idea of an Overlapping Consensus", *Oxford Journal of Legal Studies*, 7/1987.

5　Rescher, N., 前掲書, p. 10.
6　Kötter, R., 前掲書, S. 142. 傍点筆者。
7　宮坂純一, 前掲書, 239頁以下。
8　Epstein, E. M., The Corporate Social Policy Process and the Process of Corporate Governance, in: *American Business Law Journal*, 3/1987（同著者論文集，中村他訳『企業倫理と経営社会政策過程』, 前掲書, 所収, 第4章）訳書139頁。同著, The Corporate Social Policy Process: Beyond Business Ethics, Corporate Social Responsibility, and Corporate Responsiveness, in: *California Management Review*, 3/1987, p　同訳書, 第1章, 11頁。括弧内筆者。
9　Epstein, E. M., The Corporate Social…and the Process..., 同訳書, 124頁
10　同上書, 136頁。
11　同上書, 9頁。
12　Epstein, E. M., "Business Ethics, Corporate Good Citizenship and the Corporate Social Policy Process: A View from the United States" *Journal of Business Ethics*, 8/1989, 同訳書第4章, 154頁。Epstein, E. M. は，企業の権力について次のように述べている。「一般に組織への所属が経営者の権力地位に対する正当化と源泉の双方を提供するものであるがゆえに，個々の経営者の権力はかれら企業の権力であると見做されるであろう。したがって，われわれは，会社権力を，企業による匿名性を有する活動と会社と一体化している経営者による活動との双方を通して発現される組織的現象であると考えている。」Epstein, E. M., "Dimensions of Corporate Power" *California Management Review*, 16-2, 4/1973, 同上訳書, 34頁。
13　Wood, D. E. J. et al., *Global Business Citizenship: A Transformative Framework for Ethics and Sustainable Capitalism,* Armonk 2006, p. 54.（傍点による強調は本文ではイタリック体）
14　Barnard, C. I., 前掲書, p. 258ff.（田杉競監訳, 前掲書, 276頁。）彼の言う，「道徳」の意味は，（この点についてよく取り上げられ議論もされるが），そもそも，企業倫理論で言う本来の「道徳」であるのかということも疑問である。しかし，まさに管理のための，本来の道徳も含めての広い概念として使われ，道徳に関係はし，かつ米国流の代表的な脈絡を代表していると理解できると考え本章で取り上げた。これに関連して第5章参照。また同, 注23参照。
15　Nill, A. F. L., *Strategische Unternehmensführung aus Ethischer Perspektive,* Münster 1994, S. 195.

16 Grabner-Kräuter, S., US-Amerikanische Business Ethics-Forschung-The story so far, in: Beschorner, T. u. a. (Hrsg.), *Wirtschafts-und Unternehmensethik: Rückblick-Ausblick-Perspektiven*, Mering 2005, S. 166f.

17 "About Business Ethics" *Business Ethics: The Magazine of Corporate Responsibility* (on line magazine), URL: http://business-ethics.com/about/ (Stand: 1. 9. 2010)

18 Holleis, W., 前掲書, S. 332ff.

19 同上書, S. 334f.

20 2010年9月14日付け日経新聞のコラム欄「一目均衡」(梶原誠) は,「市場立国・米国の賭け」と題され, 金融危機への対応として目論まれた金融規制改革法案について書かれていた。同法案では不祥事再発防止のため, 言わば経営者の倫理問題への対応の意味から株主権限 (対経営者コントロール) の強化が盛り込まれたのであるが,「米国は危うい賭けに出た。経営陣の暴走は (目先の収益を求める) 株主が後押しした面もある」とされ,「市場立国・米国がたどりついたのは, 進化と衰退との帰路に他ならない。」と結ばれている。いずれにせよ, 過去の倫理的な反省とそれによる対応においても, 市場主義, 経済合理性至上の基本に変わりなく, むしろ逆にそれが強化されている面すらあるということである。

21 第5章注26参照。この脈絡についてはここでは詳述しないが, その理解のために重要な論文として, またそれに関連した興味ある論文として以下参照。田中照純「企業倫理学に潜む三つの陥穽」『立命館経営学』第45巻第3号, 2006年。宮坂純一「ビジネス・エシックスと三つの陥穽—田中照純氏の問題提起に応えて」奈良産業大学『産業と経済』第22巻第1号, 2007年。

22 Griffin, J. J./Vivari, B., United States of America: Internal Commitments and External Pressures, in: Idowu, S. O./Filho, W. L. (ed.), *Global Practice of Corporate Social Responsibility,* Heidelberg 2009, p. 247f. 傍点筆者。彼等によれば, Fannie Mae 社は, Business Ethics 誌から, 2004年に「最良の企業市民ベスト100」の最善の企業とされるなど, Fortune 誌等からも多くの表彰を受けていたが, 同じ時期に, 大規模な金融詐欺問題を起こしており, 証券局の調査で, その重役たちは「責任, 責務, 誠実さと相容れない」とされていた。

23 Kerber, W., Warum Wirtschaftsethik als Dialogprogramm? in: Wörz, M. u. a. (Hrsg.), *Moral als Kapital: Perspektiven des Dialogs zwischen Wirtschaft und Ethik,* 1989, S. 81.

24 Wörz, M., Einführung in die Perspektiven des Dialogs zwischen Wirtschaft und Ethik, in: Wörz, M. (Hrsg.), 前掲書, S. 32. 括弧内筆者。

25 Holleis, W. に従えば, 経営者は, 既述のことから知れるように, 現代の企業倫理が問題となる時代においては, 結果的には, wahnsinn-voll (狂気いっぱい) な企業の文化 (Unternehmens-Kultur) を伝道している者ということになる。このことは言うまでもな

く，一般的な社会的状況の認識についてであり，個々の経営者の評価の問題とは別のことである。また，主観的に純粋な善意や道徳心とも別のことである。また，Pattison, S. は，世間が経営者に対して持つ観念は「宗教」と同じだ，として，その実像を明らかにするためとし，次のように語っている。「マネジメントはあまりにも普遍的で重要であるので，経営者にまかせておくだけにしておけない。すべての構成員が，経営者も経営者でない者も，…経営と経営者というものについて対話する責任がある。」「経営者たちは，人間の利益と社会に役立とうとするなら，部外者や，顧客や市民たちの参加を必要とする…」同著，*The Faith of the Managers: When Management Becomes Relegion*, London 1997, p. 156, 99.

26 Parkinson, J. E., *Corporate Power and Responsibility: Issues in the Theory of Company Law*, Oxford 1993, p. 50.

27 同上書., p. 50.

28 さらにまた，両国の経営学の発展の歴史をたどって，相互比較的に，特に，Nicklisch, H. 他の，ドイツ経営学黎明期以来の多くの論者の，経営学や経営実践における，企業倫理に関わる理論，哲学，思想を学ぶ意味にもつながるであろう。この点の詳述は別の機会に譲るが，企業倫理問題についての議論が盛んである現代においてこそ，その意味は一層大きくなっているとも感じられる。

29 上の注 28 にも関連して，この両者の相違は，それぞれの歴史・社会・文化的な背景・条件もあり両者の経営学にも通じるものであるが，これについても本著の補論を参考にして頂きたい。

30 中村義寿「ステークホルダー理論についての一考察」『名古屋学院大学論集・社会学篇』第 41 巻第 1 号 2007 年，6 頁。Cf. Phillips, R., *Stakeholder Theory and Organizational Ethics*, San Fransisco 2003. なお，此の点及び後述に関して，欧州諸国，特にドイツとの比較での米国流ガバナンスの検討を中心とする以下文献は示唆に富む。片岡信之・海道ノブチカ『現代企業の新地平』千倉書房，2008 年。

31 Müller-Jentsch, W. (Hrsg.), *Profitable Ethik*…, 前掲書, S. 265.

32 岡田昌也，前掲書，1994, 238 頁以下。

33 Gehlen, A., *Anthropologische Forschung*, 前掲訳書, 285 頁。

34 Hymer, S., The Multinational Corporation and the Law of Uneven Development…, 前掲訳書, 261 頁。Marx, K. und Engels F., *Manifest der Kommunistischen Partei*, 1948 (中山久訳『共産党宣言』大学書林，1956 年) 29 頁。

35 Bornscher, V., 前掲書, S. 296. 括弧内筆者。

36 Weitbrecht, H./Fischer, S., Human Resource Management und industrielle Beziehungen in: Müller-Jentsch, W. (Hrsg.), 前掲書。

37 当然ながら，ここでの意味における，共同決定的な意思決定過程の制度化そのものの効

果と意義も労使関係のみに限られるものではない。詳述は別の機会に譲りたいが，ステークホルダー理論で対象とされる諸利害関係全てについて，個々の場合の程度や具体性の違いはあるものの同様に当てはまると言える。

38 Weitbrecht, H./Fischer, 前掲書, S. 205.
39 吉田修, 前掲書, 1994, 8頁.
40 Gehlen, A, *Die Seele im technischen Zeitalter: Sozialpsychologische Probleme in der industriellen Gesellschalft*, Hamburg 1957, S. 132. 平野具男訳『技術時代の魂の危機』法政大学出版局, 1986年, 170頁以下.
41 例えば以下参照。Volker, J. B., 前掲書, p. 22ff. また第2章参照.
42 Osterloh, M., "Unternehmensethik und ökonomische Theorie" in: Müller-Jentsch, W. (Hrsg.), 前掲書, S. 100ff. このテーマ関しては, Nutzinger, H. G, は, 色眼鏡で世界を見た者がそうして見える世界だけを真実と主張する愚か者に成り得るとの喩え話をして説明している。Nutzinger, H. G., Ökonomischer Imperialismus und diskursive Überforderung", in: Wörz, Michael u. a. (Hrsg.), 前掲書, S. 203f., 210.
43 Volkert, J. B., 前掲書, p. 27.「変化性」,「原動性」の原語は, variables, dynamics であり, 本質的内容の理解に従い意訳した.
44 Ghlen, A., *Die Seele*…, 前掲書, S. 131, 括弧内筆者, 訳書, 168頁.
45 制度の総体たる文化の創造者としての人間そのものについて, Landman, M. は次のように言う。「既に古代人も見抜いているように, 認識と美徳の可能性は, 錯誤と悪徳とのそれを包含している。人間は死すべき神（deus mortalis）にまで自己を高めることができる——が, 人間はその自己形成の能力を,『あらゆる動物よりも動物的なものになるために』も使用することができる。」Landman, M., *Philosophische Anthropologie*, Berlin 1983, S. 173（谷口茂訳『哲学的人間学』思索社 1982, 265頁）
46 「負担免除」（Entlastung）の概念については第2章-3-2参照.
47 この議論については極めて多くの文献・資料があるが, 特に国際企業活動との関連での本質的な問題については拙稿を参照。林満男『西独多国籍企業論』森山書店, 1984年, 第5章.
48 Schwemmer, v. O. は, 本章とは若干異なる視点からであるが, そのような「自由領域」での試みが, 歴史において, 常に倫理規範の支持者を得んとする闘争に至った点, また「倫理的なレトリックによるイデオロギー的な目くらまし」に結びつき得る点を批判的に指摘している。Schwemmer, v. O., Ökonomische Rationalität und praktische Vernunft oder: Kann man ethische Grundsätze zu Prinzipien ökonomischer Systeme machen?, in: Barrett, C. R. u. a., *Ethik und Wirtschaftswissenschaft*, Berlin 1985, p. 49, 53. また, そのような「自由領域」を対話や談話の自由領域そのものと捉え簡潔に論じた論文として以下参照。Stegmaier, W., Wirtschaftsethik als Dialog und Diskurs, in: Wörz, M. u. a. (Hrsg.), 前

掲書, S. 253ff. ここでの, 哲学的人間学における基礎認識は本来『人間の本性に属する規範は何もない』ということである.

49 Abela, A., Adam Smith and the Separation Thesis, in: *Business and Society Review*, Fall/2001, p. 187ff., 197., Warehane, P. H., *Adam Smith and His Legacy for Modern Capitalism*, New York 1991. 蛇足ながら, この有名な2著の関係をめぐる論争についての筆者の結論は, 詳細は別に譲るが,「Smith, A. の2著が別々に出版されており, 両者の統合がなされていないことがすべてを物語っている（当時の両問題に対する時代の精神による本来前提的に統合的な見方と現代における見方との認識の違い）のであり, 今現在必要なことは, 当時とは大いに違う現代の状況を認識して, Smith, A. 以来の多くの研究を参考に, 我々自身の論理を展開すべきであり, いつまでも今日の時代の精神, 意識による Smith, A. の『再解釈』だけに拘泥すべきではない」ということである. 第3章-2参照.

50 Mack, E., *Ökonomische Rationalität; Grundlage einer interdisziplinären Wirtschaftsethik?*, Berlin 1994, S. 76, zit nach Krings, H., Norm und Praxis. Zum Problem der Vermittlung moralischer Gebote, in: *Herder Korrespondenz*, 45/1991, S. 230.

51 Ulrich, P., Integrative Wirtschaftsethik: Grundlagenreflexion der ökonomischen Vernunft, Hauptartikel der Achten Diskussionseinheit, dazu Kritik von Aufderheide, D., u. a., Replik von Ulrich, P., *Ethik und Sozialwissenschaften: Streitforum für Erwägungskultur*, 4/2000, p. 555, 642. この誌上には, Ulrich, P. の見解に対して28人の研究者が討議に参加しており. そこには倫理問題をめぐる多様な意見が簡潔な内容でほぼ出そろっている感があり極めて興味深く, 本書の研究の今後の発展に資するところ大で不可欠と思われるが, また筆者は, 本文の論述に拘わらず, 理念的には Ulrich, P. に同感するところ多であるが, 詳述は別の機会に譲りたい.

52 その, 現実のより一般的, 具体的な現象や内容は, 例えば, 以下文献に書かれているようなことであろう. 小林道憲『複雑系社会学の倫理学』ミネルヴァ書房, 2000年. 現代の制度論にも影響を与えた Simmel, G., は, 歴史的な文化の変遷について説く中で,「生」とは闘いと平和の対立を包摂することで絶対的意味における闘いであるとし, 同様の対立をまた包摂するであろう絶対的平和は（その存在と在り様は）神のみぞ知るところである, としている. Simmel, G., *Der Konflikt der modernen Kultur*, München/Leipzig 1926, p. 28 他. 企業倫理問題も究極そのようなものであろうか. ただ, 本文既述のことから, 民主性と共同決定制の尊重がこの絶対的平和に一歩でも近付く鍵を握っていると言えるのではないだろうか.

53 Abela, A. は, 本著とは若干異なる立場からながらも, 経済活動を支える総体としての「文化は, コード化されるべきでも, され得もしないだろう」としている. Abela, A., 前掲書, p. 196.

54 宮坂純一『現代企業のモラル行動…』前掲書, 199頁.

55 この過程は，詳述は控えるが，Segerlund, L. の提示する「規範サイクル・モデル」(Norm Cycle Model) の図式と意味を企業自ら先駆的に推進することとも言える。同著，Making Corporate Social Responsibility a Global Concern: Norm Concern in a Globlizing World, Farnham 2010, p. 26ff. 以下も参照。谷本寛治「CSR．企業と社会を考える」NTT 出版，2006 年，103 頁以下。

56 この点では，自由領域を得る各段階の「土台」の成立状況については（土台の上でなされるコミュニケーション行為についてでない），企業倫理の理由づけの有力な理論とされる「ビジネスの社会契約論的アプローチ」の主張と内容が当てはまるようにも思われる（第 5 章-2 参照）が，詳細な検討は別の機会に譲る。同アプローチについて特に以下参照，高巌・T. ドナルドソン『ビジネス・エシックス』1999 文眞堂，97 頁以下。

57 例えば，Caroll, A. B. の「企業の社会性遂行能力の 3 次元的概念モデル」に社会・文化の時系列的あるいは時代的変化との一体的関係を加味し総体として 4 次元的な脈絡をむしろ中心にして考えると表現できよう。Caroll, A. C., A Three Dimensional Conceptual Model of Corporate Social Performance, in: *Academy of Management Review*, 4/1979, p. 503, 同著，前掲書，p. 45.

58 Richter, L. W., *Internationale Unternehmensethik: Freiheit-Gleichheit-Gegenseitigkeit: John Rawls' Gerechtigkeitskonzeption dargestellt am Beispiel des Auslandsengagements deutscher multinationaler Unternehmen in Entwicklungsländern*, Frankfurt 1997, S. 300.

59 Porter, M. E., On Competition :Updated and Expanded Ed., Boston 2008, p. 338.

60 Cf. Porter, M. E.. & Linde, C. van der, Toward a New conception of the Environment-Competitiveness Relationship, in: *Journal of Economic Perspectives*, 9/1995.

61 Porter, M. E.., Strategy and Society…, 前掲書。

62 Cf. Axford, B., *The Global System: Economics, Politics and Culture*, Cambridge 1995, p. 96 ff, p. 101.

63 Porter, M. E.., Strategy and Society…, 前掲書，p. 91，傍点筆者。

64 Muhr,S./Sørensen, B.M./Vallentin, S.(ed.), *Ethics and Organizational Practice: Questioning the Moral Foundations of Management*, Cheltenham 2010, p. 8, 92. Porter, M. E. の戦略論は，産業構造の在り方からして，一面，本来社会的厚生が増大するような競争関係は避けることで競争優位を作り出すことを目論んでいるという面のあることも考慮される必要がある。その点も含み，いずれにせよ社会的利益を第一義的に考慮する戦略論ではないと言える。次の文章にも関連するが，今日において求められるべきは，例えば，Ungericht, B らの言葉にあるように，「企業の社会的責任」(Corporate Social Responsibility) ではなく，「社会的企業責任」(gesellschaftliche Unternehmensverantwortung) である（つまり，選択的でなく企業一体的の意。）とも言えるのである。Ungericht, B. et al., *Corporate Social Responsibility oder gesellschaftliche Unternehmens-*

verantwortung, Wien 2008.
65 Horrigan, B., *Corporate Social Responsibility in the 21st Century: Debates, Models and Practices Across Government, Law, and Business*, Cheltenham 2010. P. 279ff..
66 Gilbert, D. R., The Thrill of Victory…, 前掲書。第 4 章注 50 も参照。
67 Rivage-Seul, D. M. & Rivage-Seul, M. K., *A Kinder and Gentler Tyranny: Illusions of a New World Order*, Westport 1995, p. 42f. Alvesson, M. と Willmott,H. が言うように,「企業戦略は, 社会への広範な影響の意味で評価されることはほとんど無い。その批判に与することは, 企業組織政策のプロセスとしての戦略経営の研究から, そのプロセスを今日の資本主義社会の一層広いコンテキストの中へと位置づける視点への転換を必要とする。」同著, *Making Sense of Management: A Critical Introduction*, London 1996. p. 132.
68 Bomers, G. B. J., *Multinational Corporations and Industrial Relations: A Comparative Study of West Germany and the Netherlands*, Uni. of Washington, Diss. 1976, 137, ff..
69 第 1 章注 18, 第 7 章 3-2 参照。
70 Rivage-Seul, D. M. & Rivage-Seul, M. K., 前掲書, p. 119.
71 Axford, B., 前掲書, p. 101.
72 Rivage-Seul, D. M. & Rivage-Seul, M. K., 前掲書, p. 119. f, また本書全体及び, その心理的構造・原因については p. 143f. 参照。著者らが言う「道徳的イマジネーション」は若干独特な意味があるものの, 基本的・本質的には一般化しての使用は可能であると言える。この特にグローバルな倫理問題についての「イマジネーションの欠如」は, 一般的な脈絡としては, Gehlen, A. が言うように, グローバルな問題が人間の道徳器官にとって「二次的経験」に属することに因ると理解出来る。第 6 章, 注 28, 及びその関連の本文既述参照。
73 Ackoff, R. L. 前掲書, p. 228f.
74 Johnson, v. N., 前掲書, S. 771.
75 あるいは, 第 5 章の結に至る部分の言葉を再度繰り返せば, 無意識の「『学問的』命題」であったとも表現できよう。第 5 章, 注 56, 57, 58 参照。
76 Cortina, A., 前掲書, S. 139ff.
77 山本安次郎, 前掲書, p. 228f.

補論　企業倫理の国際比較と展望
――米独日を例として――

1. 序

　本著の目的は，グローバルな企業倫理の探求とその構築に向けての道を探ることにあった。この目的に向けた具体的かつ実践的な方策と行動を可能にするためには，先ず何よりも，世界各国ごとに相違する倫理に関わる，歴史的，文化的，社会経済的な諸要因，諸条件を勘案することから始めることも必須であろう。また，基本的に，最終的には各国ごとの相対主義的な対応を超えることを目差すとしても，その道程においては，相違した各国の状況を十分に認識し，理解し，それぞれの状況に合わせた対応も必要であろう。

　以上のような諸点に関連した問題については，各章においてもふれたところである。その際，本来は必須不可欠で重要な関連事項として，その折々に詳述すべくして逐一詳述できなかった，各国で相違する倫理に関わる状況の概略や問題点を示すためにも，本論では，例として，また結局は本著の関心の中心ともなっている，米独日の3国を取り上げて，それぞれの特徴の解明と比較を行ってみたい。これら3国を取り上げた理由は，本著が最も意識した，本著の論述に最も関連した国々であるということと共に，世界の代表的な先進工業国でもあるということであり，加えて，米国は現代の多国籍企業問題が生起する中心となった国であり，ドイツは米国，あるいはアングロサクソン系の倫理理念に対立する欧州における中心的かつ代表的な国であり，また，両国は経営学

の2大潮流を生んだ国だからでもある。

　これら3国の倫理に関する相違した状況を明確にして比較研究することは，その結果を，新たなるグローバルな企業倫理の創造に活かすことにもつながると言う意味で極めて重要で意義深い。あるいは，そのことは，今後のグローバル化の中で，真のグローバル・スタンダードたるべき企業倫理の構築に向かうための基礎的な作業としての意味も持つとも言えよう。そしてまた，グローバル化の時代における企業倫理のあり方についての，新たな展開の可能性を探るということでもある。

2．米独日の企業倫理，その特質と相違

1　米独日の企業倫理の成り立ちと概略

　企業倫理も，結局はそれぞれの国の歴史的，文化的，社会経済的な諸条件の下に形成されてきたものであるとの基本的前提に基づき，各国での従来の一般的かつ基本的な認識，議論の概要を整理すれば，概ね以下のごとくまとめられるであろう。

I．米　　　国
1．基本前提条件
①若い国家，広大な土地
②力による新領土の開拓，建国
③多民族・多人種と多文化，因習的階級性の希薄さ
④明示的な尺度（経済合理性）と目標（Money＝富，Power＝権力）の尊重，崇拝
⑤徹底した個人主義と自由主義
⑥競争至上主義
⑦経営学＝実践におけるプラグマティズム思考からの展開

2. 基本認識（=「社会的責任論」の流れ）

＊伝統的経済的成果（利潤）追及がもたらす社会的弊害，それに影響される人々の利害を考慮すべし＝権力と責任の均衡（Balance of Power and Responsibility）

＊企業が生む社会的問題に対する「公による規制＝自由な企業活動への規制・制約」を回避したい。

＊その上での，個々の企業の責任としての倫理（法人としての個人責任＝伝統的個人責任の考えを基礎とする＝個々の企業に何ができるのか）

＊個々の経営者の倫理への感受性（sensibility）をいかに高めるか。高めねばならない＝（問題対応の個人化，経営者中心的発想）

＊権力と責任の均衡のための倫理→企業の本来の役割・目的と別のものとしての責任。「もうひとつの，別の，付加される」社会的責務としての倫理。

3. 論議の方向

基本的には上記「基本認識」に見た社会的責任論的認識の延長線上にあるが…

――社会的責任論と違う点――

＊企業の自己変革も意図→倫理の「制度化」の視点。

＊他の利害者集団・ステークホルダーとの相互了解重視の視点→対話的関係，ダイアローグ，コミュニケーションの重視へ。

＊「倫理」という「哲学的」研究，基礎との強い関係，それへの依拠（単なるプラグマティズム思考からの脱却）。

＊経済合理性を追求する「ビジネス」と倫理を如何に「調和」させるか。

（＊「企業倫理の理論的位置づけが優位的に問題にされるのではなく，企業の中で倫理を媒介するために何が為され得るかが問題になっている」に過ぎない（Homann, K./Blome-Drees, F.）

Ⅱ. ドイツ
1. 基本前提条件
①欧州の一地域としての古い歴史，他諸国と接する限られた土地
②領土紛争の歴史
③一定の民族的，文化的同一性あるも異民族，異文化との交わり
④暗黙的にも共有される同胞意識の存在，支配
⑤個人主義と秩序ある自由主義（「共同体」意識下での自由主義）
⑥秩序ある競争（社会的市場経済），競争制限的行動の伝統
⑦経営学＝当初より学問としての社会的，哲学的思考からの展開，原理・原則性の強さ

2. 基本認識
＊公と私の利益の一致の強調・追求
＊実際には企業の利害それ自体は存在せず，企業に関係する人々の多様で特殊な利害が存在するだけである
＊経済合理性の第一義性は許されず，それより上位（包摂的）の合理性が適用されねばならない
＊社会生活一般の諸領域に比べて，（今なお）経済領域では民主主義が最も遅れている。
＊理性（的な話し合い）に基づく（社会的）合意形成，規範の形成という最低限の倫理が必須
＊コミュニケーションを基礎とする合理性，同倫理の基調（典型としてのHabermas, J. の理論→米国へも影響）
（特に第二次大戦後の条件下＝＊戦前の全体主義・独裁主義・絶対主義への反省／東（東独）側（計画経済）への対抗心／反イデオロギー・反教条主義／西側経済への統合，その中での新たな自由化，国際化）

3. 論議の方向
＊単なる経済合理的，用具的な思考からの脱却，理性の支配する経済へ
＊「準公的制度」（quasi-öffentliche Institution）としての企業

＊開放的企業体制（offene Unternehmensverfassung）の構築

（例）―「現在の緊急の課題は，理性的な社会的発展の価値的，観念的，そして目的的方向付けについてのコミュニケーション的了解可能性の拡充である。」―

―「社会経済的機能の合理性としては，全利害関係者の「企業政策的な話し合い」での企業行動の価値，観念の方向付けについての理性的なコンセンサス追及の理念以外無い」―（Ulrich, P.）

＊コミュニケーションを基礎とする合理性に基づく対話的プロセスの重視

（例）―「人間性ある組織は，経済的理性の必然的に命ずるものとなる」（Steinmann, H./Löhr, A.）

＊米国の「社会的責任論」的倫理とは対照的：基本＝「独白的」対「対話的」，当事者の「ために」対「と共に」，「温情主義的」対「民主主義的」，（非対称的コミュニケーションに対し）「構造保守的」対「批判的」

Ⅲ. 日　　本

1. 基本前提条件

①島国，狭く限られた土地

②領土問題，紛争の少なさ

③一民族，一文化的基調，皇国，封建的伝統の強さ（鎖国＝文化，資本）

④お上（官の支配）の下でのムラ意識，無意識下の相互制約，拘束的関係

⑤集団主義と制限された自由主義

⑥限られた競争（お上による相互調整，対外保護）

⑦経営学＝米独からの輸入学問としての経営学，独自・独創性，原理・原則性の弱さ。

2. 基本認識

＊企業倫理に対する明確な認識の欠如

お上の庇護，指導下の企業行動（資本自由化の遅れ＝鎖国的状況）

企業内外関係におけるムラ的意識

企業利益（増大）と国民利益・富（増大）の一致（輸出立国としての日本）
＊自立性に裏打ちされた「企業市民」（Corporate Citizenship）概念の欠如
　「この概念は日本の伝統と文化には根差していない」（Paul, K.）
＊経済的行動と倫理的行動の渾然一体性，合理的区別認識の無さ（未分化性？　ある種のハイブリット性？）

3. 論議の方向
＊不十分な論議と不明確な方向付け
＊国際化への不可避な対応策としての倫理（黒船への対応）
＊倫理に対する合理的な意識の欠如と倫理の明示化，公式化の弱さ

　ところで本章では，Weber, M. による資本主義発展の理論等に関連してよく言及される宗教の影響の問題についての記述は除外した。何故なら，——それに関する研究自体，別になされるべき重要な研究テーマとなろうが——，同じキリスト教，とりわけプロテスタンティズムやまた特に日本との関連では儒教の影響圏といった，宗教的には共通項を有するとされる国々においても，各国には，多くの場合宗教以前の歴史的，自然環境的諸要因によって枠付けられた実に様々に，場合によっては根本的に相違した独自の文化，社会経済体制があるからであり，また複数の宗教が錯綜して影響をあたえている場合もあり，何よりも宗教自体が逆に各国の文化や社会経済体制に影響を受ける場合もあるからである。まさに，社会学者の丸山眞男は，日本について，儒教のみならず，仏教も，民主主義も，どのような思想でも，外から来る全てのものを変化させ，それぞれに日本独自の特色を与え，日本独自のカタチにして取り込んでしまう「古層」の存在を説き，膨大な資料を基にその解明を生涯の研究テーマとしていた[1]。しかし彼によっても最終的な結論は明示され得ないままであった。

　こうした意味からすれば，また研究対象の非常な広範さの故に，現時点での本論での各国の特色についての以下の論述もはなはだ不十分なものに留まらざるを得ないかもしれない。しかしながら，序に述べたような研究意図による，企業倫理そのものに焦点を当てた最大公約数的で概略的な論述としては，ある

いは今後のこの研究テーマの一層詳細な展開の出発点の試みとしては多少なりとも意味あるものではないかと考える。

ともかく以上から，各国ごとの特質の基本的な諸点をまとめれば，大要以下のようなことになるであろう。

2　米独日の企業倫理の特質
I．米　　国

米国においては，徹底した経済合理性の追求が，競争至上主義の支配の下に第一義的に行われた。その結果として起り来る企業行動が生み出す社会的諸問題に対しては，あくまでも企業の自由な活動は何としても守るという至上目的を保持するために，いわば事後的にプラグマティックに対応してきたと言える。その結果として企業倫理の論議の興隆も見られるということである。基本は，至上目的とされる経済的な自由主義と，その結果企業が得る権力に見合う倫理的行動という2つの要素をバランスさせることにある[2]。まさしくHoffman, W. M. と Moore, J. M. が述べるように，「自由市場体制は，良い生活と良い社会の本性（nature）についての我々の確信の生み出したものだ[3]」とされ，それが企業道徳（corporate morality）の最も基本的な前提条件とされ枠組みとされるのである。あくまでも自由な企業行動が至上目的とされ，それに付随して起こる問題として企業倫理がテーマとされることになる。

例えば労働問題についても，米国では「解約任意雇用」（Employment at Will ＝略して EAW）という企業の自由行動のためには労働者に対する「恣意的な解雇の権利」を認める判例に基づく「原則」が存在する。これは，労働者保護という点で日本の現状に及ばぬことは勿論，同じアングロ・サクソン系の英国にも存在しないものであるが，何よりも，米国でも企業倫理が依拠すべきひとつの大倫理原則ともされるカントの有名な「定言的命令」（「…（他人を）…けっして単に手段としてのみ取り扱わないように行為せよ」）に真っ向から反する[4]と思われるのである[5]。そして，このような前提条件と枠組みの中で労働者に対する企業の倫理的対応が「ビジネス」倫理論のテーマとされることになる。

企業にとって，自由な経済行動と，社会的・倫理的な問題への対応という2つの要素は，本質的に，前者の第一義性の下に後者の付随的な別個性を認識しながら，今日では不可避なふたつの責務とされるのである[6]。

II．ドイツ

　ドイツは，特にその戦後の経済体制が「社会的市場経済」(Soziale Marktwirtschaft) と名付けられたことからも知れるように，経済的な自由主義を重んじながらも同時に社会性をも重んじる姿勢も強い。また個人の自主・自立，個人主義を尊重しながらも共同体意識に大きな価値を置く。それ故，その産業の歴史的発展を見ても，経済合理性一辺倒の競争至上主義の支配する米国とは違って，かつて英国の学者 Levy, H. をして「迷路のようなカルテルの国ドイツ」と形容せしめた状況を生み出したひとつの要因でもあったように，社会性の認識が強く，それに沿った目的の上に競争関係を超えて社会的な共存共栄が強く意識されてきたとも言える[7]。社会性や公共性への強い志向によっては，後に詳しくふれるごとく，米国では企業の自由裁量にゆだねられる経営領域が，あるいは企業による「倫理の制度化」の対象となる領域が，社会制度・政策的な枠組みを与えられる対照の領域ともされているのである。

　例えば，労働問題については，第8章においてもふれた如く，企業の最高意思決定機関たる監査役会に労資双方が同等の権利を持って意思決定に関わるとの労資共同決定を法的に定めた制度がある。従って，この点では，一面で企業問題でありながら企業倫理を超えて社会的，制度的な枠組みが整備されていると言えるのであり，それを通じて，少なくとも社会制度的には，カントの定言的命令に照らして米国や，あるいは日本以上に労働者の人間性が尊重され，企業の社会的方向付けが意識されていると言える[8]。経営学の発展においても，——既述のごとく，米国の現実の産業の発展に並行して，徹底した自由主義による経済合理性の追求により起り来る企業の社会的問題に，いわば事後的にプラグマティックに対応してきた米国の経営学に対して——，その生成の初期の前世紀初頭から，主要な流れとして，例えば正にカントの定言的命令を究極的

な基礎とした共同体理念を掲げる Nicklisch, H. の理論構築等に見られるように、経営学の学問的基礎付けが哲学的にも図られ、企業と社会の関わりの枠組みが意識され倫理的要素が理論に組み込まれ、一体化され、また基礎にも置かれようとしてきたのである[9]。既に 1914 年に、Dietrich, R. は、企業経営における「公と私の一致」を説き、企業経営は倫理原則によってなされるべきであり、経営は経済的カテゴリーではなく、経営者は、国民経済の官吏であり、財産や富をあきらめるべきである旨を述べていた[10]。

ドイツでは、一言で言えば、経済合理性と倫理性が明確な合理的意識と論理の内に一体として捉えられ、企業行動が、「単なる経済合理性を超えた社会合理性」という一層大きな枠組みの中で理解され方向付けされようとしていると言える。最近、企業の拠って立つ人間社会そのものの存続に最大の脅威を与えているとされ、それ故最大の企業倫理問題でもある地球環境問題が、ドイツの社会、産業界及び学界で最も先駆的に盛んに取り上げられてきたことも、上述の事情と無縁ではないであろう。そのようなドイツの対応は、上述の、「単なる経済合理性を超える社会合理性」の思考からいわば「当然にして」生み出されていると見ることが出来る。

Ⅲ. 日 本

確固たる倫理的価値意識と倫理的行動は、本来明確な自己責任を自覚した独立的・自律的な人間主体を前提とするものであるが、日本では、個人、企業、どちらの場合も同様に、個を集団に埋没させる集団主義の存在によって、そのような人間主体の存在は希薄であり、主体的に明確な、少なくとも西欧流で合理的に把握可能という意味での企業倫理の発達、あるいはその可能性は乏しかったと言える。Paul, K. は、既述のように、企業の自己責任自覚的な倫理的行動の大前提となる「企業市民」（Corporate Citizenship）と言う概念そのものが日本に無かったのであり、「日本の伝統と文化には根差していない」と断言している[11]。このような日本と欧米との相違の理解は、「日本の文化が無我無私を基本にしているのに対して欧米のそれは自我の主張による」[12]とか、両者

の企業体制が「コンテキスト束縛的かコンテキストフリーか」[13]といった捉え方にも共通することである。

企業内外の関係者の相互関係は，制度との関わりも含めて，至る所で不明瞭でファジーな面が多くなっている。その好例が官・財，また多くの場合外国から見れば民も含めての癒着的な結びつきであった。そうしたことの結果が，そもそも実態として，日本では経営者の責任を問うシステムが存在しない[14]ということであり，制度的には米独に比して決して弱いとは言えない株主の権利がないがしろにされ，逆にそれよりも制度的裏づけの無い類の従業員利益の優先が行われたりすることであり[15]，さらにそのような状況が暗黙的な了解事項として支配的のみならず束縛的にすらなることである。

この状況は，欧米流の経済合理性や制度的枠組みに囚われずに一層実質的で柔軟にして現実的な倫理的行動を可能にし得るという利点も否めない反面，問題への経済合理性に基づいた対応と明確な自己責任を基礎とすべき倫理的対応の境界とその関係を不明確で曖昧なものとし，結果的に倫理性に欠ける行為を生み出す危険性も有している。

3 米独日の企業倫理の本質的相違

企業倫理とは，究極，「経済合理性」の追求の中での「倫理性」の実践であり，この2つの要素の関係をいかに考察するかが本質的問題であるとすれば，この2要素の関係を機軸として，各国の特質，相違を最も簡潔かつ本質的に明らかにできると考えられる。

この考えに従い，上述してきた各国についての要点を検討して整理すれば，ひとつの明確な結論が得られよう。即ち，「経済合理性」と「倫理性」という「2つの要素」について，

　＊米国では，本来別々に区別されるべき根元的なものとして捉えられている，つまり，「2要素2元論」とでも形容される立場が一般的であると言えるのであり，これに対して，

　＊ドイツでは，2要素が「社会合理性」の中に融合することが求められ，ま

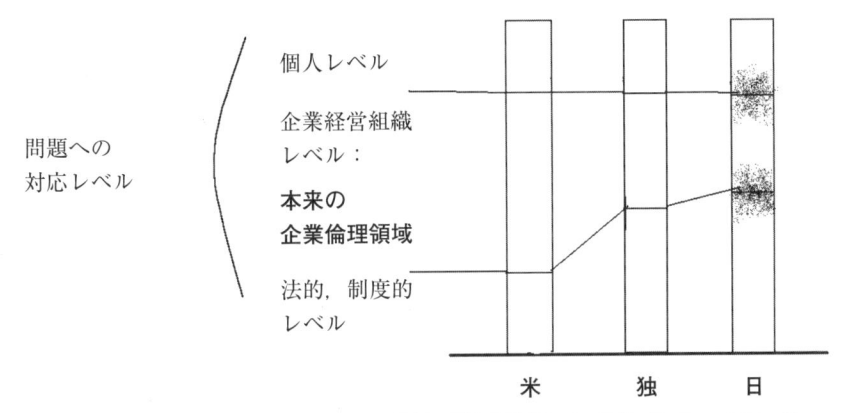

2. 米独日の企業倫理，その特質と相違　　223

問題への
対応レベル
　　個人レベル
　　企業経営組織
　　レベル：
　　**本来の
　　企業倫理領域**
　　法的，制度的
　　レベル

　　　　　米　　　　独　　　　日

＊Enderle, G. による米独間の Business Ethics の比較の図法を借用しているが，Business Ethics についての彼の定義が本著での「企業倫理」の定義と同一でないことから，上図は Enderle, G. の図にそのまま対応するものではない。(cf. Enderle, G., A Comparison of Business Ethics in North America and Continental Europe, in: Business Ethics, A European View, Jan./1996, p. 35)

た目差される傾向があり，「2要素一元論」の立場が有力で，
＊日本では，米独両国の科学的，合理的思考にとらわれない（それと一種無縁の）「2要素渾然一体性」ともいうべき状況が支配的であると言える。

4　米独日の企業倫理の領域，範囲の相違

　以上の各国の特質，相違は，各国で企業倫理が必要となり実践される社会経済領域やその範囲の相違にも関係している。この点を Enderle, G. による米国と欧州，特にドイツの状況と両国の比較に関する指摘の際に示された図[16]を援用して，日本も加えてイメージ的に示すと上のごとくになるであろう[17]。
　米国では，「2要素2元論」の枠組みの中で，経済合理性が支配する領域が，いわば聖域として強大であるが故に，倫理との緊張関係が問題となる強さもその領域も大きく，かつ両者間の区別も明確である。このため，問題解決の要請，強制が強く，科学的・合理的分析の必要性も可能性も高い。このことの結果が，米国の企業倫理に関する研究の，ある種「先進的な」状況を生み出していると見ることが出来る。その状況は，例えば欧州の目からは，「米国産業界

は倫理に取り憑かれているのか？」と形容され得る感すらあったのである[18]。

　ドイツでは，「2要素一元論」の志向の故に，2要素の融合を可能にすべく社会経済全体に関わる制度的，法律的な枠組みそのものの構築が図られる方向に向かう傾向が強く（例えば既にふれた，労働者利益保護のための労資共同決定制度の存在と役割），結果として，個々の主体の自主的な問題対応の要請や強制も小さく，その領域も少なく狭くなっていると言える。

　日本における「2要素渾然一体性」の支配は，企業行動に関わる社会経済的諸要因の渾然とした一体化と融合（悪く言えば，無節操な絡み合い）を常態化させ，自由で自律的な「企業市民」としての主体的・自主的対応を本質とする企業倫理の領域そのものの境界を曖昧で不明確なものにしており（例えば，滅私奉公や経営家族主義による個人の私的生活と会社生活の重なり合い，天下り・指導行政等による管財癒着に関わる諸々の事象)，その実践において，米独には見られない不明瞭でファジーなグレーゾーンを存在させている。これによりまた，企業倫理の実質的・現実的かつ合理的に可能な「自由」領域は狭くなっている。

3. 結論と展望

　米国における「科学的」で「合理的」な分析と実践への盛んな取り組みとその諸成果は――日本では「体質的」に実現し難かったものであるが――，経済合理性と倫理性という2要素が渾然と絡み合う曖昧で不明瞭な日本の状況を分析，解明し，ひとつの明確な指針や基準，尺度を与えてくれる大きな可能性を有している。それは，既に，米国から輸入された科学的で合理的な論理に基礎付けられた同国の経営学が，特に戦後の日本において，企業経営に多くのことを教えてくれ，その一定の合理化と発展に多大の貢献を為したことと同様の意味を持つであろうとも考えられる。しかしながら，一面においては，徹底した自由主義，競争主義の下に，2要素の強い緊張関係を前提とし強調するあまり，倫理性を重要としながらも，本質的には，第一義的な意味を与えられた経済合理性に対する単なる調整剤，添え物としてしまう危険性も有している。米

国での企業倫理に関する議論の興隆は，何よりも一面において，過酷とも形容でき得る（徹底した個人主義に基づいた）市場主義や競争主義の実践，あるいは崇拝ともいうべき状況（そしてまたそれに関連した過度の訴訟社会という現状）と密接不可分の関係にもある点が忘れられてはならないであろう。

　これに対して，ドイツの特質は，全社会経済との関連の中で2要素を科学的，合理的に一体化，融合させようと志向することから，制度的，法的な枠組み，社会秩序のあり方との有機的な関係づけを認識させ可能にしてくれることを通じて，2要素の全社会経済的な緊張緩和の上に真の一体化，調和への道を示してくれる可能性を有している。しかし，また一面においては，個々の主体の自由意志や経済的な効率の一定の犠牲を強いる危険もある。

　ところで，実際の社会や人間生活は，米独流（＝欧米流）の「科学性」や「合理性」だけで全て割り切れるとは言えないであろう。現実のカオスと複雑性，パラドクスに満ちた社会や人間の「生きること」に対しては，2要素を――ある意味では，正に「あるがままに」――混然一体に捉える日本的な「生き」方は，一面において極めて実践的な意味を持ち得るのではないだろうか。――例えば，欧米による日本的経営，同企業文化の評価の核心的な部分がこれに関わっていると見ることが出来る――。あるいは，それ故にまた，欧米流の行き方に対して，それを超えた，実践のための「理念」や「精神」の形成に寄与することにより，補完的な役割を果し得ることも考えられる[19]。

　結局，それぞれの国にはそれぞれに相違した内容の企業倫理が有り，それぞれの長所と短所を持っており，それぞれの優劣については単純に語り得ないであろう。今後，各国の特質の長所を，お互いに尊重しあい国際的理解と協力の促進の下に融合させながら，グローバル化の時代にふさわしい企業倫理を構築していくべきであろう。それにはまた，先ず自らの国の企業倫理の特質を明確に把握し認識する姿勢と努力が基礎に置かれ出発点とされるべきであろう。何故なら，グローバルな時代に必要となるグローバルなスタンダードとしての「普遍的な価値基準」に到達するためには，まず自らの価値基準の位置を知る必要があるからである。

226　補論　企業倫理の国際比較と展望

　この点に関しては，日本的な企業倫理の特質のかなりの部分が，よく指摘されるように，まさしく日本の国際化の遅れに起因していた面があるという点は忘れられてはならないであろう。これに対してドイツは，日本とは対照的に，特に欧州という地における長きにわたる緊密な国際的交わりの中でその特徴的な企業倫理を醸成してきたという点で，今後も十分検討されるべき価値があるように思える。

　日独の企業倫理に対して，米国の企業倫理に関わる諸論やその実践は，既述のような理由から，時としてグローバル・スタンダードのように語られる時もある。あるいはそのプラットホームとしての意味が与えられようとすることもある。しかしながら，この点に関しては特に，米国においては（あるいは米国においても？），社会経済一般に，まさにグローバルな視点からの「自ら自身のグローバル化」には反対することが政治的命題でもあり，この意味で外国から学ぶことにはむしろ強い反発すらある面の見られることは十分留意されておく必要がある[20]。この点に関しては，特に第8章で，現代の多国籍企業の生成発展の中心国であり，その意味で現代のグローバル化の中心にも位置しながら，どこかコスモポリタン的になれない米国の特色として述べたところである。

　いずれにせよ，差し当たっては相互理解の下に「倫理観の共有度を高める」[21]ことに重点を置きながら，「人類の精神的容貌を見分けのつかなくなるまで変えていくであろう」，そして，「人間の道徳的態度における深い変化」を生じさせている「世界産業文化」の発展[22]を見据えながら，新たな企業倫理を創造していくという姿勢を持ち続けることが肝要であろう。

注

1　例えば以下参照。丸山眞男「日本の思想」岩波書店，1961年。
2　これは，後述に関係するが，米国の民主主義が，──徹底した「市場原理主義」の下での──，実は自由競争の「勝利主義」に他ならず，その問題を繕う必要があるということの一面でもある。1986年の米国の名画「ウォール街」で，倫理的な決断に苦悩する主人公に，乗っ取り屋が，自由市場に支配される米国の社会状況について，「君だってこれを民主主義とは思うまい」と言った言葉が象徴的である。

3　Hoffman, W. M./Moore, J. M., 前掲書, p. 1. とりたてた論拠づけのないままに語ることから，まさに――米国に一般的な意味として――「教条的」と表現できよう。
4　加藤尚武,「冷戦崩壊後の資本主義，企業倫理が社会を活かす」,『RONZA』1996 年 6 月号。
5　ただし，実際の状況は全て「原則」通りというわけでもなく相当に複雑である。以下参照。宮坂純一「アメリカの解雇ルール――任意雇用の原則と実態との関連で――」奈良産業大学『産業と経済』第 18 巻第 4 号 2003 年。
6　第 2 章参照。
7　その好例は，その特質において世界産業史上他に類を見ない，ドイツ化学工業のほぼ完全な独占体であった I. G. Farbenindustrie の成立の歴史的過程に見られると理解できる（その前身の名称はまさに「ドイツ・タール染料工業『利益共同体』(Interessen-Gemeinschaft)」でもあった）。例えば，以下参照。拙稿,「IG ファルベン成立史 (1)(2)」，甲南経営研究，第 16 巻 4 号，17 巻 1 号，1978 年。
8　この点は，世界映画史上に残る，それぞれ米国とドイツを代表する戦前の名画であり，経営問題でもよく引用されることのある，「モダン・タイムス」と「メトロポリス」の比較で象徴的に知れるとも考えられる。非人間的な工場労働というテーマを扱いながら，前者では，労働者の主人公が企業での雇用に背を向け我が道を行くことを選択し，後者では，労資が人間的に対等に協力する方向を選択している。
9　市原季一『ドイツ経営学』森山書店，1952 年。Neugebauer, U., Unternehmensethik in der Betriebswirtschaftslehre, Berlin 1994.
10　Dietrich, R., Betireb-Wissenschaft, Leipzig 1914. S. 117, 135, 692ff.. ただし，企業倫理については様々に相違した議論のあることは勿論である。例えば，Schneider, D. は，経営学における倫理思考を批判し，「シュナイダー論争」(Schneider-Kontroverse) を巻き起こしている（万仲脩一，前掲書，1 頁以下）。しかし，その根源にはやはりドイツの特質が十分に見て取れるが，この検討は別にゆずる。
11　Paul, K., 前掲書, p. 13.
12　涌田英明,『経営行動の文化的背景』，経営行動，第 9 巻，1994 年。
13　日置弘一郎『文明の装置としての企業』，有斐閣，1994 年。特に 259 頁以下。
14　内橋克人・奥村宏・佐高信編『日本型経営と国際社会』，岩波書店，1994 年。3 頁以下，他。
15　深尾光洋・森田泰子『企業ガバナンス構造の国際比較』，日本経済新聞社，1997 年。特に第 5 章。
16　Enderle, G., Comparison of Business Ethics in North America and Continental Europe, in: *Business Ethics, An European View*, Jan./1996.
17　図の下にもふれたごとく，こうした図で表示する諸関係の概念上，方法上の正確な検

討，把握は，本来それ自体極めて複雑，多岐にわたるものであり，本論での差し当たってのテーマとはせず別の機会に譲りたい。

18 "Is US Business obsessed with ethicss?," in : Across the Board, Nov/Dec 1993.
19 この脈絡を理解することにとって，例えば，西欧流の論理では予測できない「無限定な場」に対応するロボットの最先端技術に，「真剣勝負という場」についての日本古来の剣義（柳生流）が注目されている，といったことも，興味ある好例ではないだろうか。柳生延春『柳生新陰流道眼』，島津書房，1996年所収の「清水博氏との対談」参照。また以下参照。清水博『生命知としての場の論理—柳生新陰流に見る共創の理』中公新書，1996年。
20 国学院大学日本文化研究所編『グローバル化と民族文化』，新書館，1997年。306頁以下。
21 小林俊治「企業のグローバル化と企業倫理」，世界経済評論，1994年1月号，80頁。
22 Gehlen, A., Anthropologische Forschung，前掲訳書，278頁以下。

初 出 一 覧

第1章 「グローバル企業文化の基礎としてのグローバル企業倫理」安室憲一編・多国籍企業研究会著『多国籍企業文化』文眞堂, 1994年。
第2章 「企業倫理の基礎付けに関する一考察」甲南経営研究　第36巻第1号　1995年。
第3章 「グローバリゼーションにおける企業倫理と戦略―倫理と戦略の統合を目指して」(1) 甲南経営研究　第38巻第2号　1997年。
第4章　同上題名 (2) 甲南経営研究　第39巻第1号　1998年。
第5章　同上題名 (3) 甲南経営研究　第39巻第2号　1998年。
第6章 「グローバリゼーションにおける企業倫理と組織」森本三男編・日本経営教育学会創立20周年記念論文集『実践経営の課題と経営教育』学文社, 1999年。
第7章 「国際企業倫理と国際企業体制」甲南大学経営学会編『経営学の伝統と革新』(甲南大学経営学部開設50周年記念論集) 千倉書房, 2010年。
第8章　書下ろし
補論　「経営倫理の国際比較と展望」日本経営倫理学会誌　第5号, 1998年。

著者略歴

林　満男（はやし　みつお）
1947年　大阪市に生まれる
1970年　甲南大学経営学部卒業
1975年　神戸大学大学院経営学研究科博士課程単位取得（同課程在学中，西独政府奨学生〔DAAD〕としてミュンヘン大学に在学）
現在　甲南大学経営学部教授
専攻　国際経営論
著書　『西独多国籍企業論』森山書店，1984年
翻訳書　Yamashiro, Akira, *Japanische Managementlehre*, Oldenbourg Verlag 1997.

国際企業倫理論

2011年2月25日　初版第1刷発行

著者　ⓒ 林　満男
発行者　菅田直文
発行所　有限会社　森山書店　東京都千代田区神田錦町1-10 林ビル（〒101-0054）
TEL 03-3293-7061　FAX 03-3293-7063　振替口座 00180-9-32919

落丁・乱丁本はお取りかえします　印刷／製本・シナノ書籍印刷

本書の内容の一部あるいは全部を無断で複写複製することは，著作権および出版社の権利の侵害となりますので，その場合は予め小社あて許諾を求めてください。

ISBN 978-4-8394-2107-6